趣说中国史

宋朝篇

刘喜涛◎主编
薛凯帆◎著

台海出版社

图书在版编目（CIP）数据

趣说中国史．宋朝篇 / 刘喜涛主编；薛凯帆著．--
北京：台海出版社，2023.1（2024.5 重印）
ISBN 978-7-5168-3458-9

Ⅰ．①趣… Ⅱ．①刘… ②薛… Ⅲ．①中国历史—宋代—通俗读物 Ⅳ．① K209

中国版本图书馆 CIP 数据核字 (2022) 第 222603 号

趣说中国史．宋朝篇

主　　编：刘喜涛　　著　　者：薛凯帆

出 版 人：蔡　旭　　封面设计：异一设计
责任编辑：赵旭雯

出版发行：台海出版社
地　　址：北京市东城区景山东街 20 号　　邮政编码：100009
电　　话：010-64041652（发行，邮购）
传　　真：010-84045799（总编室）
网　　址：www.taimeng.org.cn/thcbs/default.htm
E - mail：thcbs@126.com

经　　销：全国各地新华书店
印　　刷：三河市嘉科万达彩色印刷有限公司
本书如有破损、缺页、装订错误，请与本社联系调换

开　　本：880 毫米 ×1230 毫米　　1/32
字　　数：200 千字　　印　　张：9
版　　次：2023 年 1 月第 1 版　　印　　次：2024 年 5 月第 5 次印刷
书　　号：ISBN 978-7-5168-3458-9

定　　价：49.80 元

宋朝18帝世系表

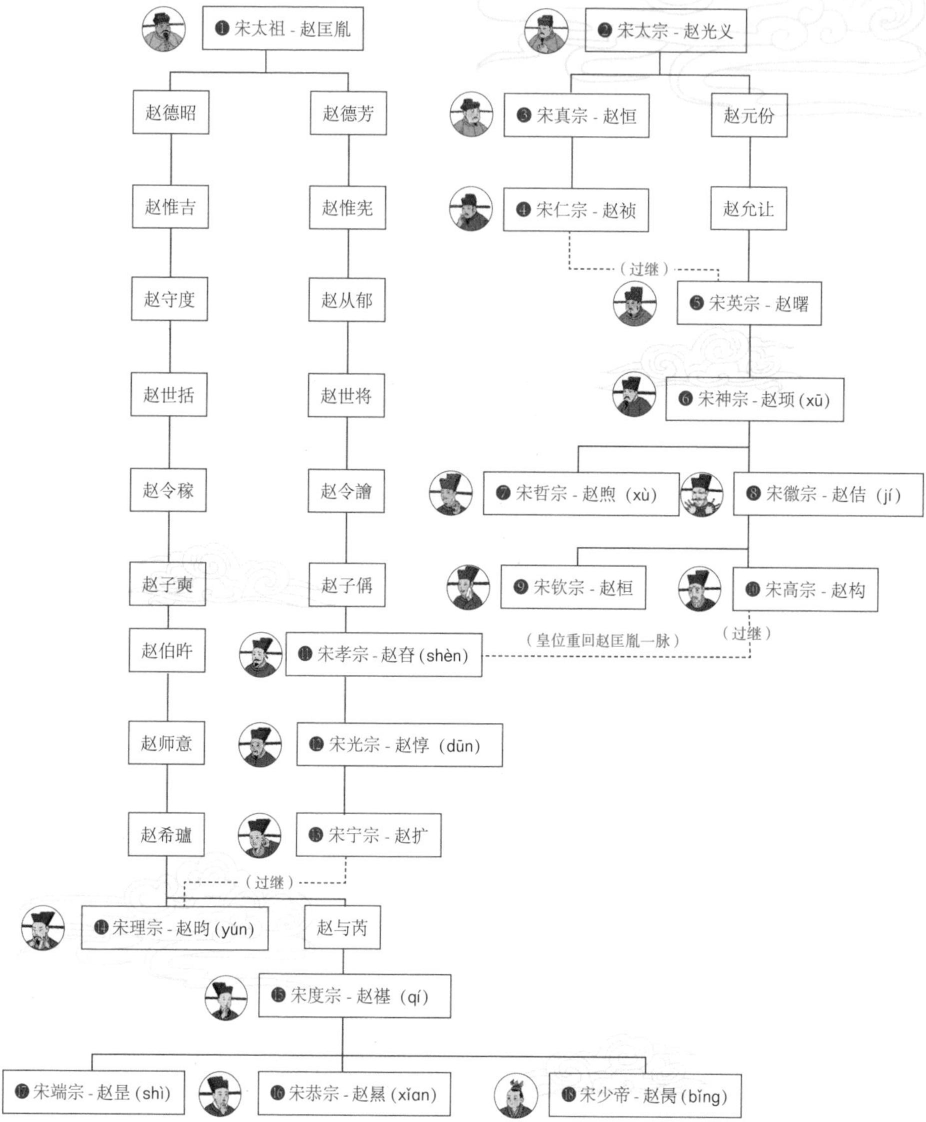

❶ 宋太祖 - 赵匡胤
赵德昭
赵德芳
赵惟吉
赵惟宪
赵守度
赵从郁
赵世括
赵世将
赵令稼
赵令譮
赵子奭
赵子偁
赵伯旿
赵师意
赵希瓐
❷ 宋太宗 - 赵光义
❸ 宋真宗 - 赵恒
赵元份
❹ 宋仁宗 - 赵祯
赵允让
（过继）
❺ 宋英宗 - 赵曙
❻ 宋神宗 - 赵顼（xū）
❼ 宋哲宗 - 赵煦（xù）
❽ 宋徽宗 - 赵佶（jí）
❾ 宋钦宗 - 赵桓
❿ 宋高宗 - 赵构
（皇位重回赵匡胤一脉）
（过继）
⓫ 宋孝宗 - 赵昚（shèn）
⓬ 宋光宗 - 赵惇（dūn）
⓭ 宋宁宗 - 赵扩
（过继）
⓮ 宋理宗 - 赵昀（yún）
赵与芮
⓯ 宋度宗 - 赵禥（qí）
⓱ 宋端宗 - 赵昰（shì）
⓰ 宋恭宗 - 赵㬎（xiǎn）
⓲ 宋少帝 - 赵昺（bǐng）

目录

CONTENTS

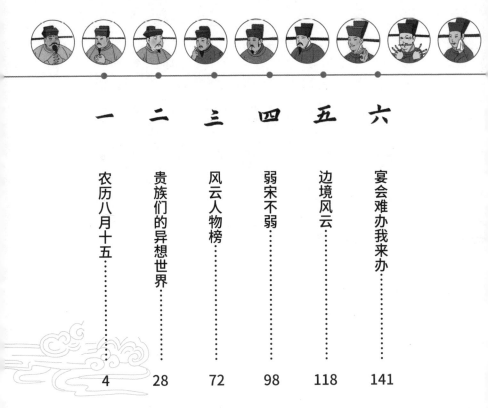

一 农历八月十五

宋朝的皇帝们特别喜欢开派对，一言不合就聚会。中秋节到了，热衷于文艺活动的宋徽宗牵头组建了聊天群，宋朝皇帝的群“赵家屯”里终于又有欢乐的话题。

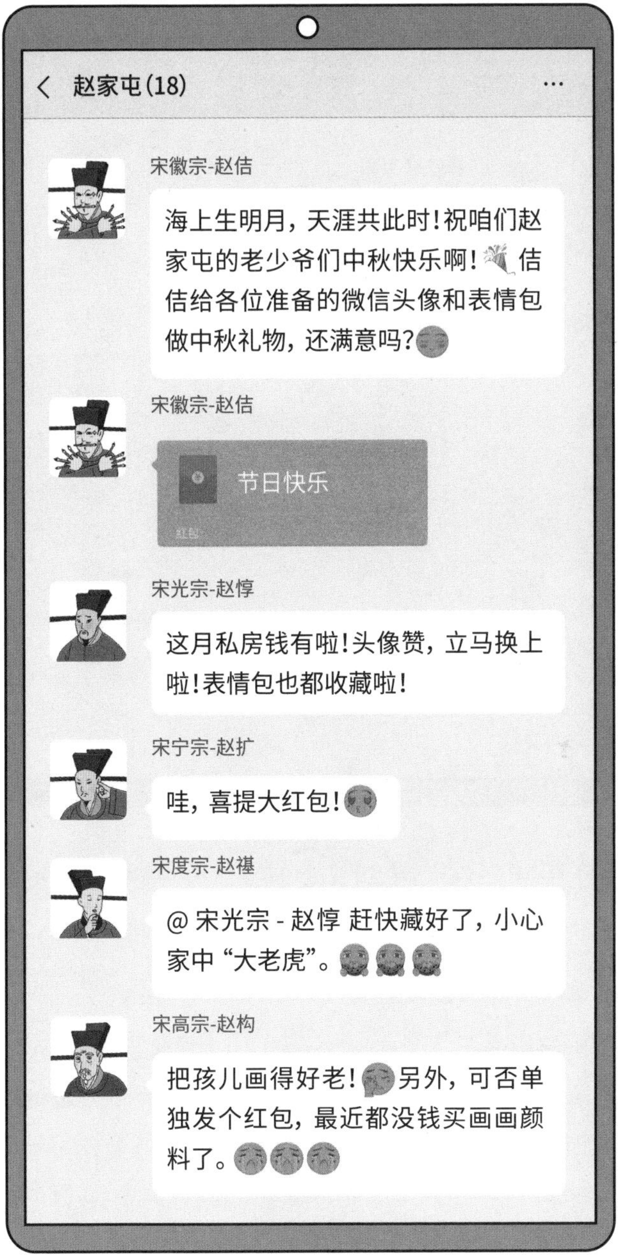
赵家屯(18)
宋徽宗-赵佶
海上生明月，天涯共此时!祝咱们赵家屯的老少爷们中秋快乐啊!佶佶给各位准备的微信头像和表情包做中秋礼物，还满意吗?
宋徽宗-赵佶
节日快乐
宋光宗-赵惇
这月私房钱有啦!头像赞，立马换上啦!表情包也都收藏啦!
宋宁宗-赵扩
哇，喜提大红包!
宋度宗-赵禥
@宋光宗-赵惇 赶快藏好了，小心家中“大老虎”。
宋高宗-赵构
把孩儿画得好老!另外，可否单独发个红包，最近都没钱买画画颜料了。

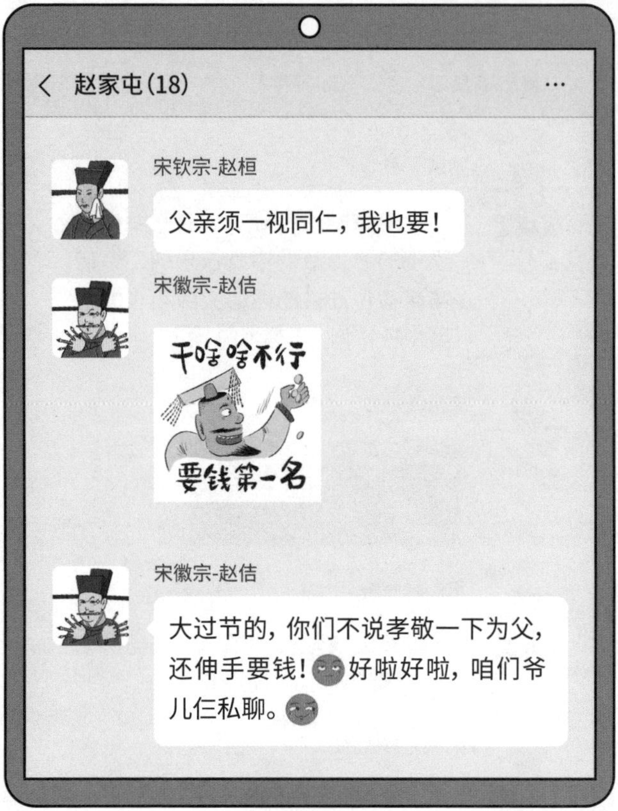

划重点

宋徽宗赵佶和宋高宗赵构父子二人虽在政治上没有什么建树，但是书画造诣颇高。赵佶书画皆优，自创“瘦金体”，绘有《芙蓉锦鸡图》《池塘晚秋图》等佳作。赵构受父亲影响，也精通诗词、音乐，擅长书法、绘画，尤善行书、草书，作品有《草书洛神赋》《正草千字文》《赐岳飞手敕卷》等，另外还著有书画理论名作《翰墨志》。

宋光宗赵惇的皇后李凤娘性格极为剽悍，天生善妒，宠冠后宫，集宠爱与权力于一身。赵惇性格比较软弱，是大宋出了名的怕老婆的皇帝。

徽宗真是大方，不愧是宋朝最有钱的皇帝！相比之下，光宗就可怜死了，好不容易有点私房钱，千万要藏好了。

赵家屯(18)
宋徽宗-赵佶
请开始
你的表演
宋哲宗-赵煦
支持老爹！王安石变法是真牛！
宋度宗-赵禥
倒也不必，并没有觉得那个什么变法好在哪里。
宋哲宗-赵煦
好家伙，本来我就看你来气，想发泄呢，你倒自己出来了！
宋哲宗-赵煦
你说说你，整天就知道喝大酒，朝堂政务一概不管，这辈子干成什么大事了，简直是俺们老赵家的耻辱！

< 赵家屯(18) ···

宋度宗-赵禥

无能的又不只我一个，单说我干什么？（小声嘀咕）

宋高宗-赵构

@ 宋度宗 - 赵禥 不是我说你，你多多少少也该管管国家大事啊，你看我，要不是我急中生智搬了家，哪还有你们今天？

宋太宗-赵光义

@ 宋高宗 - 赵构 就是可惜了我们祖辈辛苦打下来的江山被你弄丢了一半。

宋高宗-赵构

那好歹还有一半，也比没有强啊！这可是辛苦谈判后保住的呢。

宋太宗-赵光义

划重点

王安石变法：宋神宗赵顼即位后，授意时任宰相王安石进行变法，意图改变当时北宋积贫积弱的局面。变法虽然取得一些成效，但同时损害了地主阶级和平民的利益，因此遭到众人的反对。受到北宋后期激烈党争的影响，赵顼自己也在反对派和变法派之间摇摆不定。

宋度宗赵禥即位后昏聩无能，对国家大事不闻不问，一切交由“师相”贾似道决断，使得贾似道的擅权程度进一步加深，南宋更是一路走向了灭亡。

赵构所说的“搬家”指的是建炎南渡。靖康二年（1127年），康王赵构逃至陪都南京应天府（今河南商丘），即位为宋高宗，改元建炎，史称南宋。

“江山丢了一半”则是指《绍兴和议》的签订。建炎二年（1128年），金国继续南下进攻，赵构一路南行，逃难至江南一带，到了杭州恢复宋朝，以临安府（今浙江杭州）为南宋首都。绍兴十一年（1141年），通过《绍兴和议》，金宋双方达成协定：规定了两国边界线，宋须向金赔偿大量岁币，并向其称臣。在封建时期，对别国称臣是极度有损国格的，南宋为短暂的和平付出了惨痛的代价。

高宗在这种氛围下跳出来，自然成了众矢之的。徽宗看到大家提到了南渡之事，担心大家说到自己被掳走的屈辱经历，赶紧转移话题……

赵家屯(18)

宋徽宗-赵佶

好了好了，大过节的咱不讨论政治，各位快推荐一些好吃的东西，好玩的地儿，或者干脆修建个园林宫殿，我们好好消遣一番，岂不美滋滋?

宋光宗-赵惇

这主意不错!

宋理宗-赵昀

宋高宗-赵构

想当年我在香远堂与各位大臣共庆中秋，各种水晶器具在月光的映衬下熠熠生辉，《霓裳中序》歌声婉转、音乐动人，那景象至今难忘啊!

宋度宗-赵禥

我这儿有几张中秋主题的演唱会门票，谁想陪我去看?

宋度宗-赵禥

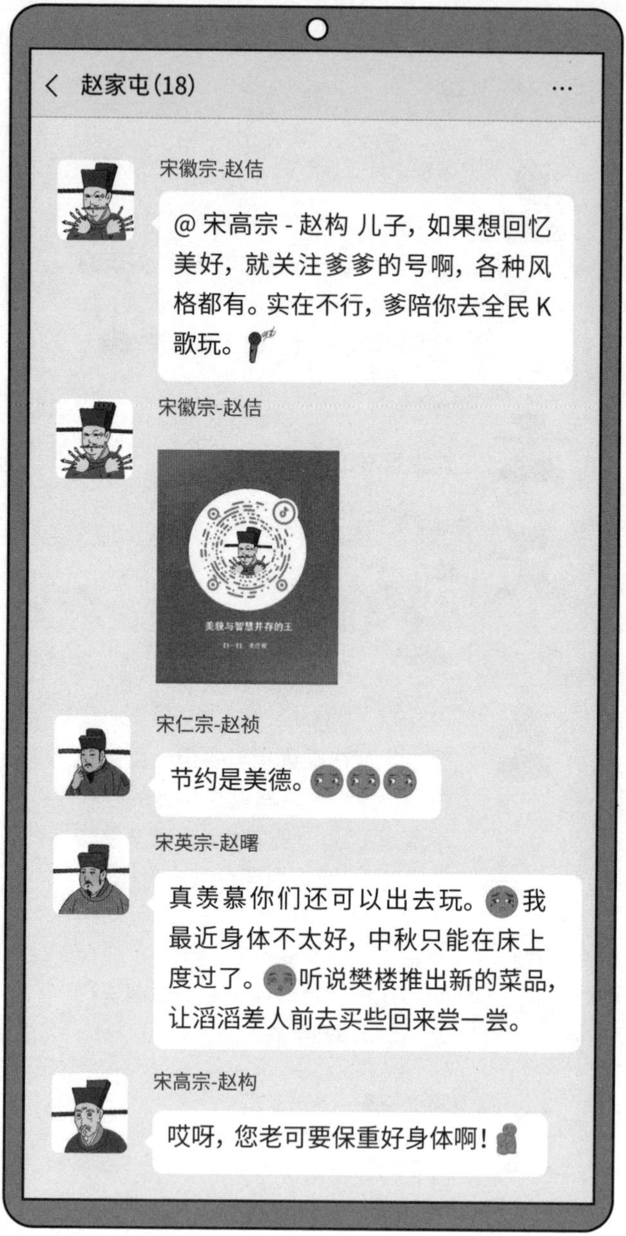

赵家屯(18)
宋徽宗-赵佶
@宋高宗-赵构 儿子，如果想回忆美好，就关注爹爹的号啊，各种风格都有。实在不行，爹陪你去全民K歌玩。
宋徽宗-赵佶
美貌与智慧并存的王
宋仁宗-赵祯
节约是美德。
宋英宗-赵曙
真羡慕你们还可以出去玩。我最近身体不太好，中秋只能在床上度过了。听说樊楼推出新的菜品，让滔滔差人前去买些回来尝一尝。
宋高宗-赵构
哎呀，您老可要保重好身体啊！

赵家屯(18)

宋神宗-赵顼

对啊老爸，身体要紧。

宋英宗-赵曙

有滔滔照顾我，大家不用担心。

宋光宗-赵惇

好羡慕呀，我生病时凤娘都没有来瞧瞧我。

宋光宗-赵惇

宋度宗-赵禥

谁想陪我去啊???

宋度宗 - 赵禥：我这儿有几张中秋主题的演唱会门票，谁想陪我去看？

宋徽宗-赵佶

大伙别忘了关注我的号呀！

划重点

宋徽宗赵佶于政和七年（1117年）下令在汴京宫城东北修建艮岳园，宣和四年（1122年）竣工。园中收集了来自全国各地的奇珍异宝，为了运送来自外地的观赏石材，赵佶下令成立专门的运送机构，称为“花石纲”。园林建成之后，可谓“括天下之美，藏古今之胜”。1127年，金人攻入汴京后将其拆毁。

樊楼：北宋时期国都汴京最为知名的酒楼。北宋时，汴京酒楼林立，大的叫正店，小的叫脚店（或角店），樊楼被称为七十二正店之首。值得一提的是，影视剧《知否知否应是绿肥红瘦》中曾多次出现樊楼。

宋英宗赵曙和高滔滔皇后的爱情十分坚定，是帝后之情的典范。小时候，高滔滔被曹皇后收养为女，与赵曙一起在宫中长大，两个人感情极好。成婚之时，他们被时人称颂为“官家子娶皇后女”，恩爱有加。英宗即位后，后宫除高皇后以外也没有其他妃嫔，尽显对结发妻子的忠贞无二。

赵曙消息倒是灵通，皇城的灯会是去不了了，但美食不可辜负呀。高皇后温柔贤惠，这青梅竹马的爱情太“好嗑”了，从未体会到妻子体贴的赵惇只能一脸羡慕。赵昚好不容易看到儿子有动静，赶紧抓住机会和儿子多聊几句。

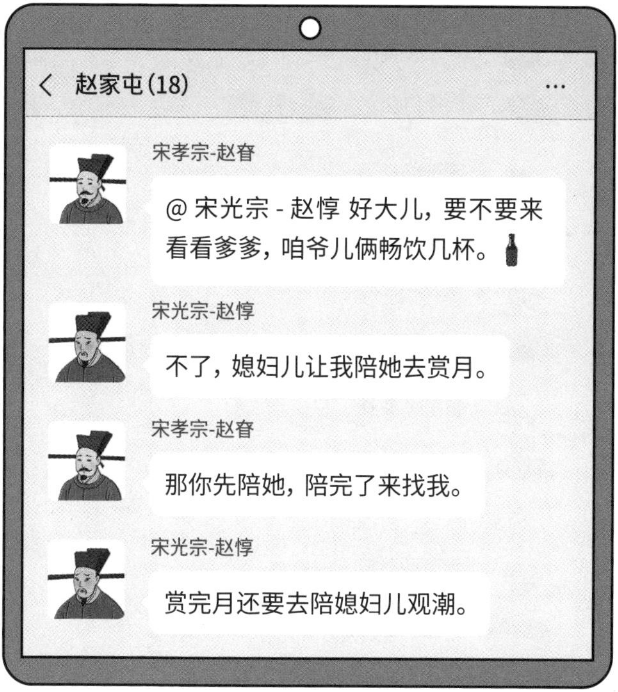

赵家屯(18)
宋孝宗-赵昚
那观完潮呢？
宋光宗-赵惇
放水灯，吃月饼。
宋孝宗-赵昚
儿啊，爹想你了，约你见一面咋就这么难呢？
宋光宗-赵惇
改日再议。
宋哲宗-赵煦
啧啧，这两父子的关系也是没谁了。
宋徽宗-赵佶
见面聊聊就好了，父子哪有隔夜仇。
宋孝宗-赵昚
唉，儿媳妇从中作梗，我连儿子的面都难见，更别提与他说话了。
宋宁宗-赵扩

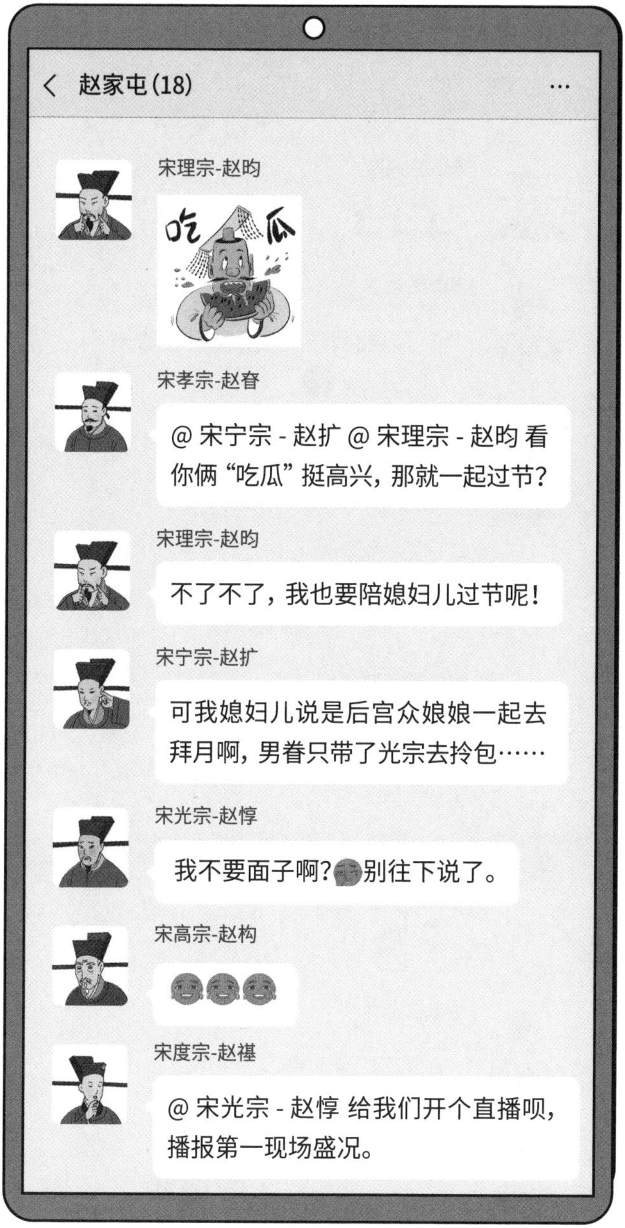
赵家屯(18)
宋理宗-赵昀
吃瓜
宋孝宗-赵昚
@宋宁宗-赵扩 @宋理宗-赵昀 看你俩“吃瓜”挺高兴，那就一起过节？
宋理宗-赵昀
不了不了，我也要陪媳妇儿过节呢！
宋宁宗-赵扩
可我媳妇儿说是后宫众娘娘一起去拜月啊，男眷只带了光宗去拎包……
宋光宗-赵惇
我不要面子啊？别往下说了。
宋高宗-赵构
宋度宗-赵禥
@宋光宗-赵惇 给我们开个直播呗，播报第一现场盛况。

赵家屯(18)
宋理宗-赵昀
宋徽宗-赵佶
也可以和我连麦哦，咱们互动一下，人气更旺。
宋光宗-赵惇
俺问问凤娘是否同意。
宋太宗-赵光义
完蛋玩意儿。
宋少帝-赵昺
为啥不拜皇帝，去拜月亮呀？
宋端宗-赵昰
暗中观察
宋徽宗-赵佶
有问题，网上查。
宋少帝-赵昺
嘤嘤嘤，徽宗好凶！

划重点

李凤娘是宋光宗赵惇的皇后，但她并不是一名贤德的皇后。她不仅对皇上无礼，还处处顶撞太上皇赵昚和谢太后。赵昚曾打算废掉李凤娘，李凤娘因此经常离间他们父子的感情，致使赵惇和赵昚两人关系时好时坏。

宋朝时，江南一带有中秋之夕观潮、放水灯的习俗。北宋时，大文豪苏轼曾写下《八月十五日看潮五绝》一诗，记述了时人热衷在中秋观潮的史实：

定知玉兔十分圆，已作霜风九月寒。

寄语重门休上钥，夜潮留向月中看。

同样的记载在南宋吴自牧的《梦粱录》中也可找到："起始之时，微见远处如白带一条迤逦而来，顷刻波涛汹涌，水势高有数丈，满江沸腾，真乃大观也。"

放水灯是人们为祈求神灵保佑自己和家人平安顺遂的许愿活动。放水灯的具体过程在宋代史书上有所记载，其中，周密所作的《武林旧事》记述较为细致："此夕放'一点红'羊皮小水灯数十万盏，浮满水面，烂如繁星，有足观者。或谓此乃江神所喜，非徒事美观也。"

宋人赏月时会进行拜月活动。《中国风俗通史·宋代卷》中记载："拜月就是在庭院中焚香拜祭月神说出自己的心愿，以求保佑。

如中等人家，男子则求早步蟾宫，高攀仙桂；而女子则愿貌似嫦娥，面如皓月。”

意识到气氛不对，低调的赵匡胤赶紧出来打圆场，转移话题。

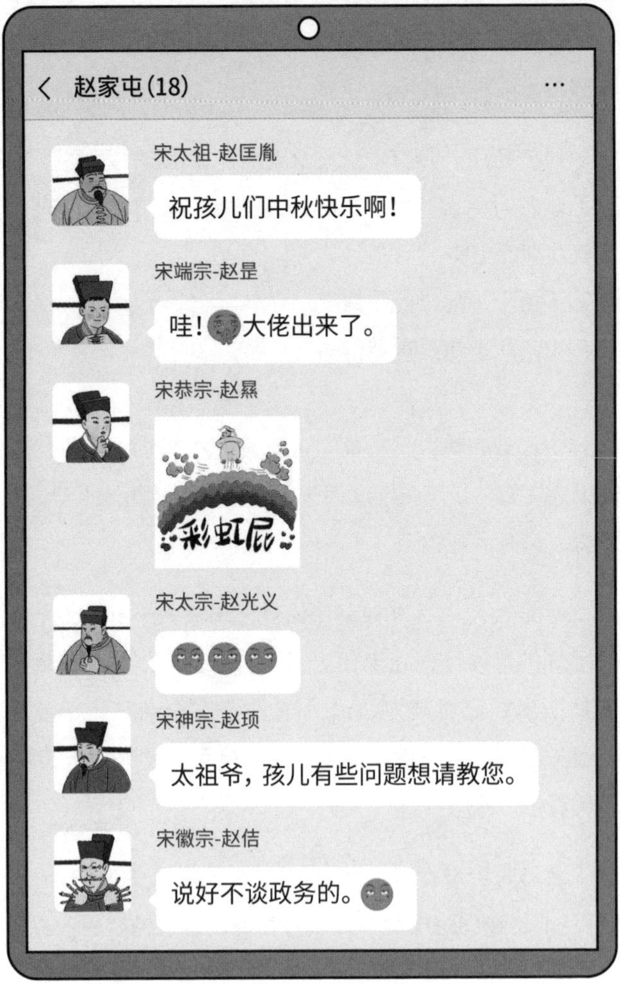

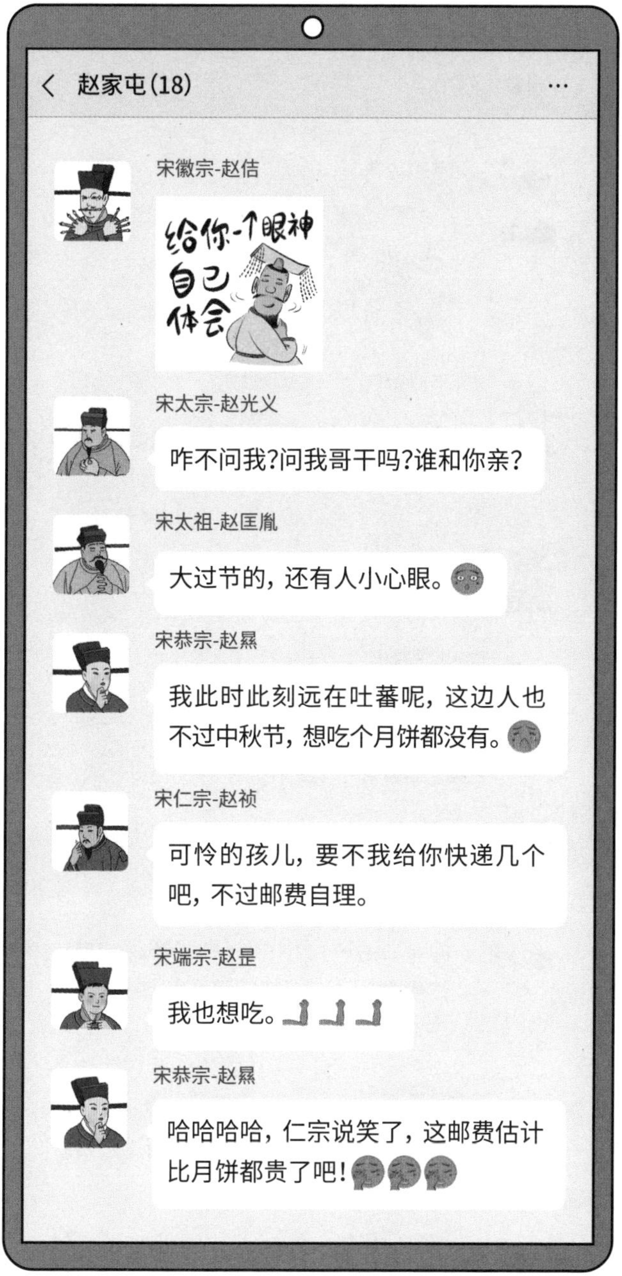
赵家屯(18)
宋徽宗-赵佶
给你一个眼神
自己
体会
宋太宗-赵光义
咋不问我?问我哥干吗?谁和你亲?
宋太祖-赵匡胤
大过节的,还有人小心眼。
宋恭宗-赵㬎
我此时此刻远在吐蕃呢,这边人也不过中秋节,想吃个月饼都没有。
宋仁宗-赵祯
可怜的孩儿,要不我给你快递几个吧,不过邮费自理。
宋端宗-赵昰
我也想吃。
宋恭宗-赵㬎
哈哈哈哈,仁宗说笑了,这邮费估计比月饼都贵了吧!

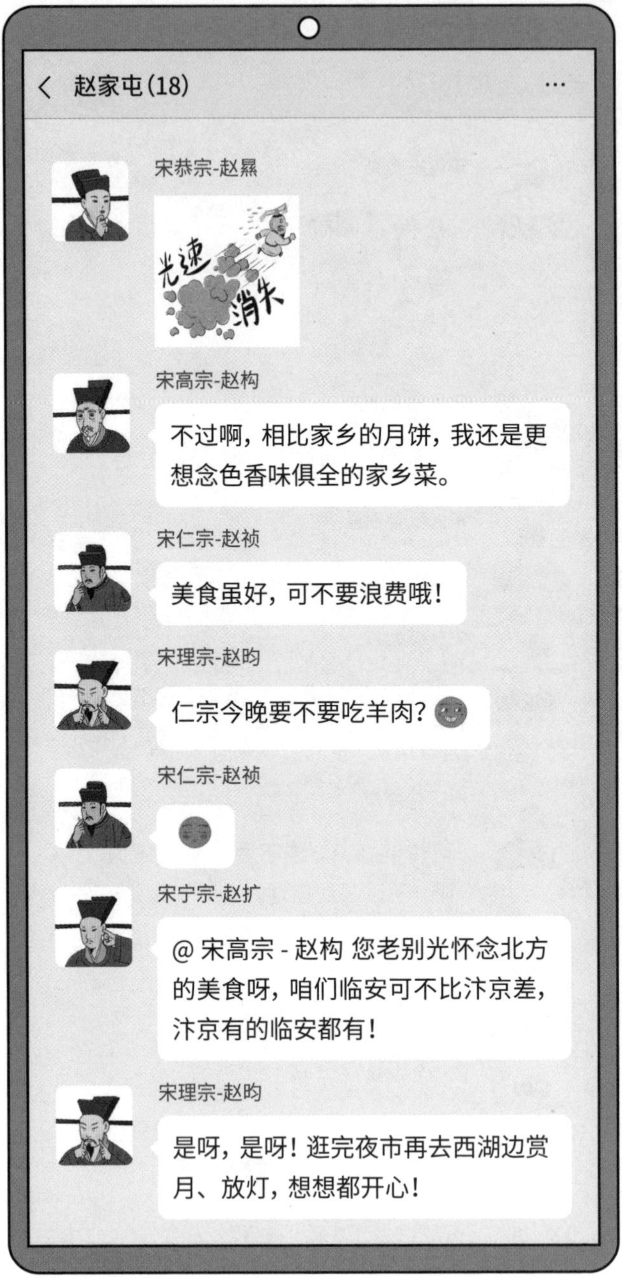
赵家屯(18)
宋恭宗-赵㬎
光速消失
宋高宗-赵构
不过啊，相比家乡的月饼，我还是更想念色香味俱全的家乡菜。
宋仁宗-赵祯
美食虽好，可不要浪费哦！
宋理宗-赵昀
仁宗今晚要不要吃羊肉？
宋仁宗-赵祯
宋宁宗-赵扩
@宋高宗-赵构 您老别光怀念北方的美食呀，咱们临安可不比汴京差，汴京有的临安都有！
宋理宗-赵昀
是呀，是呀！逛完夜市再去西湖边赏月、放灯，想想都开心！

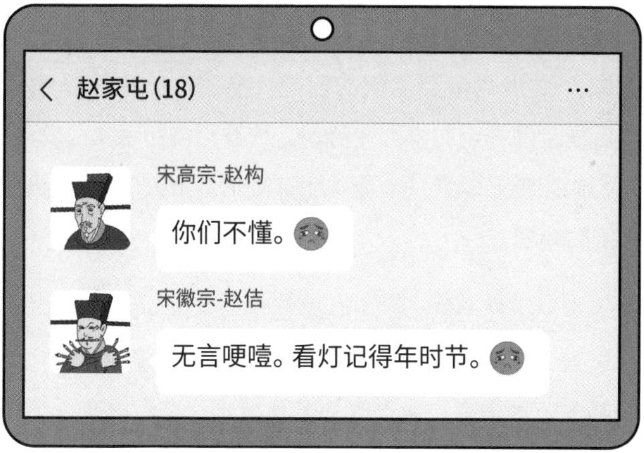

每逢佳节倍思亲，远离故土的几位不禁想起曾经在汴京的日子。

划重点

宋恭宗赵㬎幼时即位，宋室江山在蒙古铁骑之下岌岌可危。德祐二年（1276年），元军攻进临安后，5岁的宋恭宗被送到大都，19岁出家，法号合尊，潜心研究佛学，翻译了许多藏文佛经。

据历史记载，月饼最早出现在唐朝，是犒劳军队的一种食品。唐高祖时，开国名将李靖北征匈奴，取得巨大胜利，于八月十五宣告凯旋。为表达对唐王朝的祝贺及敬慕，吐鲁番当地商人献上了一种饼，高祖将进贡之饼赏赐给诸大臣，后来渐成习俗。宋朝时，“月饼”一词正式在周密的《武林旧事》中出现。月饼又被称为“宫饼”“小饼”，苏轼有诗“小饼如嚼月，中有酥与饴”。

徽宗、钦宗两帝及他们的后妃、皇子、公主等千余人在靖康之变后被金国俘至北方，在苦寒之地被囚禁30余年，受尽屈辱，最终他们惨死于五国城（今黑龙江省哈尔滨市依兰县），再也没有回到大宋的怀抱。

宋太祖赵匡胤驾崩后，由其弟赵光义继位，太祖之子赵德昭、赵德芳失去了作为嫡子的合法继承权，郁郁而终。往后几任的宋朝皇帝都由宋太宗赵光义一脉的子孙继承，直到没有可继承皇位的子孙，才从宋太祖一脉的子孙中找出继位人选，即宋孝宗赵昚。

宋仁宗是一位勤政且体恤下情的君主。有一次，他忙于政务直到深夜，特别想喝一碗羊肉汤暖暖身子，但他最后打消了主意。第二天，他对身边人说了此事，近臣问他为什么不吃呢?仁宗就说：“如果我提出了半夜吃羊肉，大家就会当成习惯，每夜宰羊，时间长了，浪费就太大了，不如忍一时饥饿。”

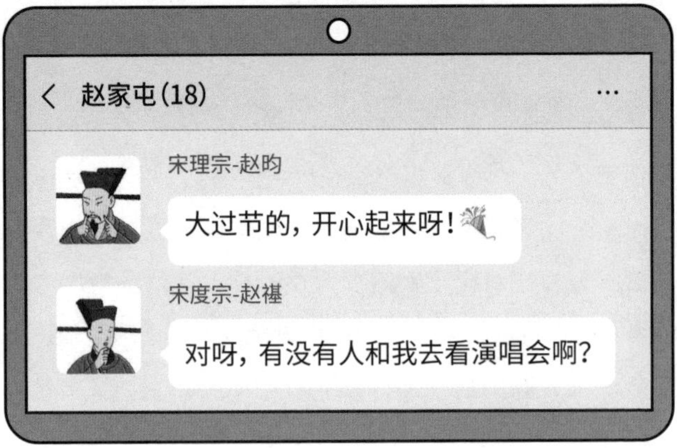

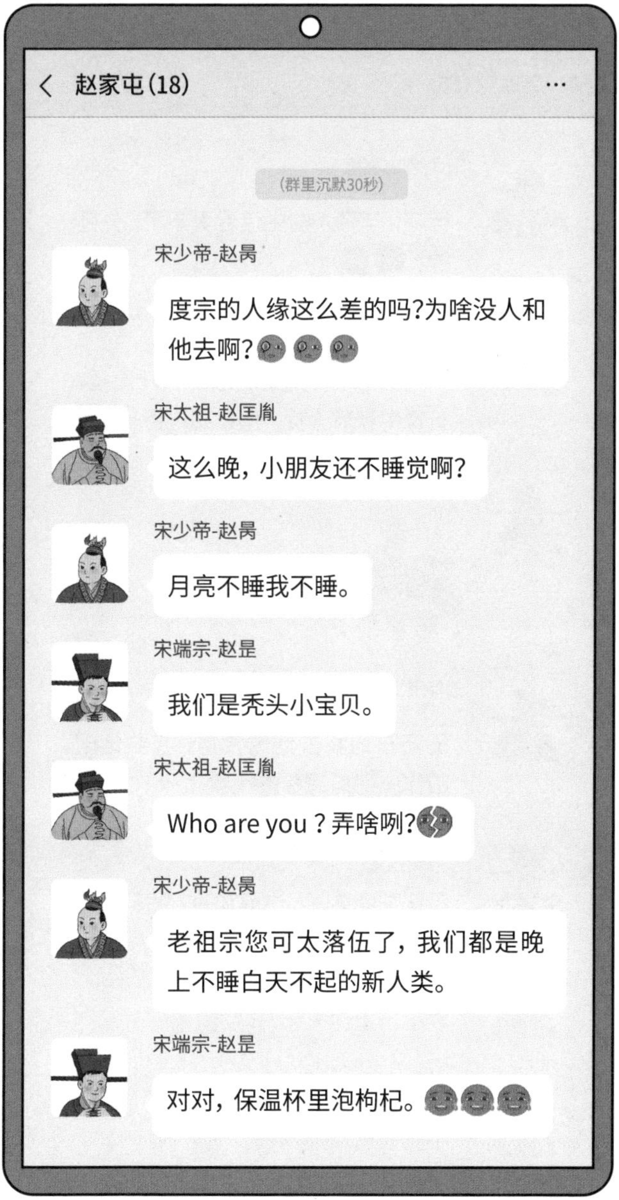
赵家屯(18)
(群里沉默30秒)
宋少帝-赵昺
度宗的人缘这么差的吗?为啥没人和他去啊?
宋太祖-赵匡胤
这么晚，小朋友还不睡觉啊?
宋少帝-赵昺
月亮不睡我不睡。
宋端宗-赵昰
我们是秃头小宝贝。
宋太祖-赵匡胤
Who are you？弄啥咧?
宋少帝-赵昺
老祖宗您可太落伍了，我们都是晚上不睡白天不起的新人类。
宋端宗-赵昰
对对，保温杯里泡枸杞。

赵家屯(18)
宋太祖-赵匡胤
行吧，年轻人的生活我受不了，先睡啦。
宋英宗-赵曙
您老休息吧，我陪滔滔看会儿直播，听说中秋节大促，化妆品打折。
宋英宗-赵曙
彩虹屁
宋神宗-赵顼
王安石约我去他家赏月，我要休闲工作一把抓！
宋徽宗-赵佶
不是吧老爹，大过节加班？996？
宋神宗-赵顼
要不带上你一起？
宋徽宗-赵佶
中秋快乐！好走不送！

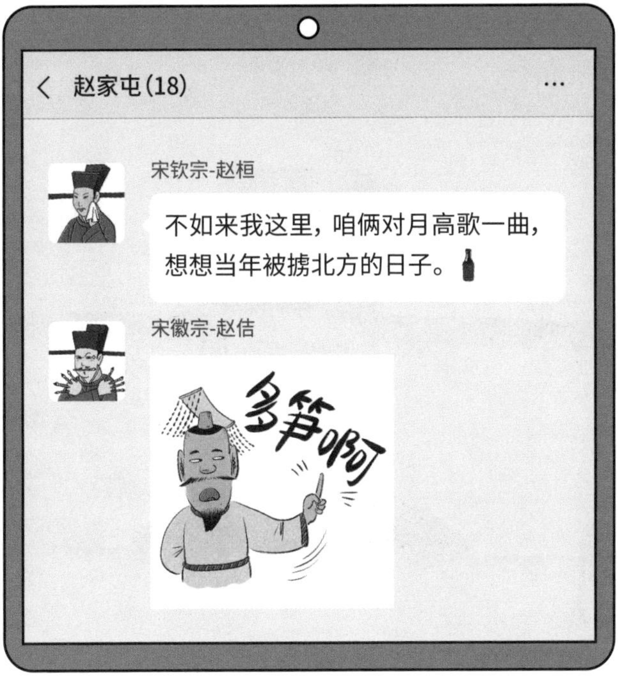

至此，宋朝的中秋节就先告一段落了，但宋朝天子们的故事，未完待续。

二 贵族们的异想世界

元太祖成吉思汗带领儿孙策划了《元朝音乐会》。该综艺节目大火后，元朝皇室成员成为炙手可热的国民偶像，每天忙着赶通告参加活动。隔壁的宋朝“留守皇帝们”一个个闲得发慌，甚至有些嫉妒。哪里有压力，哪里就有进步。

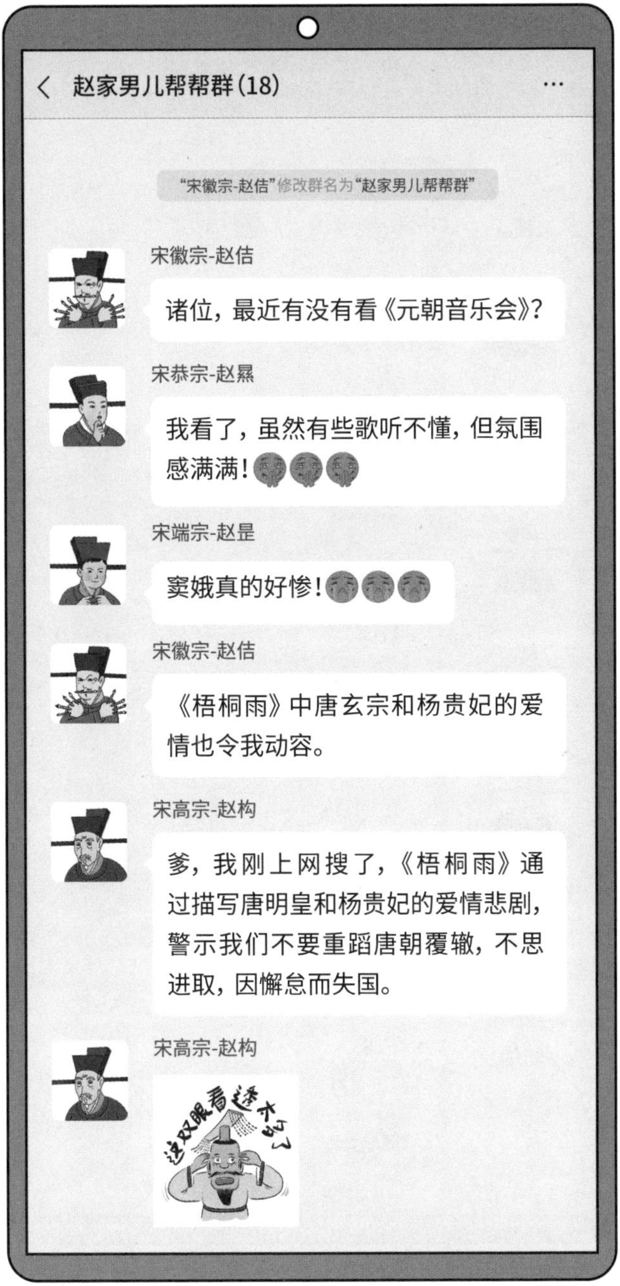
赵家男儿帮帮群(18)
“宋徽宗-赵佶”修改群名为“赵家男儿帮帮群”
宋徽宗-赵佶
诸位，最近有没有看《元朝音乐会》?
宋恭宗-赵㬎
我看了，虽然有些歌听不懂，但氛围感满满!
宋端宗-赵昰
窦娥真的好惨!
宋徽宗-赵佶
《梧桐雨》中唐玄宗和杨贵妃的爱情也令我动容。
宋高宗-赵构
爹，我刚上网搜了，《梧桐雨》通过描写唐明皇和杨贵妃的爱情悲剧，警示我们不要重蹈唐朝覆辙，不思进取，因懈怠而失国。
宋高宗-赵构
这双眼看透太多了

赵家男儿帮帮群(18)
宋徽宗-赵佶
闭嘴，倒霉孩子，暗示你爹呢？
宋神宗-赵顼
艺术家就是敏感……
宋光宗-赵惇
看了看了。
宋孝宗-赵昚
你媳妇儿让你看电视吗？
宋真宗-赵恒
我家刘皇后让我看。
宋高宗-赵构
我家吴皇后陪我一起看的呢。
宋徽宗-赵佶
咋突然就开始秀恩爱了呢？
宋钦宗-赵桓
离了个大谱

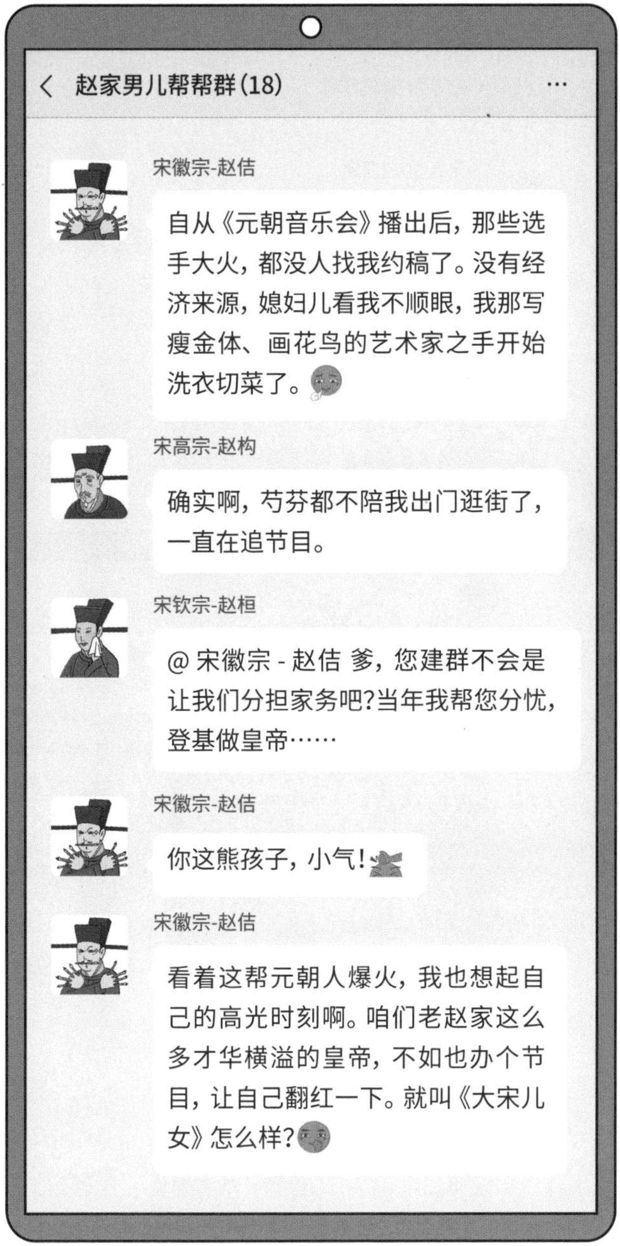

赵家男儿帮帮群(18)
宋徽宗-赵佶
自从《元朝音乐会》播出后，那些选手大火，都没人找我约稿了。没有经济来源，媳妇儿看我不顺眼，我那写瘦金体、画花鸟的艺术家之手开始洗衣切菜了。
宋高宗-赵构
确实啊，芍芬都不陪我出门逛街了，一直在追节目。
宋钦宗-赵桓
@宋徽宗-赵佶 爹，您建群不会是让我们分担家务吧?当年我帮您分忧，登基做皇帝……
宋徽宗-赵佶
你这熊孩子，小气!
宋徽宗-赵佶
看着这帮元朝人爆火，我也想起自己的高光时刻啊。咱们老赵家这么多才华横溢的皇帝，不如也办个节目，让自己翻红一下。就叫《大宋儿女》怎么样?

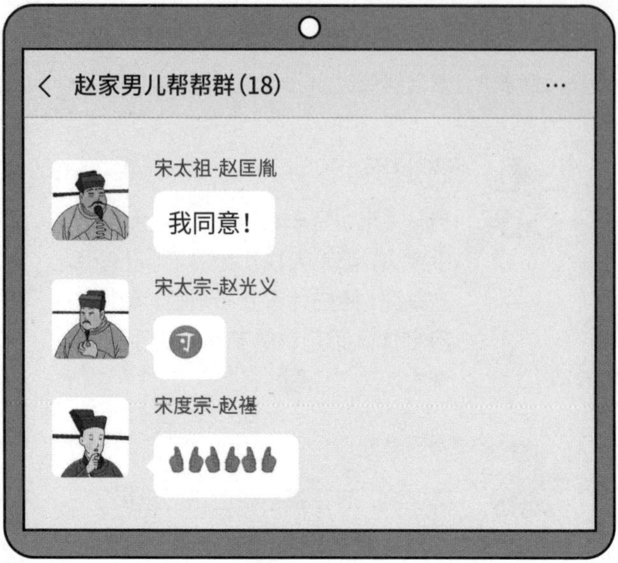

划重点

《窦娥冤》(又名《感天动地窦娥冤》)为关汉卿所作,《梧桐雨》(又名《唐明皇秋夜梧桐雨》)为白朴所作。两人与马致远、郑光祖合称为“元曲四大家”,享誉华夏。

吴皇后指的是宋高宗的皇后吴芍芬。她与一般女子不同,胆略更胜于男儿。作为宋高宗的贤内助,她经常为丈夫加油打气,鼓舞斗志,给了高宗满满的安全感。

刘皇后真名叫刘娥,是宋真宗赵恒的第三任皇后,也是宋朝首位亲理朝政的皇后,其治国理政的天分颇高,后世称其有汉代吕后的才能,却没有吕后的为恶之心,被认为是一代贤后。

宋钦宗赵桓可以说是非常倒霉了。宣和七年（1125年）十月，金国对北宋发起总攻，开封城危在旦夕。徽宗知道自己大势已去，连忙禅位给儿子赵桓，急着跑路。于是，26岁的太子赵桓被迫登基，改年号为靖康，吞下北宋灭亡的苦果，承受了他本来不该承受的压力。

宋徽宗赵佶说完这一番话后，群里的气氛瞬间高涨到极点，各位皇帝摩拳擦掌，跃跃欲试。

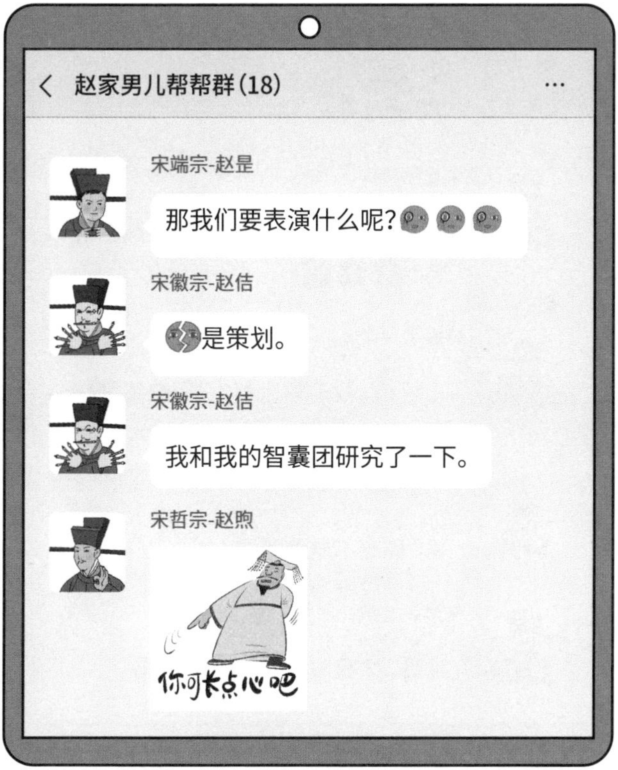

赵家男儿帮帮群(18)
宋哲宗-赵煦
智囊团还没解散啊?
宋钦宗-赵桓
伯伯你坏。
宋徽宗-赵佶
一整个大无语
宋徽宗-赵佶
有完没完了?少碰瓷儿，不然踢出群聊。
宋太祖-赵匡胤
二营长，我的意大利炮呢?快给朕拉来!
宋太宗-赵光义
哥，确定不是盘龙棍?
宋徽宗-赵佶
哈哈，太祖串戏了。

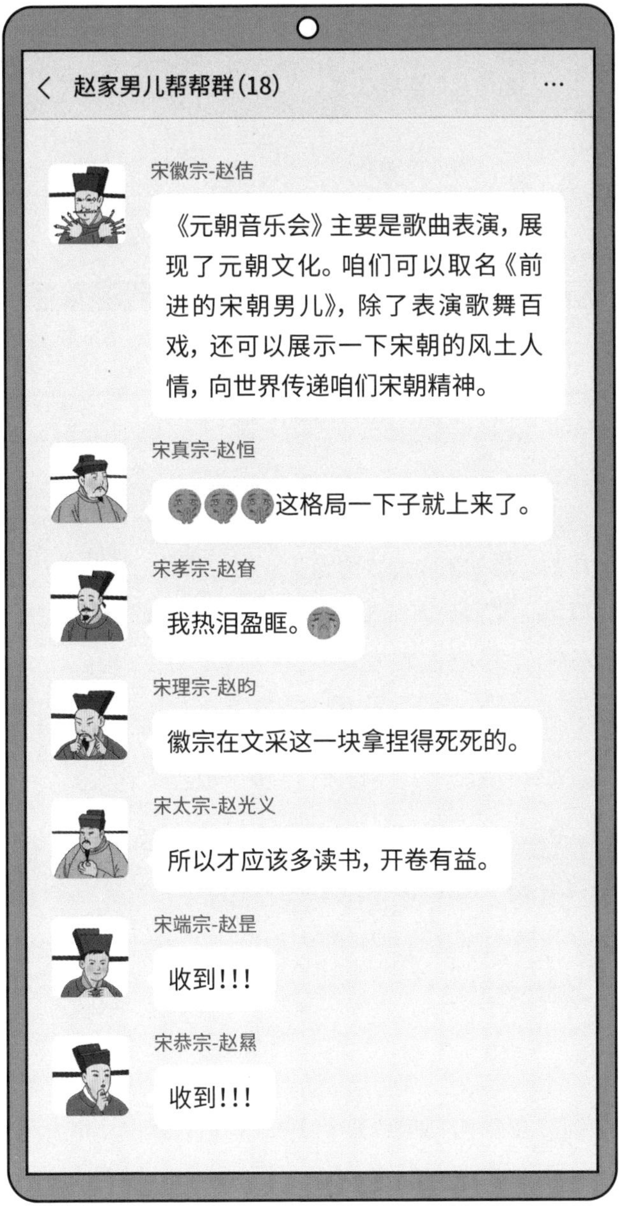
赵家男儿帮帮群(18)
宋徽宗-赵佶
《元朝音乐会》主要是歌曲表演，展现了元朝文化。咱们可以取名《前进的宋朝男儿》，除了表演歌舞百戏，还可以展示一下宋朝的风土人情，向世界传递咱们宋朝精神。
宋真宗-赵恒
这格局一下子就上来了。
宋孝宗-赵昚
我热泪盈眶。
宋理宗-赵昀
徽宗在文采这一块拿捏得死死的。
宋太宗-赵光义
所以才应该多读书，开卷有益。
宋端宗-赵昰
收到!!!
宋恭宗-赵㬎
收到!!!

划重点

赵匡胤所说的“意大利炮”指的是北宋初年由冯继升等人改造的火药箭。唐朝末年，火药初步应用于战争，在战术层面取得了一定成果。北宋开国皇帝赵匡胤发现了火药的巨大潜力，在冯继升当场演示了火药箭的操作之后，大大地赏赐了他。

盘龙棍：相传为宋太祖赵匡胤所发明。这种兵器后来被传往海外，随着时间的变化，慢慢改造为双节棍的样子。

开卷有益：宋朝初年，宋太宗赵光义组织大臣编撰《太平总类》。宋太宗除了处理政务外，也会每日阅读这本书，并时常对身边的人说：“多看书总有好处。”后来，“开卷有益”成为勉励人们努力读书的经典典故。

宋徽宗将主题升华，使得众皇帝们对这个节目的期待值增加。大家都在用心思考：什么样的表演形式适合自己，能给观众带来最好的体验，能最好地展现宋朝风度？

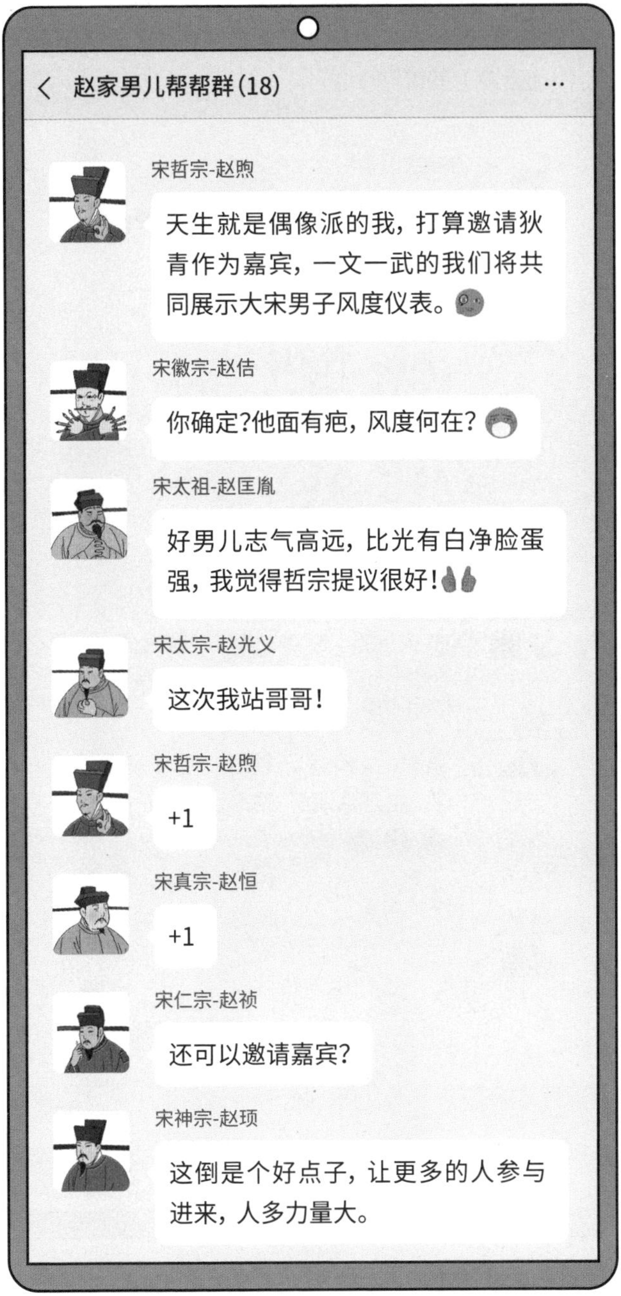
赵家男儿帮帮群(18)
宋哲宗-赵煦
天生就是偶像派的我，打算邀请狄青作为嘉宾，一文一武的我们将共同展示大宋男子风度仪表。
宋徽宗-赵佶
你确定?他面有疤，风度何在?
宋太祖-赵匡胤
好男儿志气高远，比光有白净脸蛋强，我觉得哲宗提议很好!
宋太宗-赵光义
这次我站哥哥!
宋哲宗-赵煦
+1
宋真宗-赵恒
+1
宋仁宗-赵祯
还可以邀请嘉宾?
宋神宗-赵顼
这倒是个好点子，让更多的人参与进来，人多力量大。

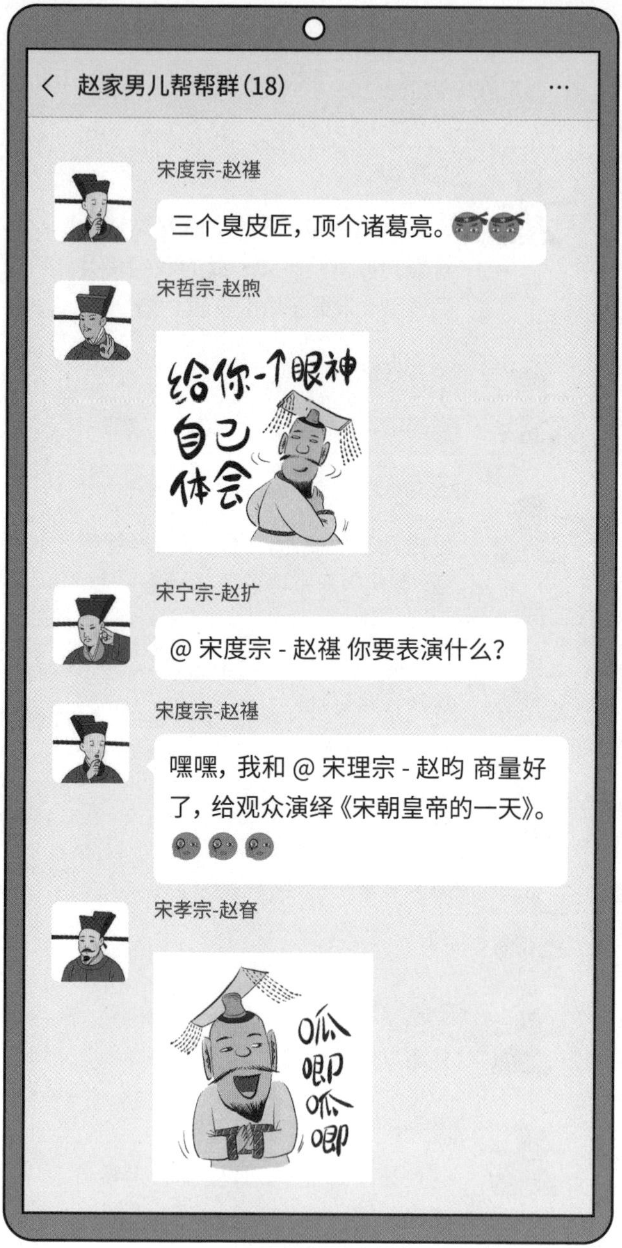
赵家男儿帮帮群(18)
宋度宗-赵禥
三个臭皮匠，顶个诸葛亮。
宋哲宗-赵煦
给你一个眼神自己体会
宋宁宗-赵扩
@宋度宗-赵禥 你要表演什么？
宋度宗-赵禥
嘿嘿，我和 @宋理宗-赵昀 商量好了，给观众演绎《宋朝皇帝的一天》。
宋孝宗-赵昚
呱唧呱唧

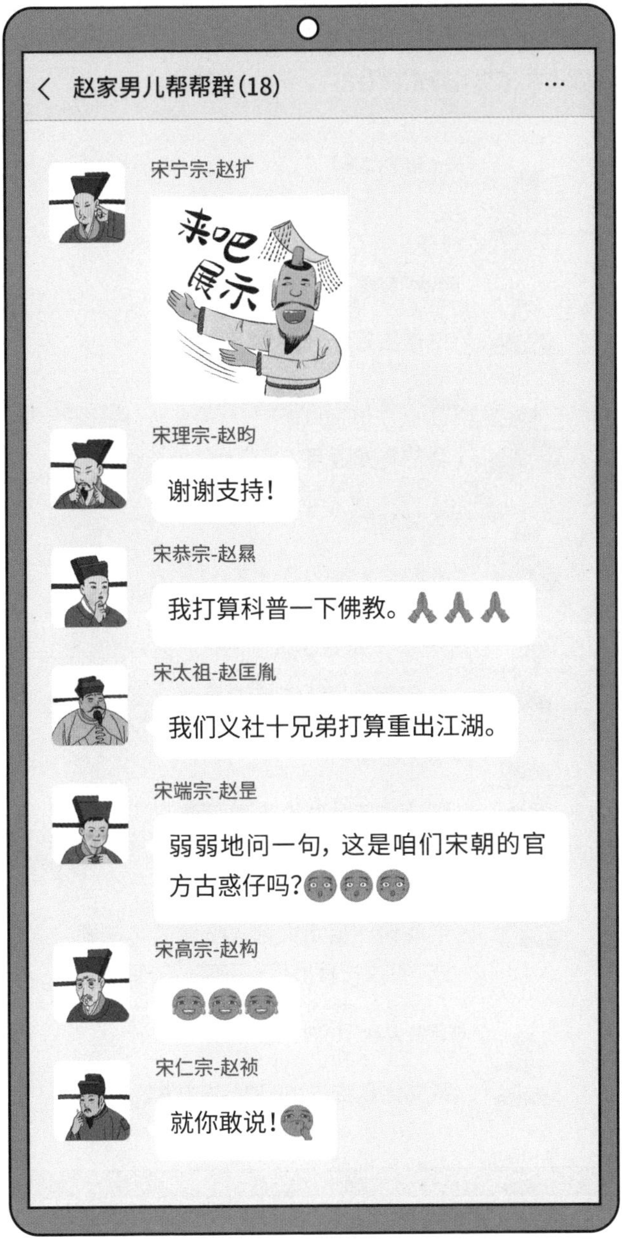

赵家男儿帮帮群(18)
宋宁宗-赵扩
来吧展示
宋理宗-赵昀
谢谢支持！
宋恭宗-赵㬎
我打算科普一下佛教。
宋太祖-赵匡胤
我们义社十兄弟打算重出江湖。
宋端宗-赵昰
弱弱地问一句，这是咱们宋朝的官方古惑仔吗？
宋高宗-赵构
宋仁宗-赵祯
就你敢说！

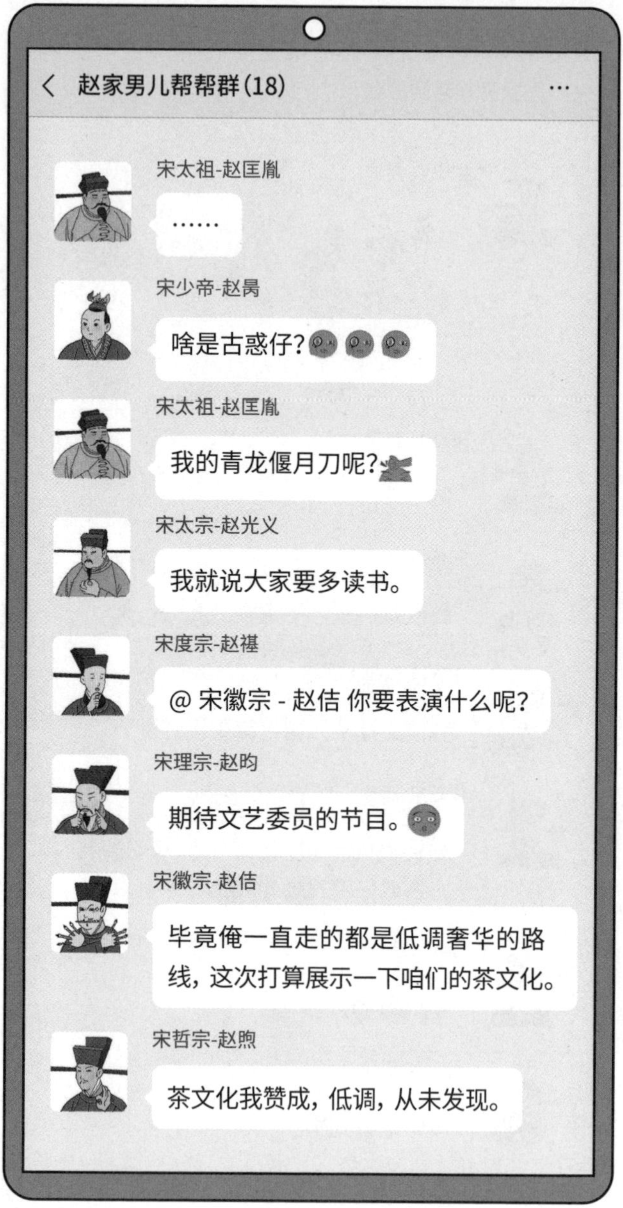
赵家男儿帮帮群(18)
宋太祖-赵匡胤
……
宋少帝-赵昺
啥是古惑仔?
宋太祖-赵匡胤
我的青龙偃月刀呢?
宋太宗-赵光义
我就说大家要多读书。
宋度宗-赵禥
@ 宋徽宗 - 赵佶 你要表演什么呢?
宋理宗-赵昀
期待文艺委员的节目。
宋徽宗-赵佶
毕竟俺一直走的都是低调奢华的路线，这次打算展示一下咱们的茶文化。
宋哲宗-赵煦
茶文化我赞成，低调，从未发现。

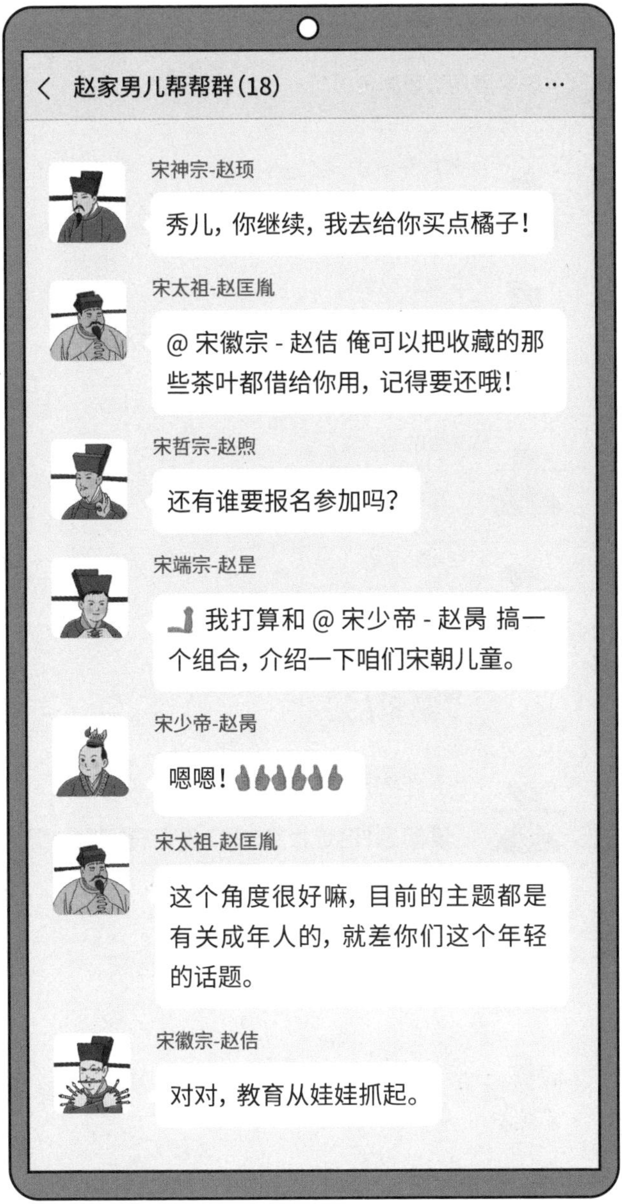

赵家男儿帮帮群(18)
宋神宗-赵顼
秀儿，你继续，我去给你买点橘子！
宋太祖-赵匡胤
@宋徽宗-赵佶 俺可以把收藏的那些茶叶都借给你用，记得要还哦！
宋哲宗-赵煦
还有谁要报名参加吗？
宋端宗-赵昰
我打算和@宋少帝-赵昺 搞一个组合，介绍一下咱们宋朝儿童。
宋少帝-赵昺
嗯嗯！
宋太祖-赵匡胤
这个角度很好嘛，目前的主题都是有关成年人的，就差你们这个年轻的话题。
宋徽宗-赵佶
对对，教育从娃娃抓起。

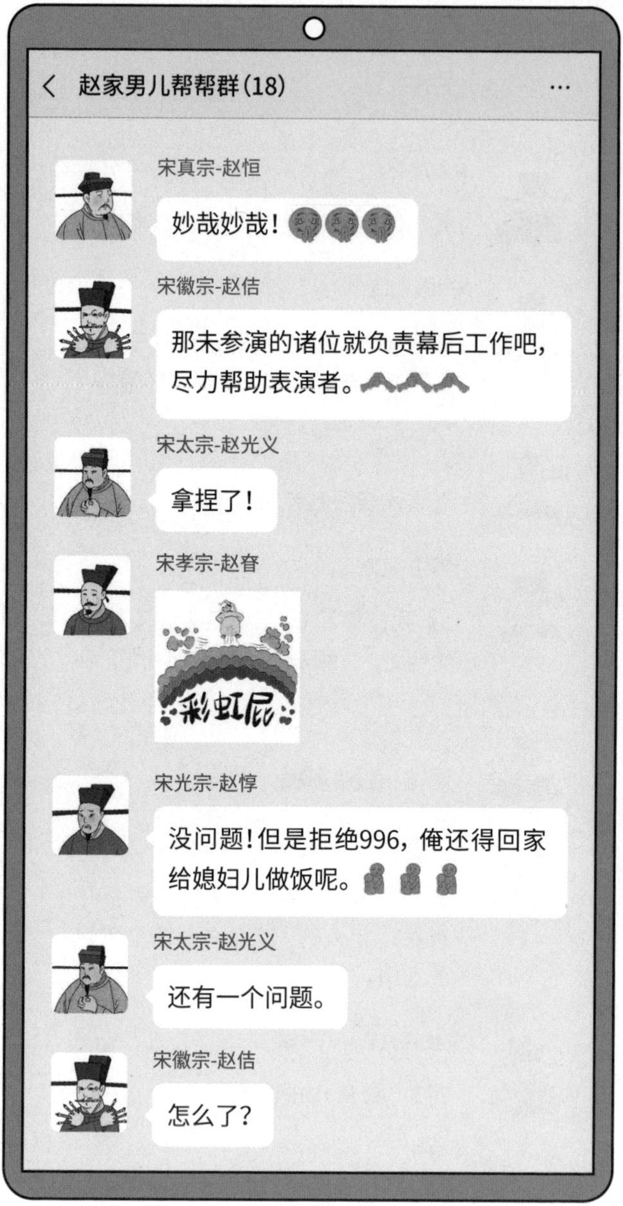
赵家男儿帮帮群(18)
宋真宗-赵恒
妙哉妙哉!
宋徽宗-赵佶
那未参演的诸位就负责幕后工作吧,尽力帮助表演者。
宋太宗-赵光义
拿捏了!
宋孝宗-赵昚
彩虹屁
宋光宗-赵惇
没问题!但是拒绝996,俺还得回家给媳妇儿做饭呢。
宋太宗-赵光义
还有一个问题。
宋徽宗-赵佶
怎么了?

划重点

《宋史·狄青传》记载，狄青脸上有明显的黑疤，成为知名将领后，宋仁宗劝他治疗疤痕以提升外在形象，可他丝毫不在意，认为自己是靠能力，而不是靠皮囊立下军功。

通过对比各朝皇帝画像，不难看出，宋哲宗赵煦也是极为英俊的。虽然他在位时间不算长，但画像中挺立的鼻梁、迷人的丹凤眼、淡粉的薄唇、恰到好处的胡须，都非常符合我们当今的审美。

义社十兄弟是赵匡胤创业时期的核心成员，包括赵匡胤、杨光义、石守信、王政忠、李继勋、王审琦、刘守忠、刘庆义、刘廷让、韩重赟。他们在宋朝建立初期厥功至伟，为赵匡胤所倚重。

宋朝朝廷大力推广唐后期开始流行的茶道，使饮茶过程正式成为一种礼制。皇帝在奖赏朝中大臣、表彰皇室宗亲及笼络国外使节时，常以赐茶来表达重视。同时，宋代民间也兴起了一股品茶之风，随着茶文化的不断普及，专业的品茶团队也应运而生，名气较大的有“汤社”“千人社”等。

皇帝们效率很高，很快就把内部的工作内容划分清晰了，现在需要讨论的是外援嘉宾名单了。

赵家男儿帮帮群(18)

宋太宗-赵光义

咱们请谁做评委呢？

宋徽宗-赵佶

肯定要文学修养高的，懂艺术的。

宋太祖-赵匡胤

徽宗有心仪的人选了？

宋徽宗-赵佶

蔡京。

宋高宗-赵构

爹啊，您还想再尝尝失败的滋味？

宋钦宗-赵桓

宋太宗-赵光义

有一说一，他可是被称作“书法家”。

宋真宗-赵恒

可以邀请他给咱们写请柬和稿子。

赵家男儿帮帮群(18)

宋徽宗-赵佶

对!再把大米小米、苏苏、阿黄一起请来做文职工作。

宋徽宗-赵佶

评委人选有推荐吗?

宋仁宗-赵祯

5"

开封有个包青天,铁面无私辨忠奸。

宋神宗-赵顼

呦呵,这还唱上了!

宋仁宗-赵祯

我看包拯就很合适。

宋徽宗-赵佶

咱们又不是办理案件,要这样说是不是还得叫来宋慈,他俩来个“青天组合”。

宋理宗-赵昀

我看着是标准的“外敷内服,双管齐下”。

划重点

蔡京：北宋宰相，他在职期间大肆搜刮民脂民膏、任用奸人。但在艺术造诣上，他是一名书法家，有其自身的独特风格，是宋代书法的名家之一。同时，他也是崇宁兴学的倡议者，提出了建立艺术专科学校的主张，并得到采纳，大大促进了宋朝的艺术发展。

北宋最知名的书法家是“宋四家——苏黄米蔡”，分别是苏轼、黄庭坚、米芾、蔡襄。据说“蔡”本应为蔡京，但因为蔡京在历史上有污点，后世普遍认为他德不配位，故替换为蔡襄。

“大米小米”指的是米芾与米友仁父子二人。他们都是当时的书法大家，很有造诣。由于卓越的成就，人们尊称他们父子为“大米小米”。

开封府的红人包拯，因其铁面无私、刚正不阿而出圈，粉丝称他为“不爱乌纱只爱民”的包青天。《三侠五义》等多部民间文学作品都是根据他的真实断案事件改编的。

宋慈：南宋时期的法医学家，是中国乃至世界法医学界的先驱。宋慈一生审理过无数案件，亲眼见证了许多法医学案例。宋慈晚年根据工作经历和个人总结，写出了《洗冤集录》这一法医学巨著，为后世法医学的发展做出了极重要的贡献。

节目策划真是繁琐又复杂啊！但众皇帝们忙中取乐，氛围也轻松了不少。

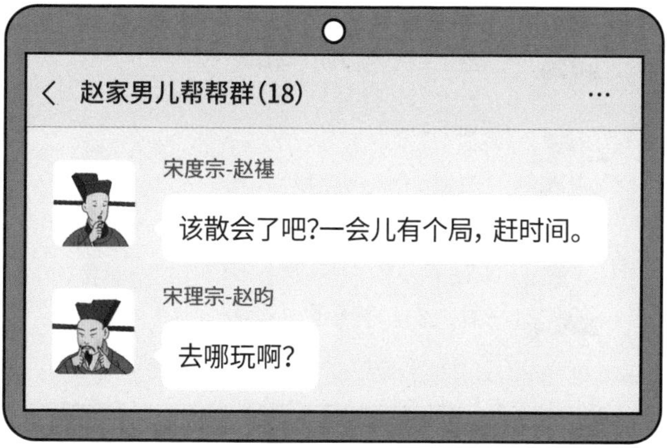

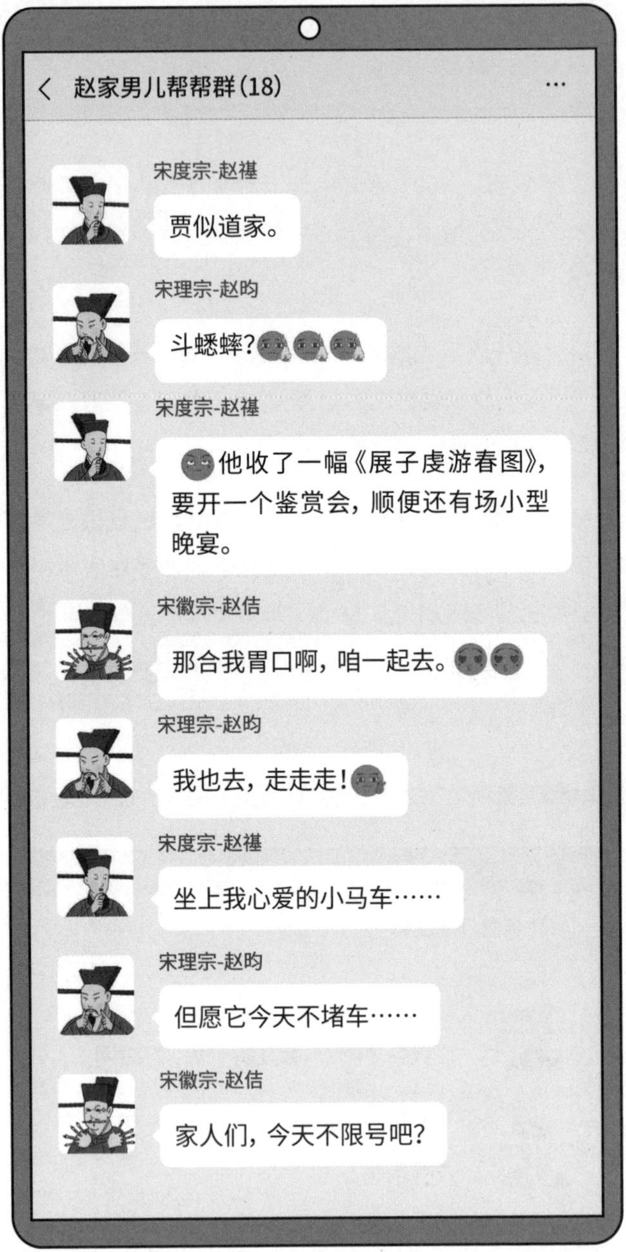
赵家男儿帮帮群(18)
宋度宗-赵禥
贾似道家。
宋理宗-赵昀
斗蟋蟀?
宋度宗-赵禥
他收了一幅《展子虔游春图》，要开一个鉴赏会，顺便还有场小型晚宴。
宋徽宗-赵佶
那合我胃口啊，咱一起去。
宋理宗-赵昀
我也去，走走走！
宋度宗-赵禥
坐上我心爱的小马车……
宋理宗-赵昀
但愿它今天不堵车……
宋徽宗-赵佶
家人们，今天不限号吧？

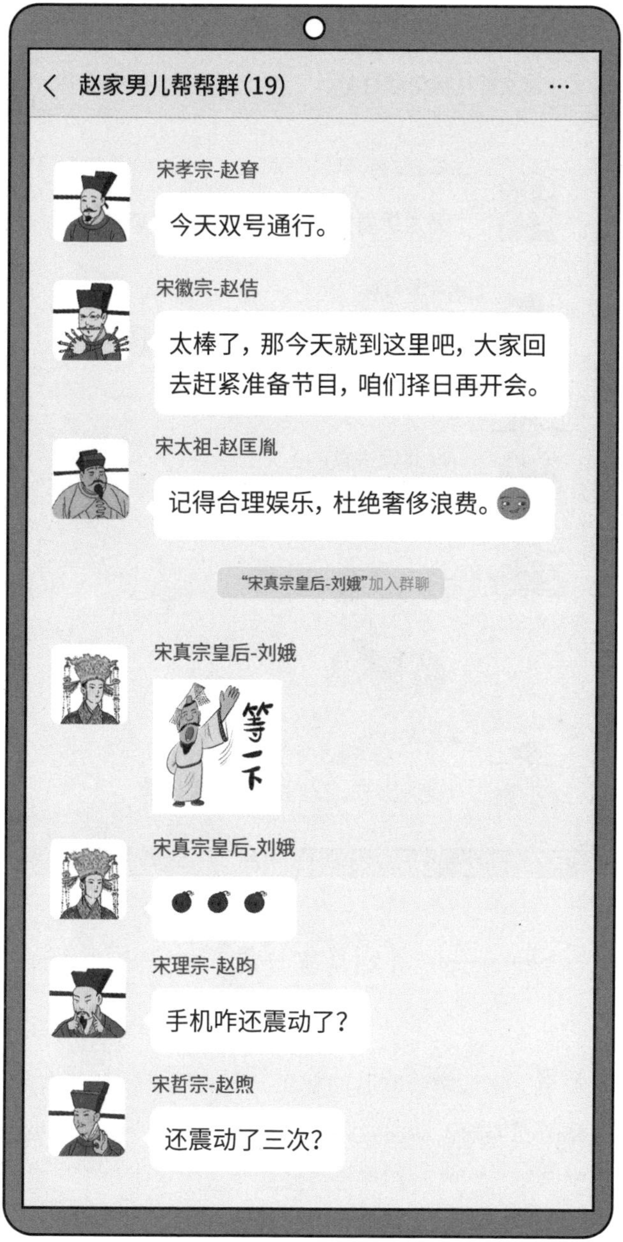
赵家男儿帮帮群(19)
宋孝宗-赵昚
今天双号通行。
宋徽宗-赵佶
太棒了，那今天就到这里吧，大家回去赶紧准备节目，咱们择日再开会。
宋太祖-赵匡胤
记得合理娱乐，杜绝奢侈浪费。
“宋真宗皇后-刘娥”加入群聊
宋真宗皇后-刘娥
等一下
宋真宗皇后-刘娥
宋理宗-赵昀
手机咋还震动了？
宋哲宗-赵煦
还震动了三次？

划重点

贾似道：宋理宗赵昀时的权臣，同时还是一名艺术鉴赏家，热爱收藏图书典籍、书法名画等文化艺术品。今尚存于世的许多古代书画名迹，在当时都只是贾似道个人收藏中微不足道的一部分，可见贾似道收藏之丰富、眼光之独到。

展子虔历北齐、北周至隋代，擅画山水人物，《宣和画谱》称赞他画功了得，观赏他的作品有身临其境之感。《游春图》是他仅存于世间的作品，也是早期山水画的代表性作品，具有很高的艺术价值和历史价值。

宋朝崇尚节俭，太祖赵匡胤在位16年，《宋史》中曾多次记载其勤俭节约的故事。他不仅以身作则，对自己衣食住行推崇节俭，对身边人也是经常教育提醒。

刘皇后的突然出现吓坏了所有人，她到底是怎么进入群聊的，也让人百思不得其解。

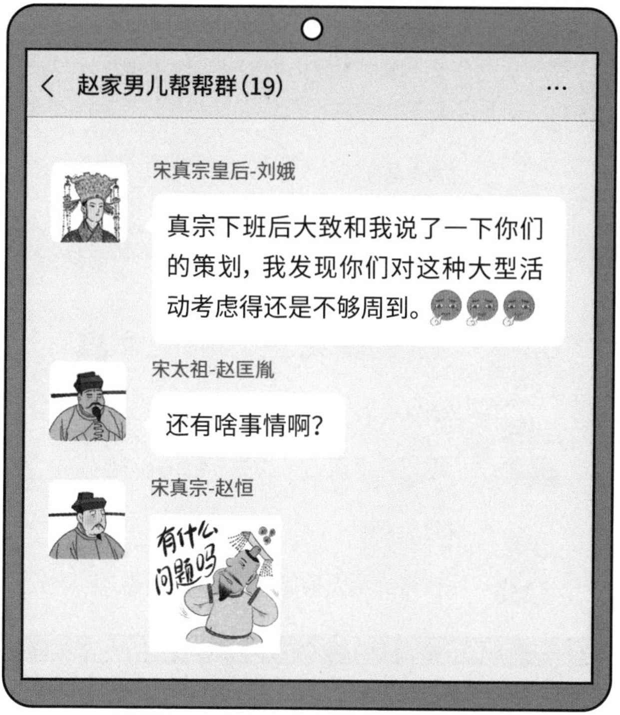

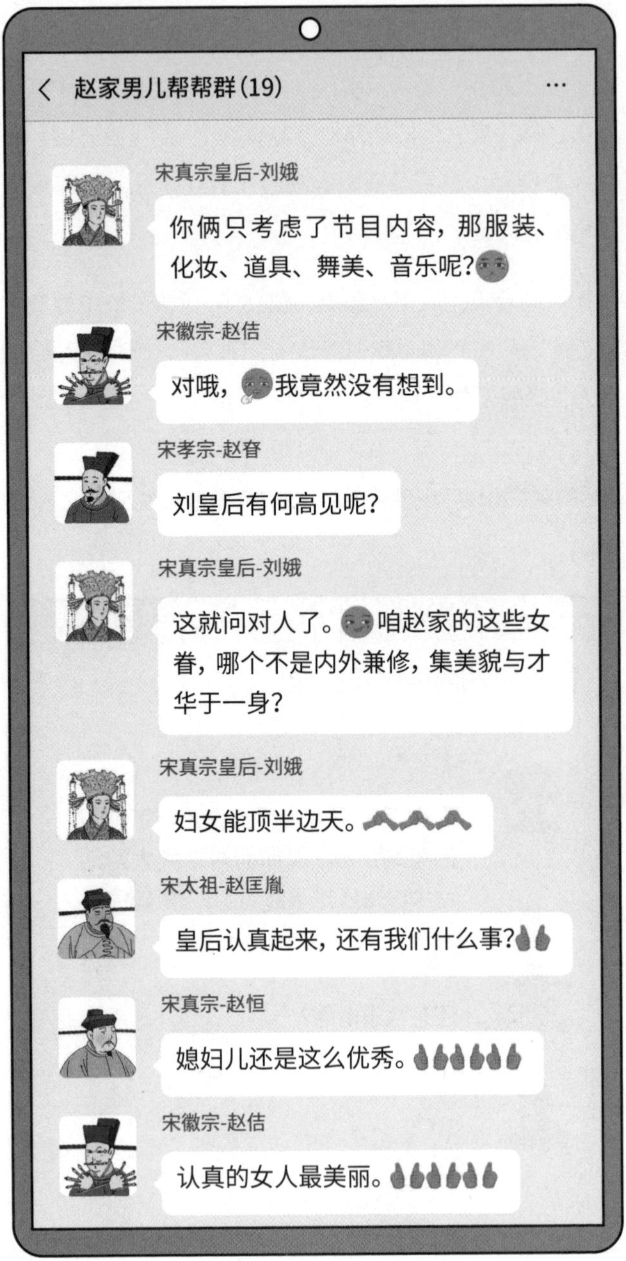

赵家男儿帮帮群(19)
宋真宗皇后-刘娥
你俩只考虑了节目内容，那服装、化妆、道具、舞美、音乐呢？
宋徽宗-赵佶
对哦，我竟然没有想到。
宋孝宗-赵昚
刘皇后有何高见呢？
宋真宗皇后-刘娥
这就问对人了。咱赵家的这些女眷，哪个不是内外兼修，集美貌与才华于一身？
宋真宗皇后-刘娥
妇女能顶半边天。
宋太祖-赵匡胤
皇后认真起来，还有我们什么事？
宋真宗-赵恒
媳妇儿还是这么优秀。
宋徽宗-赵佶
认真的女人最美丽。

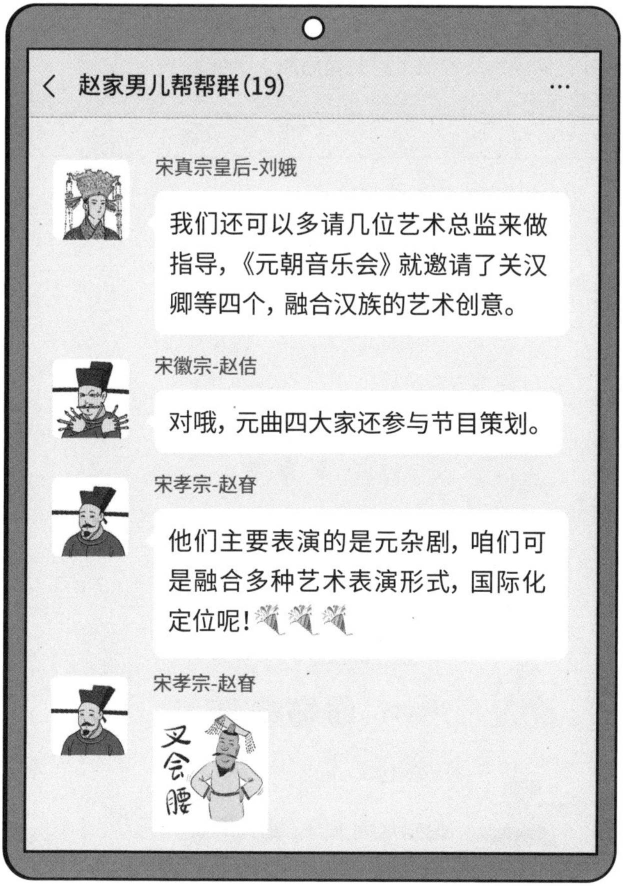
赵家男儿帮帮群(19)
宋真宗皇后-刘娥
我们还可以多请几位艺术总监来做指导，《元朝音乐会》就邀请了关汉卿等四个，融合汉族的艺术创意。
宋徽宗-赵佶
对哦，元曲四大家还参与节目策划。
宋孝宗-赵昚
他们主要表演的是元杂剧，咱们可是融合多种艺术表演形式，国际化定位呢！
宋孝宗-赵昚
叉会腰

划重点

刘娥身为宋真宗的皇后及宋仁宗时期的太后，在两朝都有杰出的政治表现。她权倾一时，却没有像武则天一样夺权称帝，一生忠于大宋皇室，所以由她提“妇女能顶半边天”这个口号再合适不过了。

宋词元曲都是民族文化的瑰宝，而且宋朝皇室的团结合作精神更是值得称赞。另外，刘皇后又邀请了更多皇后加入了群聊……

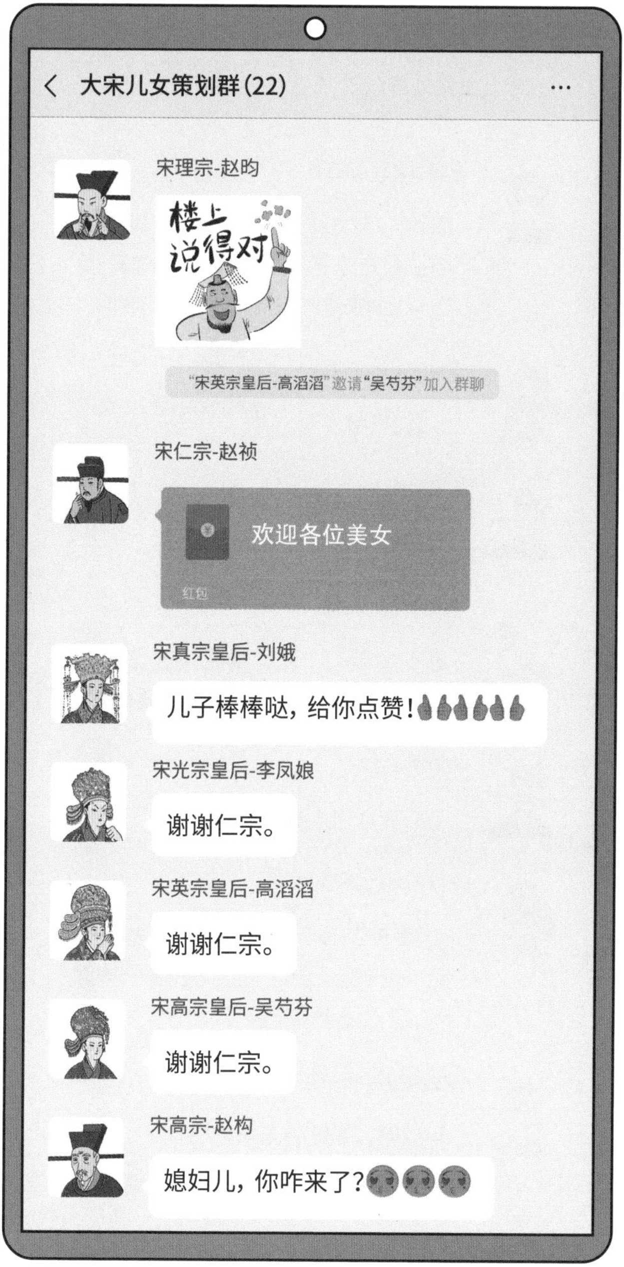

大宋儿女策划群(22)
宋理宗-赵昀
楼上说得对
“宋英宗皇后-高滔滔”邀请“吴芍芬”加入群聊
宋仁宗-赵祯
欢迎各位美女
红包
宋真宗皇后-刘娥
儿子棒棒哒，给你点赞！
宋光宗皇后-李凤娘
谢谢仁宗。
宋英宗皇后-高滔滔
谢谢仁宗。
宋高宗皇后-吴芍芬
谢谢仁宗。
宋高宗-赵构
媳妇儿，你咋来了？

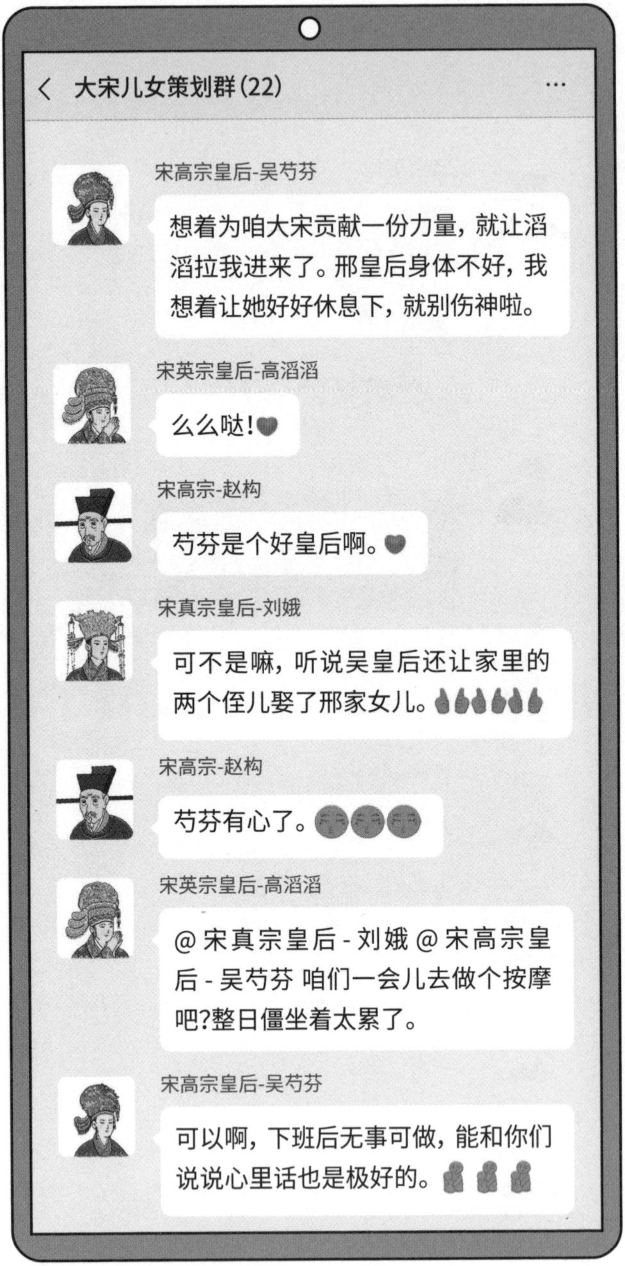
大宋儿女策划群(22)
宋高宗皇后-吴芍芬
想着为咱大宋贡献一份力量，就让滔滔拉我进来了。邢皇后身体不好，我想着让她好好休息下，就别伤神啦。
宋英宗皇后-高滔滔
么么哒！
宋高宗-赵构
芍芬是个好皇后啊。
宋真宗皇后-刘娥
可不是嘛，听说吴皇后还让家里的两个侄儿娶了邢家女儿。
宋高宗-赵构
芍芬有心了。
宋英宗皇后-高滔滔
@宋真宗皇后-刘娥 @宋高宗皇后-吴芍芬 咱们一会儿去做个按摩吧?整日僵坐着太累了。
宋高宗皇后-吴芍芬
可以啊，下班后无事可做，能和你们说说心里话也是极好的。

大宋儿女策划群(22)

宋真宗皇后-刘娥

好的呀，我请客！

宋英宗皇后-高滔滔

说起来请客，我想到神宗一直想给我家翻修，费那个钱干吗，国库的钱都是老百姓的血汗钱，不能浪费。

宋真宗皇后-刘娥

你可真是和你婆婆曹皇后一样贤惠。

宋端宗-赵昰

弱弱地打断一下，咱们是不是要开会？

宋徽宗-赵佶

是啊，先说正事，贾似道还在等我们呢。

宋度宗-赵禥

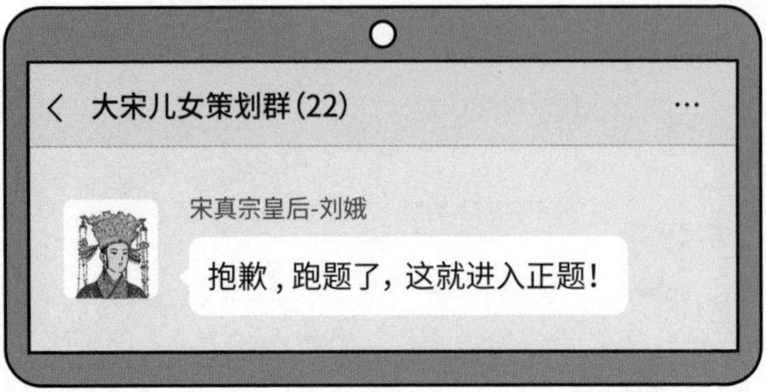

划重点

邢秉懿是宋高宗赵构的原配夫人，靖康之难时，她与赵构被金人掳走，并于绍兴九年（1139年）在五国城逝世。赵构一直心存内疚，认为自己没保护好她。第二位皇后吴芍芬知道此事后，想到一个妙计：让她的侄儿们迎娶邢家的两个女儿，这样大家就都是一家人了，永远不分离。

宋仁宗的第二任妻子曹皇后，宋英宗的皇后高滔滔，均为北宋贤后。她们全心辅佐君主，都开创了属于自己的时代盛世。廉洁的高滔滔还有一个小故事：宋神宗即位后，希望为自己的母亲建一座豪华的宅院，以报答养育之恩。高太后听说后，坚决不肯，提出只需要一块空地即可，自己出资修建房子。后来，她兑现了自己的诺言。

各位娘娘入群后，尽显各自的社交能力，策划群一时间变成了家庭琐事群，还是赶快进入正题吧！

大宋儿女策划群(22)

宋真宗皇后-刘娥

大家说一下自己的节目，我们来设计合适的服装、妆容、道具。

宋宁宗-赵扩

理宗和度宗，你们的节目是《宋朝皇帝的一天》！你俩打算如何演绎？

宋理宗-赵昀

早就准备好了，接下来由我和度宗图文并茂、深情演绎《宋朝皇帝的一天》。

宋徽宗-赵佶

哇！还有图画。

宋理宗-赵昀

@ 宋度宗 - 赵禥 上图。

宋度宗-赵禥

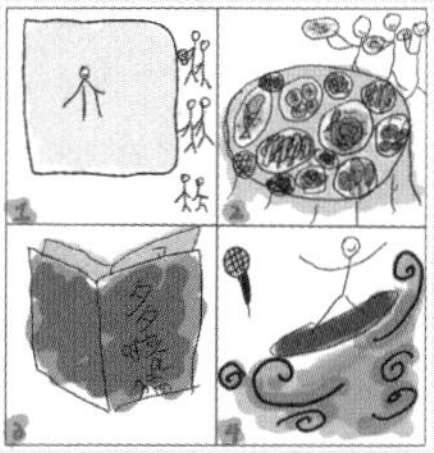

大宋儿女策划群(22)

宋太祖-赵匡胤

莫非是俺岁数大了?看不懂年轻人了。

宋徽宗-赵佶

甭说老祖宗，我这个艺术大家都不懂。

宋理宗-赵昀

大伙被惊艳到了吧! @宋度宗-赵禥 侄儿，你来解说。

宋理宗-赵昀

宋度宗-赵禥

很简单啊!早上我从几百平的席梦思床上醒来，床边站了一排仆从伺候我穿衣洗漱，然后就开始吃早餐，吃完以后我得去书房学习，到了下午再吃一顿。身为一国之君，身体健康也很重要，日常还得和朋友们出去运动一下，偶尔也K歌。

宋徽宗-赵佶

图二是早饭还是晚饭啊?

大宋儿女策划群(22)　…

宋理宗-赵昀

唉，有区别吗?身为皇帝，每天都在吃蒸羊羔、蒸熊掌、蒸鹿尾儿、烧花鸭、烧雏鸡儿、烧子鹅……

宋徽宗-赵佶

宋真宗皇后-刘娥

宋仁宗-赵祯

这是报菜名吧。

宋少帝-赵昺

度宗和我爱看的书一样。

宋端宗-赵昰

+1

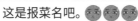

大宋儿女策划群(22)

宋英宗皇后-高滔滔

这是度宗的凡尔赛生活吧?

宋太祖-赵匡胤

@宋度宗-赵禥 这不合适吧?咱家艰苦朴素的理念忘记了?

宋徽宗-赵佶

你们的这个创意乱七八糟,要么重改,要么取消。

宋真宗-赵恒

弱弱地问,他们取消的话,能不能换我表演?

宋真宗皇后-刘娥

要表演啥?我都不知道你还有才艺。

宋真宗-赵恒

我把压箱底的冕冠都找出来了。

宋太祖-赵匡胤

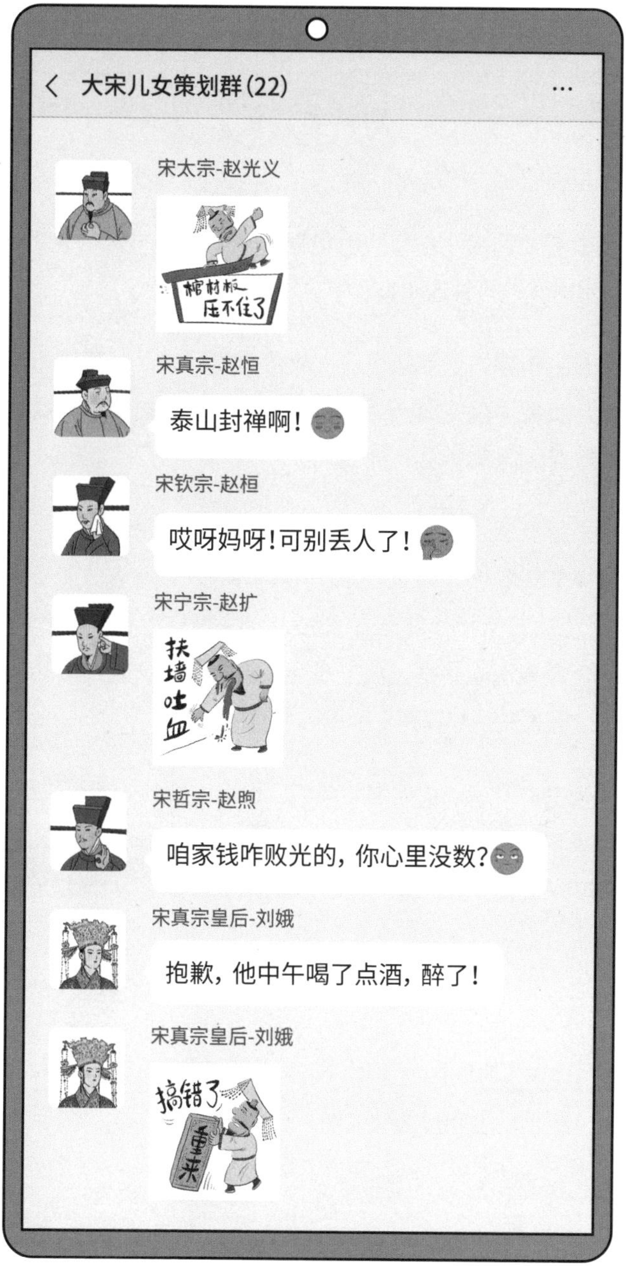
大宋儿女策划群(22)
宋太宗-赵光义
棺材板
压不住了
宋真宗-赵恒
泰山封禅啊!
宋钦宗-赵桓
哎呀妈呀!可别丢人了!
宋宁宗-赵扩
扶墙吐血
宋哲宗-赵煦
咱家钱咋败光的，你心里没数?
宋真宗皇后-刘娥
抱歉，他中午喝了点酒，醉了!
宋真宗皇后-刘娥
搞错了
重来

划重点

《宋会要辑稿·方域》中记载，宋朝皇帝一天有两顿正餐，分别是早上八九点钟的早饭和下午五六点钟的晚饭。

冕冠：中国古代等级最高、最重要的冠式。只有统治者会在重大场合佩戴，以完成必要的礼仪。宋真宗说的“拿出冠冕”特指后来的真宗封禅。

宋真宗赵恒为掩盖“澶渊之盟”的耻辱，企图自导自演一出泰山封禅来获取心理安慰，史称“天书封祀”。真宗大张旗鼓地举行封禅仪式，令大臣详细记录，还大写颂词，以纪念封禅之典。“天书封祀”耗费国库钱财无数，还因为真宗与以前封禅的伟大君王秦皇汉武等人无法相提并论，成为后世的笑柄。

宋理宗赵昀亲政前期励精图治，但是后期开始变得荒淫无道，沉迷于酒色之中。因为没有子嗣继承大统，遂让其弟的儿子，也就是宋度宗赵禥登基。宋度宗因为智商低于常人，也无法管理朝政，整日与后宫妃子寻欢作乐。

真宗又提起了某些不光彩的往事，热衷于吃喝玩乐的宋理宗、宋度宗依旧不靠谱，看来策划方案之路漫长啊。

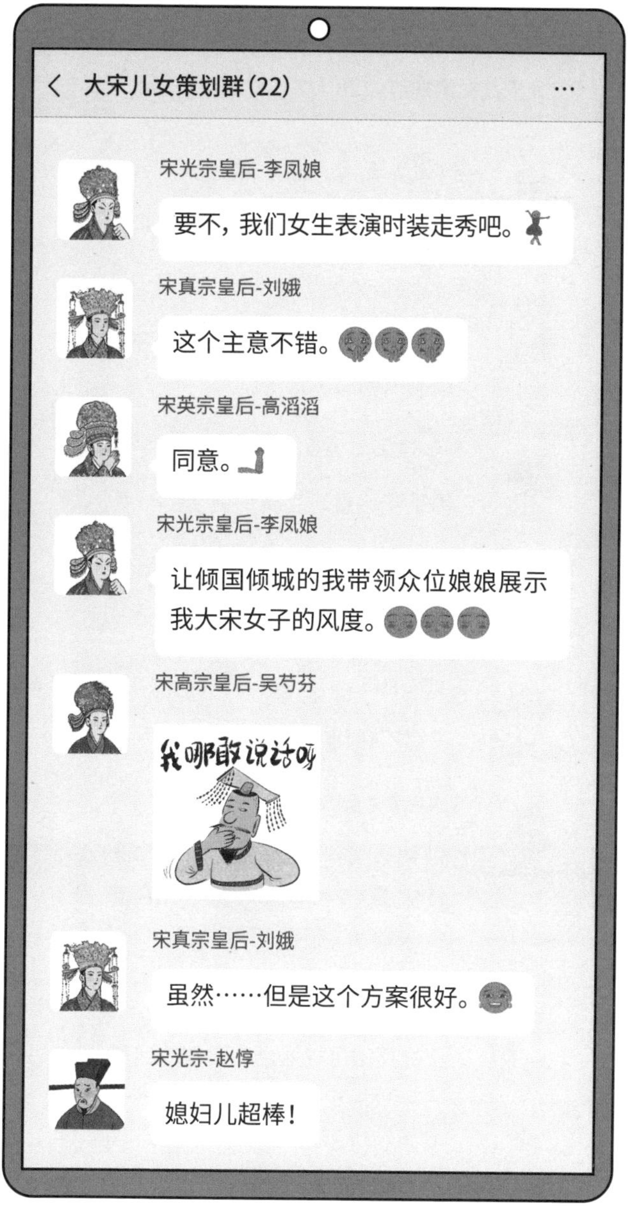
大宋儿女策划群(22)
宋光宗皇后-李凤娘
要不，我们女生表演时装走秀吧。
宋真宗皇后-刘娥
这个主意不错。
宋英宗皇后-高滔滔
同意。
宋光宗皇后-李凤娘
让倾国倾城的我带领众位娘娘展示我大宋女子的风度。
宋高宗皇后-吴芍芬
我哪敢说话呀
宋真宗皇后-刘娥
虽然……但是这个方案很好。
宋光宗-赵惇
媳妇儿超棒！

大宋儿女策划群(22)
宋徽宗-赵佶
请李皇后说下大概的内容策划。
宋光宗皇后-李凤娘
根据不同的生活场合来展示不同阶级的宋朝女子穿搭。
宋英宗皇后-高滔滔
男子和孩童一起展示更全面一点。
宋太祖-赵匡胤
可
宋徽宗-赵佶
不错不错!
宋高宗皇后-吴芍芬
@宋理宗-赵昀 @宋度宗-赵禥 @宋真宗-赵恒 @宋少帝-赵昺 @宋端宗-赵昰 可以一起。
宋神宗-赵顼
正好真宗可以展示一下他的冕冠。
宋真宗-赵恒
嘿嘿，乐意至极!

大宋儿女策划群(22)

宋理宗-赵昀

我们穿着官服走秀?我可是帝王。

宋度宗-赵禥

看你那点格局，我们可是向全世界展示呢。就是颜色太多，我们俩人怕是忙不过来，有空的皇帝们都来帮帮忙呗。

宋理宗-赵昀

我可不穿青色，紫色是我的幸运色。

宋太祖-赵匡胤

宋高宗皇后-吴芍芬

我想展示一套骑马出行的装扮，正好刚又新买了一顶帷帽，上面绣的是《千里江山图》，以此展现我大宋文人妙笔。

宋徽宗-赵佶

吴皇后太有品位了吧，王希孟可是我很欣赏的后辈。

大宋儿女策划群(22)
宋太宗-赵光义
一套装扮，多方面意义，妙哉！
宋太祖-赵匡胤
我们十兄弟的表演可不可以安排帷帽？
宋徽宗-赵佶
太祖可以簪花呀！
宋太祖-赵匡胤
楼上说得对
宋太宗-赵光义
哥哥英明伟岸，戴上花更衬得您风流潇洒。
宋徽宗-赵佶
嗯嗯，这是事实。
宋太祖-赵匡胤
哈哈哈，听君一席话，如听一席话啊，那就这么安排！

大宋儿女策划群(22)

宋光宗皇后-李凤娘

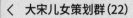

@所有皇后，各位是选择妆容展示，还是服装类、发型类?这是我列的大纲，大家可以根据擅长的方向选一下类别。

宋光宗皇后-李凤娘

- 妆容
  - 三白妆
  - 檀晕妆
  - 宜和妆
- 眉毛
  - 远山眉
  - 倒晕眉
  - 长娥眉
- 发髻
  - 朝天髻
  - 同心髻
  - 流苏髻
- 服饰
  - 襦袄
  - 衫
  - 裙
  - 窄袖衣

宋真宗皇后-刘娥

凤娘辛苦了。

宋英宗皇后-高滔滔

感谢凤娘。

宋光宗-赵惇

媳妇儿真棒!

宋光宗-赵惇

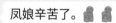

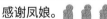

划重点

宋代的女子在骑马出行的时候会带上一种高顶宽檐笠帽，在帽檐一周带上薄而透的面纱，称为帷帽，又名“帷冒”。此帽乃宋代男女远行必备好物之一。

宋朝的官员可以根据其所着官服颜色辨别品阶。三品以上的官员穿紫色，五品以上穿红色，七品以上穿绿色，九品以上穿青色。宋神宗赵顼执政期间曾对官服颜色做过一次调整，改为四品以上的官员就可穿紫色，六品以上穿红色，九品以上穿绿色。

宋朝人爱花，上至皇亲国戚，下至老百姓，不分男女，男子头上簪花更是一种风雅。男子簪花甚至在宋朝礼仪制度中有所记载。从宋太宗赵光义时，新科进士都会收到皇帝御赐的喜宴与簪花。

宋朝女子以淡雅瘦长为美，她们从发型到衣物再到妆容，无一不体现出极简优雅的美学。常用的服装颜色也是银灰、黑紫、葱白等中性色调。妆容方面更是花样百出，如少女娇憨似的“檀晕妆”，将额头、下巴、鼻梁涂白的“三白妆”（贵族会以珍珠代替），发型上主要是提高颅顶的高髻，使得身形在视觉上更为高挑优雅。

节目总算策划得差不多了，预祝《大宋儿女》收视长虹，已经开始期待皇帝们下一次搞事情了……

自从《大宋儿女》开播后，收视率一路暴涨，并成为网上热门话题。在宋徽宗赵佶的提议下，宋朝皇帝们打算趁热打铁，更加全面、深入地介绍宋朝的优秀人物。

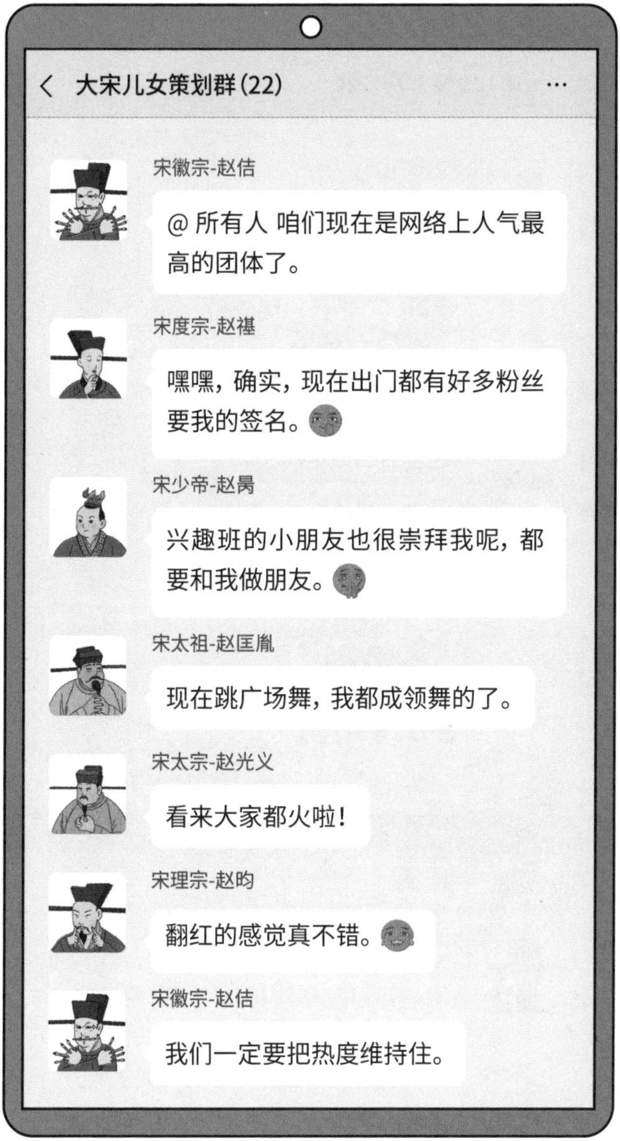

大宋儿女策划群(22)
宋徽宗-赵佶
@所有人 咱们现在是网络上人气最高的团体了。
宋度宗-赵禥
嘿嘿，确实，现在出门都有好多粉丝要我的签名。
宋少帝-赵昺
兴趣班的小朋友也很崇拜我呢，都要和我做朋友。
宋太祖-赵匡胤
现在跳广场舞，我都成领舞的了。
宋太宗-赵光义
看来大家都火啦！
宋理宗-赵昀
翻红的感觉真不错。
宋徽宗-赵佶
我们一定要把热度维持住。

大宋儿女策划群(22)
宋太祖-赵匡胤
请开始你的表演
宋度宗-赵禥
我百分之二百配合。
宋少帝-赵昺
彩虹屁
宋孝宗-赵眘
同意。
宋徽宗-赵佶
咱们可以趁热再搞一个《宋朝人物风云榜》，每一位皇帝都可以做推荐人，阐述一下自己时代的优秀人物，还是让网友们参与投票，来我直播间现场 PK，咋样？

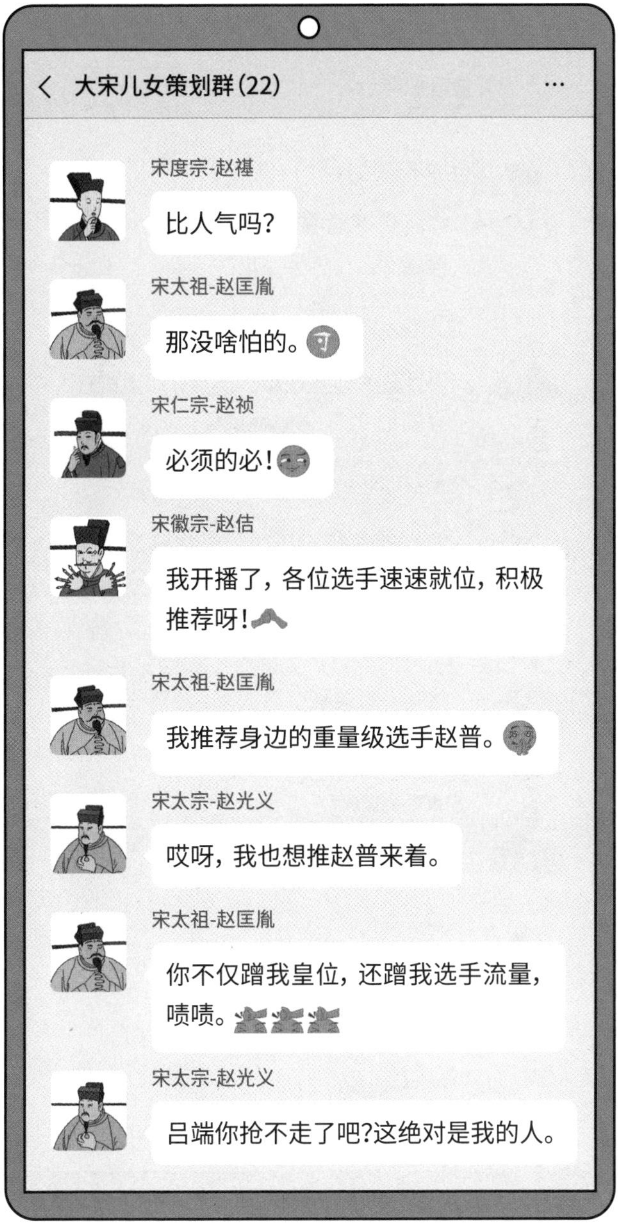
大宋儿女策划群(22)
宋度宗-赵禥
比人气吗?
宋太祖-赵匡胤
那没啥怕的。
宋仁宗-赵祯
必须的必!
宋徽宗-赵佶
我开播了，各位选手速速就位，积极推荐呀!
宋太祖-赵匡胤
我推荐身边的重量级选手赵普。
宋太宗-赵光义
哎呀，我也想推赵普来着。
宋太祖-赵匡胤
你不仅蹭我皇位，还蹭我选手流量，啧啧。
宋太宗-赵光义
吕端你抢不走了吧?这绝对是我的人。

大宋儿女策划群(22)

宋徽宗-赵佶

您两位别急啊，优秀的人多了去了，再想想。

宋真宗-赵恒

那我先来了。寇准、王旦，知道的在弹幕扣“1”。

宋徽宗-赵佶

你们要这样说的话，那我要投给蔡京，他算是黑红吧。

宋真宗-赵恒

哈哈，如果蔡京算人才，那丁谓就是全能人才。

宋太祖-赵匡胤

就是那个一举三得的丁谓？

宋真宗-赵恒

划重点

赵普：五代十国至北宋初期的政治家、北宋的开国功臣、宋太祖和宋太宗两朝宰相，陈桥驿兵变的重要策划者。赵普刚毅果断，善弄权术，颇有谋略，年轻时曾担任私塾教书先生，由于其读书不甚多且喜读《论语》，后来又成为北宋开国名相，因此被后人称为“半部论语治天下”。意指虽然读书不多，仅读过半部论语，但其通过后天努力、锻炼能力仍然可以担任宰辅，治理天下。

吕端：北宋初年宰相、诗人，历经宋太宗和宋真宗两朝。《宋史·吕端传》曾记载，宋太宗想让吕端做宰相，大臣们都劝谏说吕端是个糊涂人，不可重用。宋太宗则回复：吕端小事也许糊涂，但大事绝不会糊涂。太宗去世后，王继恩等密谋阻碍太子即位，并企图另行拥立他人以谋取权力。吕端坚决维护太子，粉碎了政敌的夺权阴谋，保宋真宗顺利继位，在国家权力交替之际维护了政治平稳。

寇准：北宋杰出的政治家、诗人。由于业务能力出众，寇准被真宗拜为宰相。就在他拜相的同一年，辽军大兵侵犯宋境，包围了澶州等地区。当时连真宗本人也对战胜辽军缺乏信心，准备南迁避战。寇准在此关键时刻力主抵抗，反对南迁，并促使真宗亲临前线督战，此举也稳定了前线军心，最终宋军迫使辽国签订“澶渊之盟”。然而寇准为人自负、性格高傲，与同僚不和，最终受到排挤而被罢相位。

王旦：北宋初年名臣、宰相，为人宽厚，有长者之风，善于知人，在任时期多推荐厚重之士。宋真宗时期最有名的宰相当属寇准和王旦两位，其中寇准在宋辽战争中立下殊勋，自认为天下无人及他，因此曾多次在皇帝面前说王旦的短处。但是王旦听后不仅不恼火，还向真宗夸赞寇准忠心正直。这不仅得到真宗的高度评价，就连一向恃才傲物的寇准都惭愧不已，大为叹服，真心拜服他的度量，可谓宰相肚里能撑船的典范。

丁谓：虽然列为北宋佞臣行列中，但他头脑聪明、能力出众，是宋代的理财能手。北宋前期，全国钱粮和赋税的征收制度十分混乱，地方官僚趁机钻空子随意加码，导致百姓负担加重、叫苦不迭。丁谓担任主管经济的三司使后，对上述弊政做出调整，大大减轻民众负担，提高了国家的征税效率。此外，丁谓任内还组织编写了不少著作，如实反映了宋初的财政状况和施政对策，这些著作也成为后代研究宋史经济的珍贵参考。

一举三得：宋真宗在位时，由于宫中失火，宋皇宫必须重建，丁谓主持了这项工程。丁谓首先下令挖一道很深的沟渠，挖出来的土作为工程材料使用。接着将汴水引入沟中，利用水渠运输各种建筑材料，这在当时是最省成本、时间和人力的方式。等宫殿重建好后，丁谓又用工程留下来的边角料和原来的废墟填平了水渠，恢复了原有的街道平地。这样一来，做一件工程就完成了三个任务，省下的费用不计其数，工期也缩短了一半。这就是成语“一举三得”的出处。

皇帝们聊得火热，直播间观看人数也一路突飞猛涨。

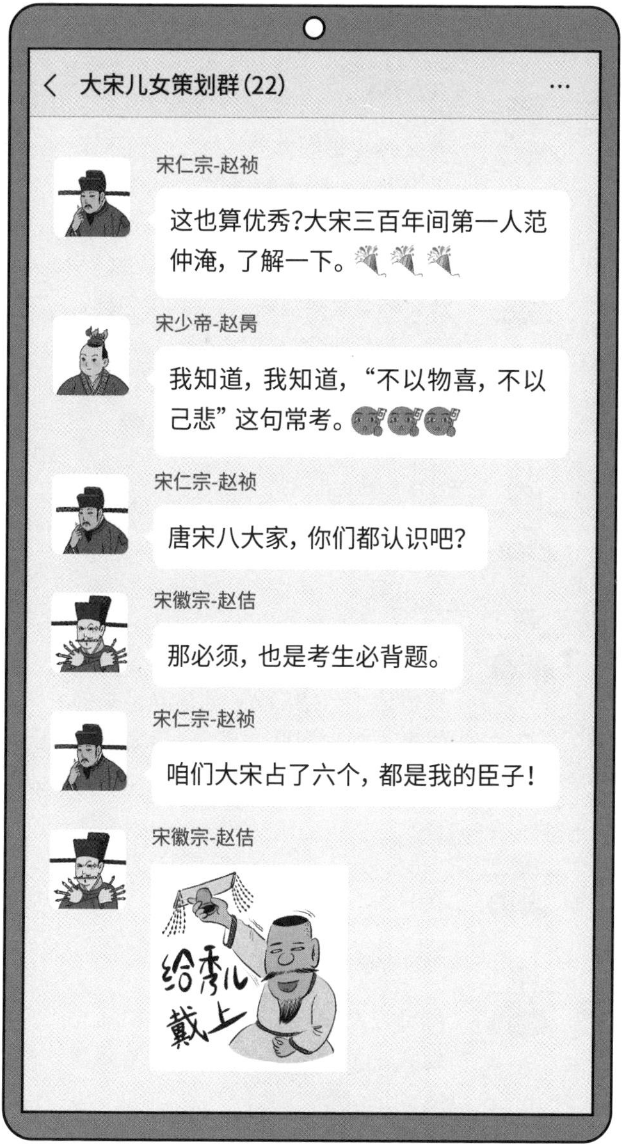

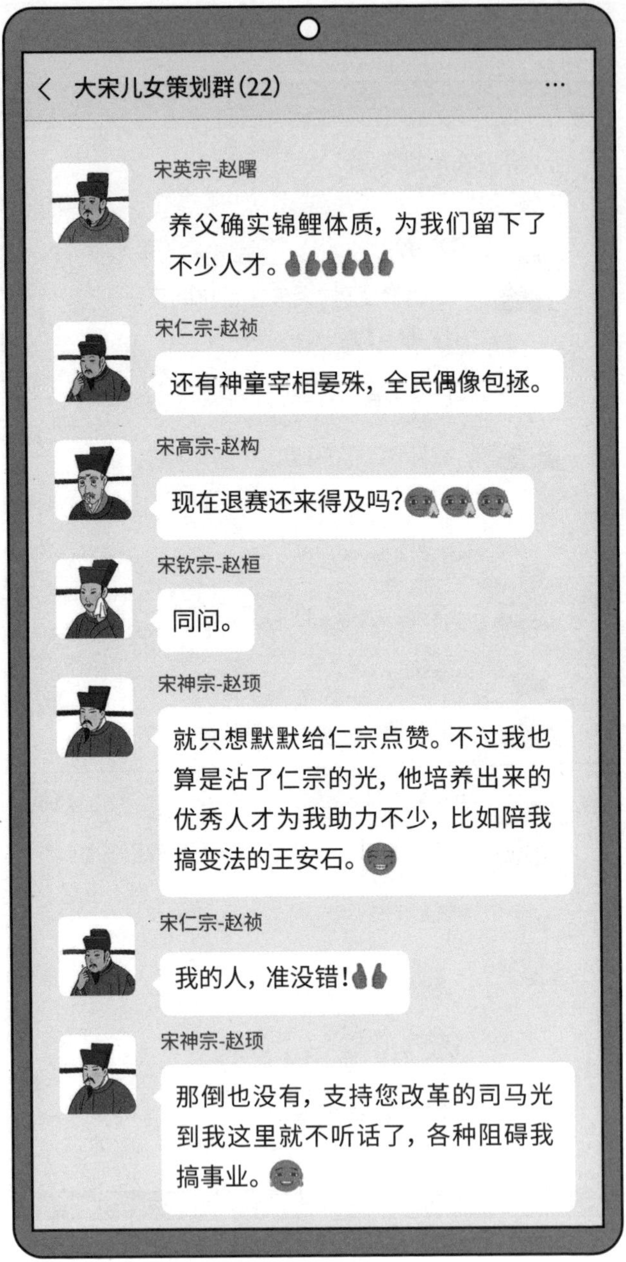
大宋儿女策划群(22)
宋英宗-赵曙
养父确实锦鲤体质，为我们留下了不少人才。
宋仁宗-赵祯
还有神童宰相晏殊，全民偶像包拯。
宋高宗-赵构
现在退赛还来得及吗?
宋钦宗-赵桓
同问。
宋神宗-赵顼
就只想默默给仁宗点赞。不过我也算是沾了仁宗的光，他培养出来的优秀人才为我助力不少，比如陪我搞变法的王安石。
宋仁宗-赵祯
我的人，准没错!
宋神宗-赵顼
那倒也没有，支持您改革的司马光到我这里就不听话了，各种阻碍我搞事业。

大宋儿女策划群(22)

宋哲宗-赵煦

太同意了，这些保守派到我这儿更嚣张了，特别是那个主编《资治通鉴》的司马光成了他们的头儿之后，总和我对着干。

宋徽宗-赵佶

哥，整点有关注度的话题，咱们观看人数掉了一半啦。

宋哲宗-赵煦

兄弟们别走啊，我介绍章惇给你们认识。他可是我的左膀右臂，不仅支持我继续改革，而且长相俊美哦，点赞过10万上照片。

宋徽宗-赵佶

呸，这厮诽谤我，说我轻佻，不可大任。

宋英宗-赵曙

他好像没说错啊。

宋英宗-赵曙

划重点

范仲淹：北宋仁宗时期的重臣，是一位全才，官至参知政事，有着“（两宋）三百年间第一人”的美称。范仲淹幼年贫寒，刻苦读书，考中名位后不忘初心，留下“先天下之忧而忧，后天下之乐而乐”的千古名句。除了卓越的文采，他还勇于破旧，主持“庆历新政”，力图清除当时的政治积弊。在军事方面，范仲淹曾长期主持西北军务，在对抗西夏入侵的前线发挥重要作用。当时曾流传“军中有一范，西贼闻之惊破胆”，范即指范仲淹。

唐宋八大家：即唐代与宋代八位在文学界有影响力的人，分别是唐代的柳宗元、韩愈和宋代的欧阳修、王安石、曾巩及三苏父子（苏洵、苏轼、苏辙）。

晏殊：北宋政治家、文学家。晏殊自幼聪慧，年仅14岁参加科举便被赐“同进士”出身。他历经宋真宗、刘太后、宋仁宗三位政治家当政的时代，从一名基层官员做起，最终官拜宰相。而晏殊更出名的地方是他的文采，宋朝以词闻名，而晏殊的词风靡当时的词坛。他尤其擅长小令，是婉约派词人的代表人物，其中“无可奈何花落去，似曾相识燕归来”一句更是流传千古。他与同时期的大才子欧阳修并称“晏欧”。

司马光：北宋政治家、史学家、文学家，保守派领袖。“司马光砸缸”的故事可谓家喻户晓，而成年后的司马光也带着一腔抱负进入仕途。宋神宗时期，王安石推行变法，身为保守派的司马光因反对变法而同王安石政见不合，一度离开朝廷中枢十几年。在此期间，他主持编纂了编年体通史《资治通鉴》，该书同《史记》并列被后世评价为“史学双璧”。此后司马光又被招入中枢担任宰相，废除了王安石变法中的大多数措施。可以说司马光是当时守旧派的领袖，他在政治上留下的名声远不及文学、史学方面的建树。

王安石：北宋时期政治家、文学家、思想家、改革家，“唐宋八大家”之一。宋仁宗庆历年间，王安石考中进士，随后在扬州、舒州等地任职，政绩斐然。宋神宗熙宁年间，王安石被升任参知政事，随后不久便拜为宰相，主持变法。但是他的改革遭到保守派的激烈反对，面对如此局面，性格反复的宋神宗只得将王安石罢免。不久后，王安石再次得到起用，但终因保守派势力过强而遭到二次罢相。宋神宗去世后，司马光主政，将王安石变法措施全部废除，王安石郁郁而终。王安石不仅心怀大志、政绩出色，且多才多艺，在文学、哲学方面都有建树。除此之外，王安石还堪称君子，能够对政敌做到和而不同，不因政见不同而打击对方。

章惇：北宋哲宗时期的宰相、政治家、改革家、书法家，相貌俊美，性格高傲，是继王安石后北宋变法改革的领袖、改革派的第二杆大旗，与保守的旧党展开了激烈的斗争。宋哲宗时期政治清明、国力上升，成功对西夏、吐蕃展开攻势并取得战略主动权，这些都离不开章惇的贡献。然而章惇遭到守旧势力的嫉恨，宋哲宗去世后，章惇因反对端王（即后来的宋徽宗）继承大统而被罢黜，北宋的改革也因他的离去而宣告失败。

新旧党争：主要是宋神宗时期围绕王安石主推的变法新政所引发的一场党争。以王安石、吕惠卿、章惇、曾布为代表的改革派支持新政，以司马光、韩琦、欧阳修、文彦博、富弼、苏轼、苏辙、王珪为代表的守旧派反对变法。由于宋神宗、宋哲宗，包括高滔滔太后垂帘听政时期，主政者的政治倾向不一，因此新旧两党轮流得势，新法时行时废，造成国家政策的摇摆。王安石时期，旧党和新党尚能和而不同；到了章惇时期，旧党和新党上台后便开始了对政敌的大力打击和迫害。因此，两党之争成为政治斗争。

宋仁宗时期人才众多，简直是神仙打架啊，优秀的人太多，这让观众难以抉择。

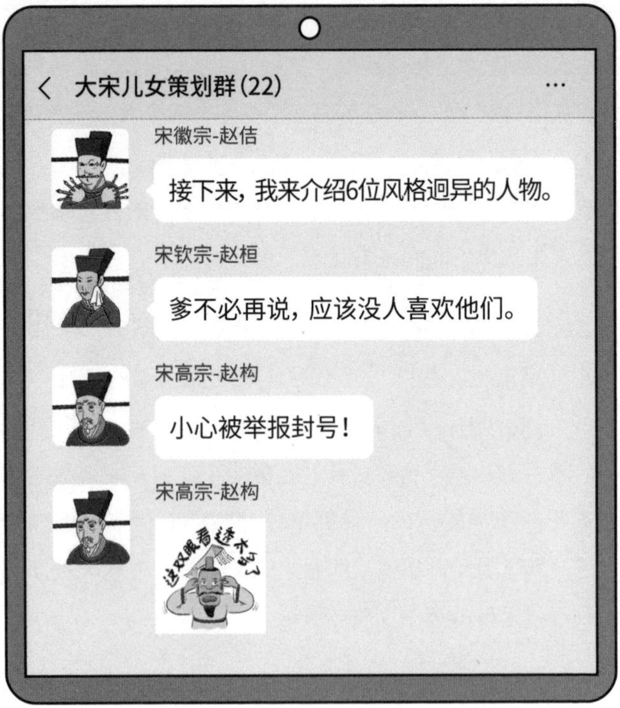

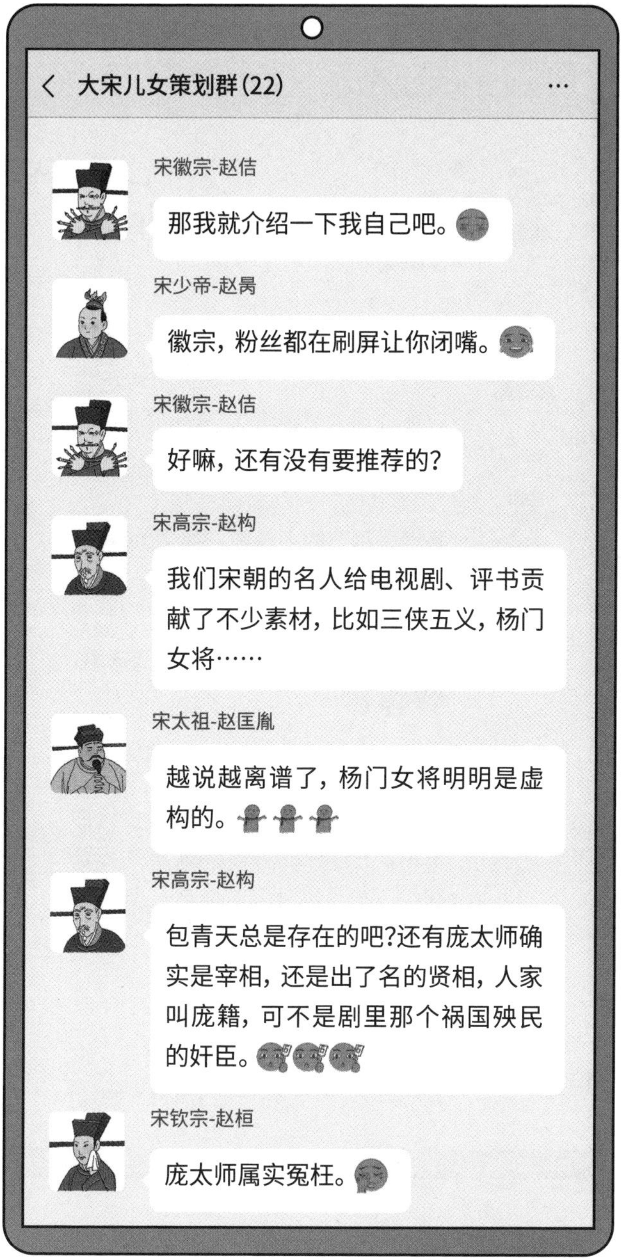
大宋儿女策划群(22)
宋徽宗-赵佶
那我就介绍一下我自己吧。
宋少帝-赵昺
徽宗，粉丝都在刷屏让你闭嘴。
宋徽宗-赵佶
好嘛，还有没有要推荐的？
宋高宗-赵构
我们宋朝的名人给电视剧、评书贡献了不少素材，比如三侠五义，杨门女将……
宋太祖-赵匡胤
越说越离谱了，杨门女将明明是虚构的。
宋高宗-赵构
包青天总是存在的吧？还有庞太师确实是宰相，还是出了名的贤相，人家叫庞籍，可不是剧里那个祸国殃民的奸臣。
宋钦宗-赵桓
庞太师属实冤枉。

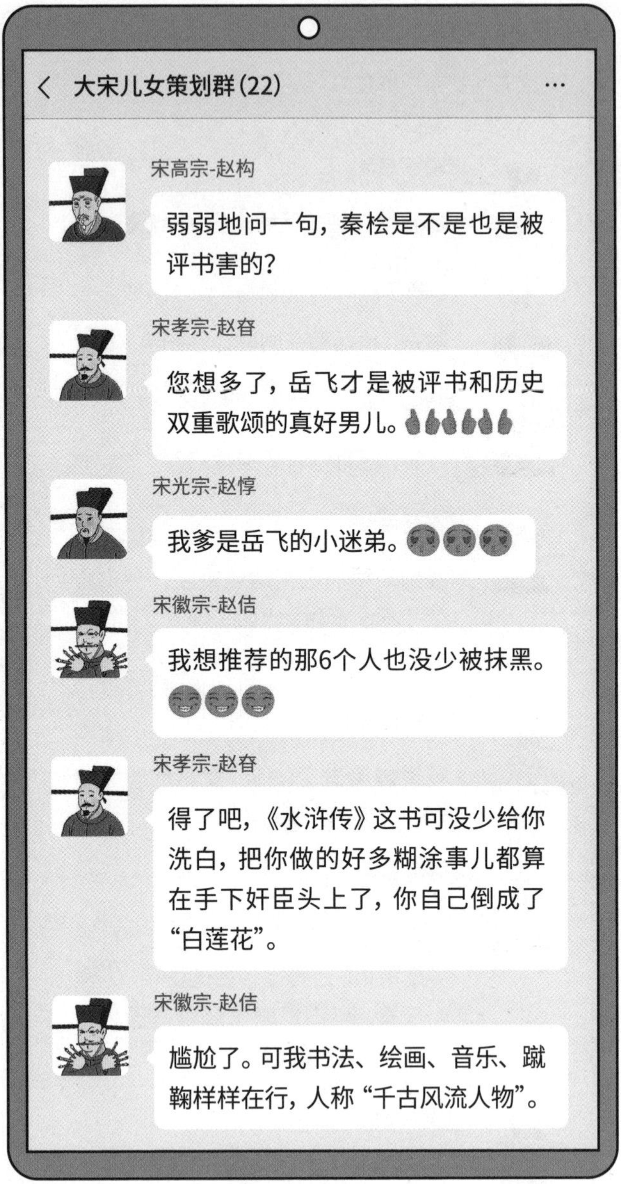
大宋儿女策划群(22)
宋高宗-赵构
弱弱地问一句，秦桧是不是也是被评书害的？
宋孝宗-赵昚
您想多了，岳飞才是被评书和历史双重歌颂的真好男儿。
宋光宗-赵惇
我爹是岳飞的小迷弟。
宋徽宗-赵佶
我想推荐的那6个人也没少被抹黑。
宋孝宗-赵昚
得了吧，《水浒传》这书可没少给你洗白，把你做的好多糊涂事儿都算在手下奸臣头上了，你自己倒成了“白莲花”。
宋徽宗-赵佶
尴尬了。可我书法、绘画、音乐、蹴鞠样样在行，人称“千古风流人物”。

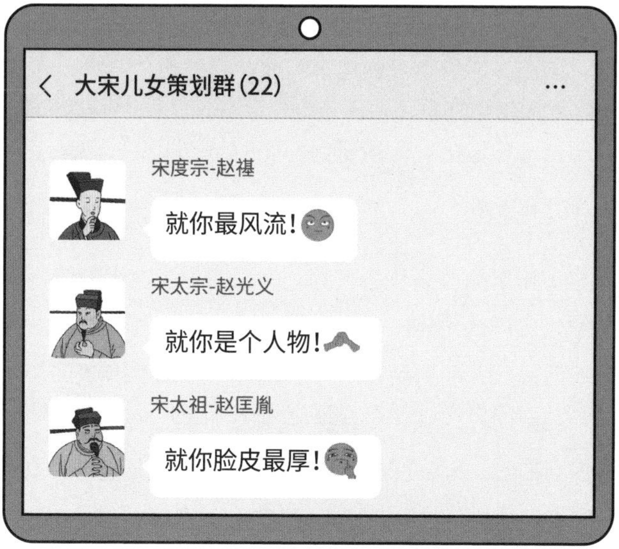

划重点

杨门女将：出自小说《北宋志传》，是虚构人物。杨家将的原型是北宋名将杨业及其后代。杨业原名重贵，北汉时期就以骁勇善战闻名，军中唤为“无敌”。后北汉为宋所灭，杨业归顺宋朝，与潘美配合在雁门关大破辽兵。在雍熙北伐中，杨业因被监军王侁威逼而孤军深入敌境，不幸被辽军包围并战死。此后，民间逐渐以他的故事为蓝本创作了《北宋志传》的故事，杨家满门忠烈，杨业及其诸子大多战死疆场，以佘太君、穆桂英、杨排风等为代表的杨门女眷则继续接替夫、子出征报国。杨门女将是中国经典的巾帼英雄形象之一。

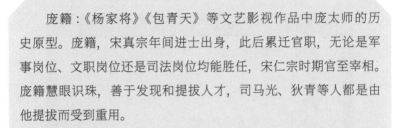

庞籍：《杨家将》《包青天》等文艺影视作品中庞太师的历史原型。庞籍，宋真宗年间进士出身，此后累迁官职，无论是军事岗位、文职岗位还是司法岗位均能胜任，宋仁宗时期官至宰相。庞籍慧眼识珠，善于发现和提拔人才，司马光、狄青等人都是由他提拔而受到重用。

秦桧：南宋投降派代表人物，中国历史上有名的奸臣。秦桧是北宋徽宗年间的进士，一度受到重用。早年力主抗战，后来北上金国被扣留，信仰动摇，成为主降派。南宋高宗建炎四年（1130年），宋高宗此时已经称帝四载并在临安定都，秦桧于这一年被金国释放返回临安，此后他一心力主宋金议和，次年被升为参知政事，不久后拜相。他执政时期深受高宗宠信，对外坚持对金主和、投降，力主割地、称臣、纳贡，对内极力打压主战派和抗金将士，朝堂上结党营私、排除异己，搞得朝局乌烟瘴气，正是在他和宋高宗的操作下制造了杀害岳飞的冤案。

岳飞：南宋抗金名将，与于谦、张煌言合称为“西湖三杰”。岳飞20岁就开始南征北战，一生经历大小战斗数百次。金军南侵，岳飞率领麾下岳家军多次抵御侵略，并收复失地。故金人有“撼山易，撼岳家军难”的说法。除了军事过硬，岳家军还军纪严明，对民众秋毫无犯，深得民心。由于功高震主，再加上宋高宗只求偏安一隅，听信秦桧谗言，在岳飞抗金节节胜利之时，下十二道金牌迫使岳飞班师。之后岳飞被捏造罪名，蒙冤而死。宋孝宗后为其平反昭雪，追谥为“武穆”，封鄂王。

原来皇帝们也有自己崇拜的人啊，突然感觉自己理智追星也没有大问题。

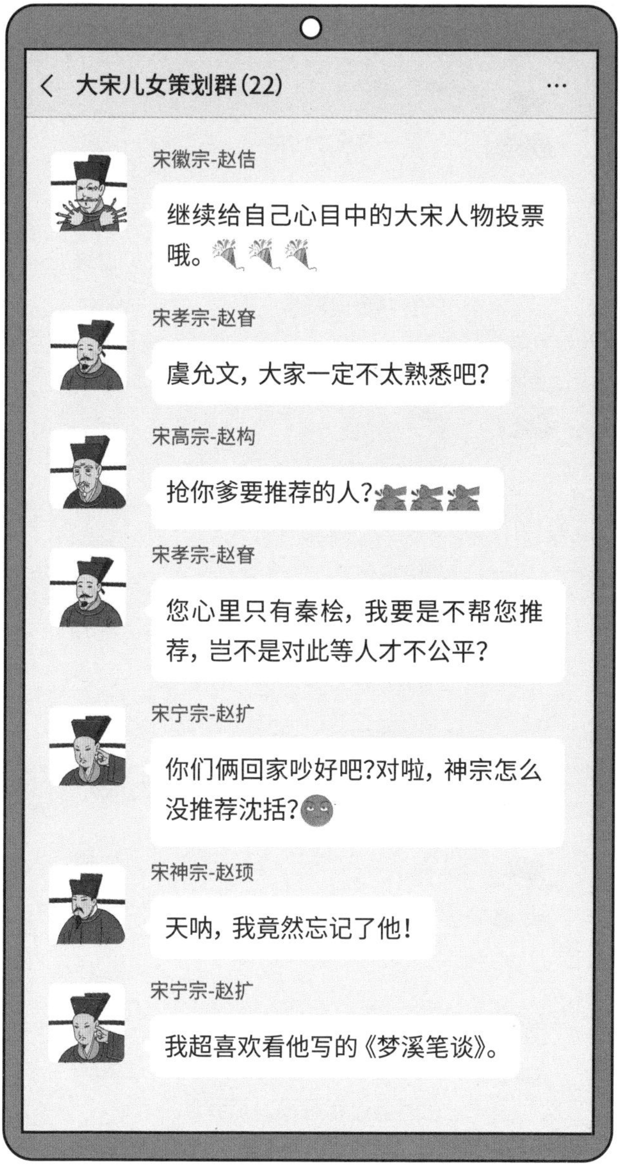
大宋儿女策划群(22)
宋徽宗-赵佶
继续给自己心目中的大宋人物投票哦。
宋孝宗-赵昚
虞允文，大家一定不太熟悉吧?
宋高宗-赵构
抢你爹要推荐的人?
宋孝宗-赵昚
您心里只有秦桧，我要是不帮您推荐，岂不是对此等人才不公平?
宋宁宗-赵扩
你们俩回家吵好吧?对啦，神宗怎么没推荐沈括?
宋神宗-赵顼
天呐，我竟然忘记了他!
宋宁宗-赵扩
我超喜欢看他写的《梦溪笔谈》。

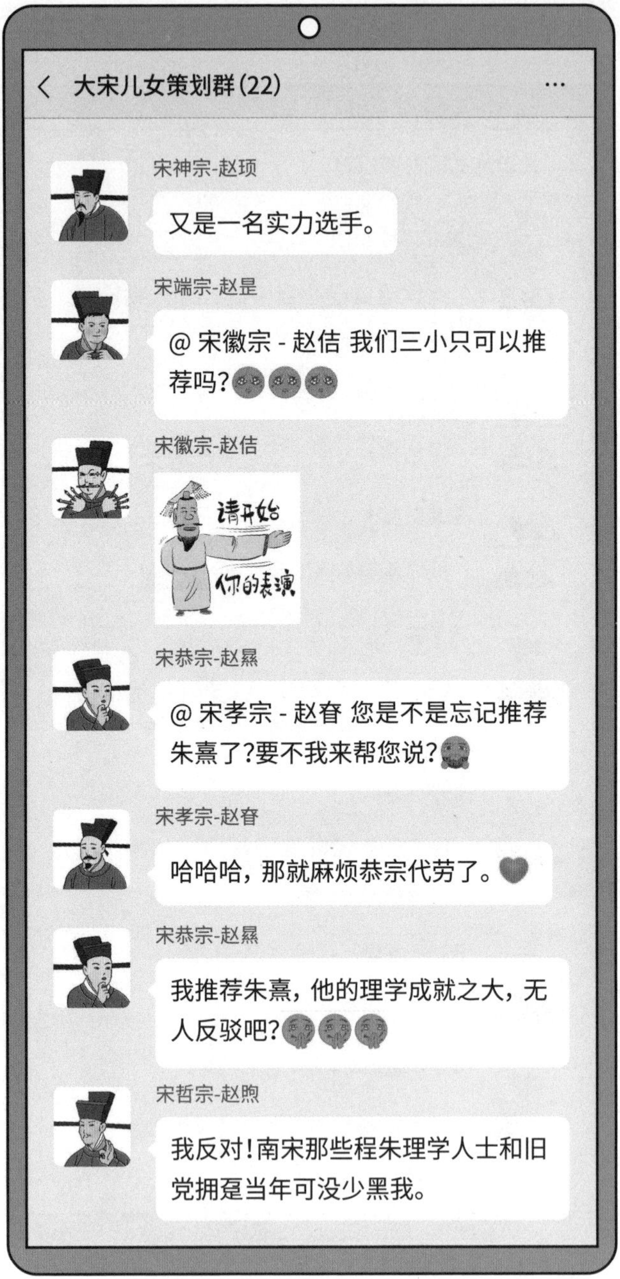
大宋儿女策划群(22)
宋神宗-赵顼
又是一名实力选手。
宋端宗-赵昰
@宋徽宗-赵佶 我们三小只可以推荐吗?
宋徽宗-赵佶
请开始
你的表演
宋恭宗-赵㬎
@宋孝宗-赵昚 您是不是忘记推荐朱熹了?要不我来帮您说?
宋孝宗-赵昚
哈哈哈，那就麻烦恭宗代劳了。
宋恭宗-赵㬎
我推荐朱熹，他的理学成就之大，无人反驳吧?
宋哲宗-赵煦
我反对!南宋那些程朱理学人士和旧党拥趸当年可没少黑我。

划重点

虞允文：宋高宗时期的进士，后官至宰相。虞允文虽为文臣，但很早就展露出军事方面的才能。早年出使金国时，他见到金国大举运粮、造船，回朝后便奏请宋廷加强防备。绍兴三十一年（1161年），金国皇帝完颜亮举倾国之兵南下进攻宋，本来是犒军的虞允文临危受命，在采石矶巧妙运用水军，大破金军，取得大捷。可以说，他是一位足可与南北朝时期著名的白袍将军陈庆之相提并论的书生统帅。

沈括：北宋政治家、科学家，幼年就和父亲四处游历，积累了很多知识。宋神宗时期，沈括支持王安石变法，为王安石所倚重，先后担任朝中各个要职。他主管过经济事务，又担任过文史、天文等方面的工作，更出使过辽国，并在西北边境参与抵御西夏的军事活动。沈括一生都醉心于科学研究，在各个领域都很有建树，大大推动了宋朝的发展，是集大成的大科学家。他的著作《梦溪笔谈》是中国古代科技百科全书的代表作，里面不仅总结了前代的科学成就，更记录了大量沈括个人的学术研究，堪称中国科学文化史上的一块瑰宝。其研究范畴包括数学、天文、地理、物理、声学、化学、历法、水利、地图学、医药学、经济学、军事学、音乐、书画等。

朱熹：南宋理学家、思想家、哲学家、教育家、诗人。朱熹继承了程颢、程颐兄弟开创的理学（中国传统的客观唯心主义哲学，以儒学为基础），并发扬光大，后世称他们的学说为“程朱理学”。朱熹还是理学的集大成者，后世尊称其为朱子。由于其思想对中国封建社会的深远影响，他深受统治者推崇，配享孔庙。在政治上，朱熹曾多次上书国家罢免苛税，劝导富户救济百姓，多有善举。

大宋优秀的人才可太多了，这么一会儿工夫，就已经介绍了十几位了。徽宗根据大家推送的选手，做好了投票链接，直播间的粉丝正在积极投票中。

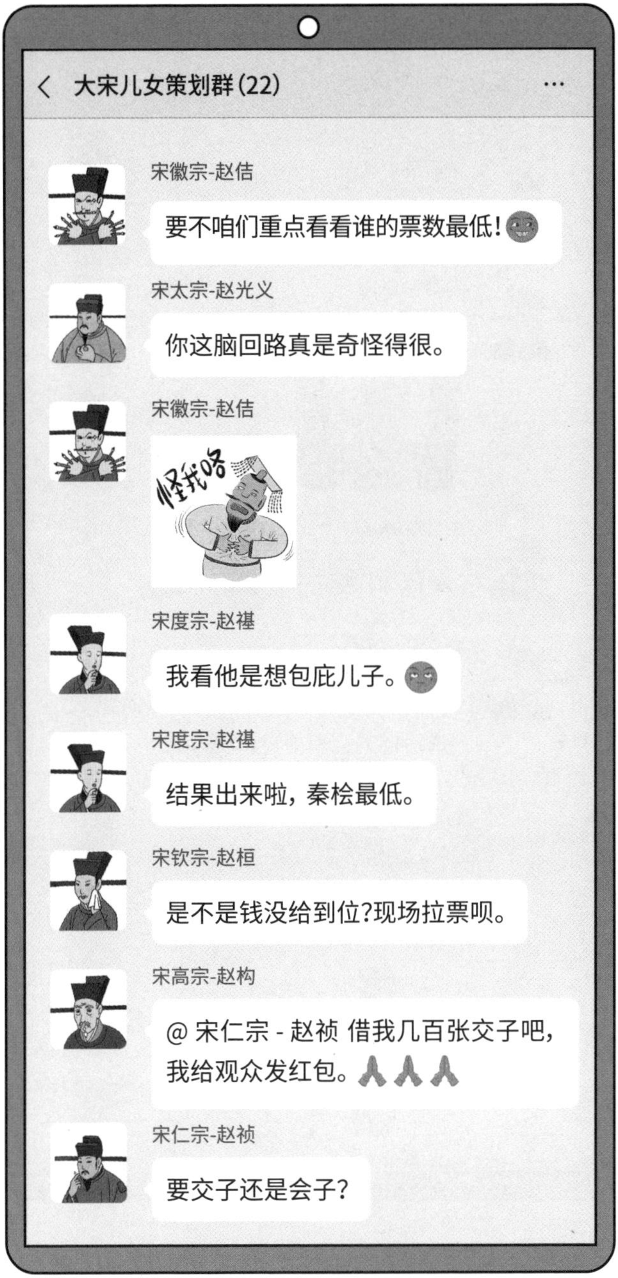
大宋儿女策划群(22)
宋徽宗-赵佶
要不咱们重点看看谁的票数最低!
宋太宗-赵光义
你这脑回路真是奇怪得很。
宋徽宗-赵佶
怪我咯
宋度宗-赵禥
我看他是想包庇儿子。
宋度宗-赵禥
结果出来啦,秦桧最低。
宋钦宗-赵桓
是不是钱没给到位?现场拉票呗。
宋高宗-赵构
@ 宋仁宗 - 赵祯 借我几百张交子吧,
我给观众发红包。
宋仁宗-赵祯
要交子还是会子?

大宋儿女策划群(22)

宋高宗-赵构

都要!

宋高宗-赵构

宋仁宗-赵祯

美得你,去问三司使借吧!

宋高宗-赵构

仁宗真小气,哈哈,刚秦桧私信我了,说投他的都有好处。

(系统:因宋高宗-赵构在公共直播中发布不良言论,该直播在一分钟后停播)

宋太宗-赵光义

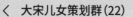

< 大宋儿女策划群(22) ···

宋仁宗-赵祯

还没有分出胜负呢。

宋徽宗-赵佶

我这儿子真坑爹啊!

宋太祖-赵匡胤

赶快说结束语，让咱们的直播完整一些。

宋太祖-赵匡胤

宋徽宗-赵佶

咱大宋的各类人才还真不少，每行都有佼佼者，也正是这么多实干家共同构筑了繁华的大宋。当然，在大宋300多年历史中，优秀人物远远不止于此，欢迎大家私信留言补充呀。今天时间也不早了，咱们第二期见。

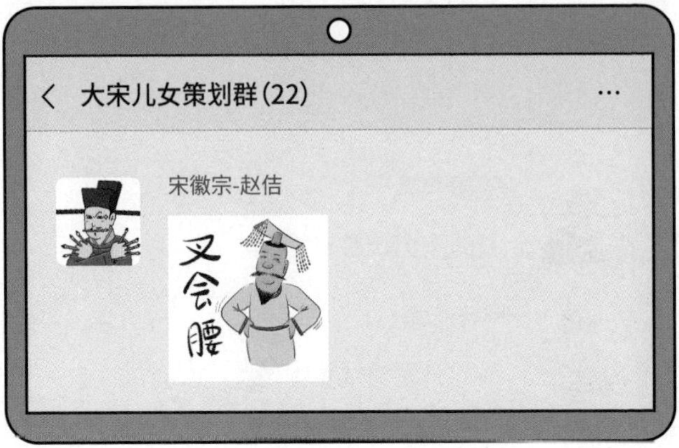

划重点

三司使：唐朝后期开始出现，设立的目的是将分散的度支、户部和盐铁转运使的职能集于一身，提高行政效率。北宋沿用这一制度，以三司使作为国家的最高财政长官，职能相当于今天的财政部长。宋神宗时期改官制，将三司使归并到户部尚书并受宰相领导。可以说此举使得原三司的权力范围有所扩大，随着经济活动的重要性加强，其业务涉及原来兵部、工部、户部、礼部、吏部等部门的事务。

交子：在中国传统王朝中，通用货币一般为金银铜铁，而在北宋时期，四川地区出现了“交子”作为支付凭证，是世界上最早的纸币。北宋时期，经济贸易飞速发展，贸易量较此前历代出现了大幅度增长，但民间进行交易必须随身携带大量现金，很不方便。据史料记载，1000枚大钱重约25斤，这导致货币的流通受阻。因此在仁宗时期，四川民间商人尝试发行一种名为“交子”的纸币来替代金属货币的流通。这些商人率先设立交子铺，用于印造和发行纸币，此时正值张咏治蜀期间，他敏锐地认识到“交子”的价值及合理规范纸币发行的必要性，因此对交子铺进行整顿和颁发政府认可。“交子”也由此获得官方承认。

会子：到了南宋高宗绍兴年间，宋廷参照“交子”的模式，由户部官在临安发行另外一种纸币，称为“会子”。不同于北宋时期由民间发行的“交子”，这次是由政府官办。可以说“会子”的发行一定程度上便利了货币流通，促进了商业发展，让宋朝经济更加繁荣，但与此同时纸币在当时也存在一定的弊端，比如较之金属货币，它不易保存，且纸币没有锚定物作参考，容易出现纸币发行过多造成通货膨胀的现象。但总体而言，纸币的出现仍然是一项创举，在中国甚至世界货币史、经济史上都可称作一件划时代事件。

这次直播结束得太突然了，但是关于人才的话题迅速发酵并在网上引发了激烈讨论，因为这场直播引发了又一个激烈的话题之争，这到底是怎么一回事呢？且听下回分解。

最近，宋太祖赵匡胤的心情十分低落，引得众皇帝们纷纷八卦起来。于是，大伙儿商量了一下，打算弄清楚原因。

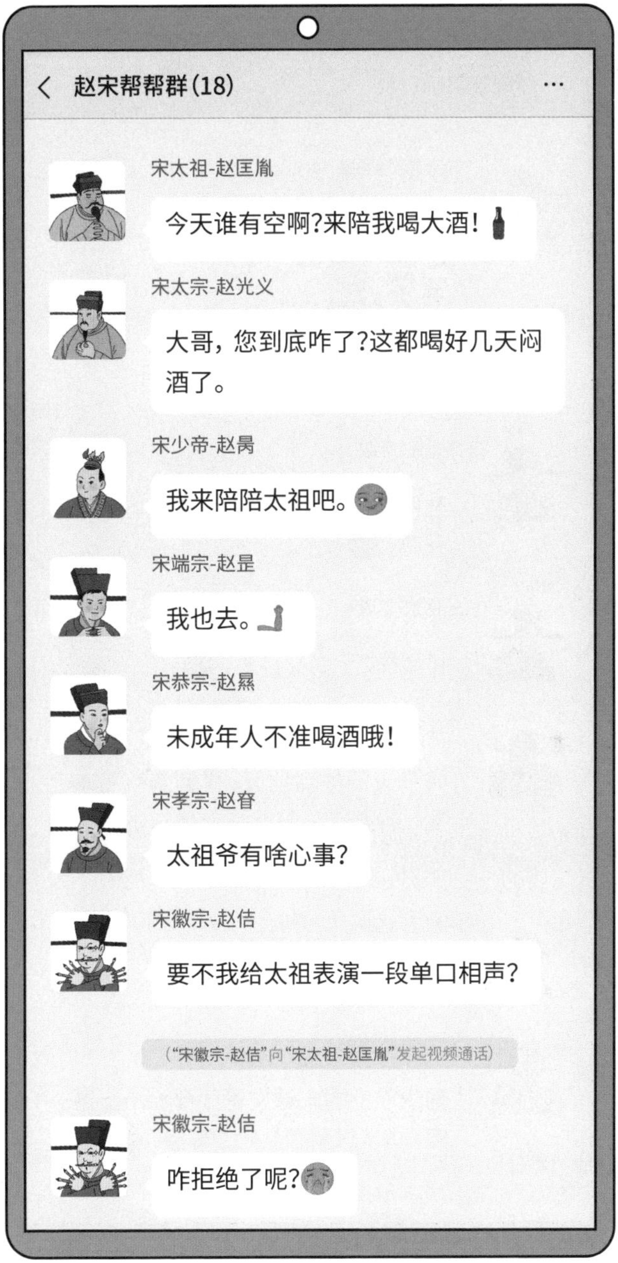
赵宋帮帮群(18)
宋太祖-赵匡胤
今天谁有空啊?来陪我喝大酒!
宋太宗-赵光义
大哥，您到底咋了?这都喝好几天闷酒了。
宋少帝-赵昺
我来陪陪太祖吧。
宋端宗-赵昰
我也去。
宋恭宗-赵㬎
未成年人不准喝酒哦!
宋孝宗-赵昚
太祖爷有啥心事?
宋徽宗-赵佶
要不我给太祖表演一段单口相声?
(“宋徽宗-赵佶”向“宋太祖-赵匡胤”发起视频通话)
宋徽宗-赵佶
咋拒绝了呢?

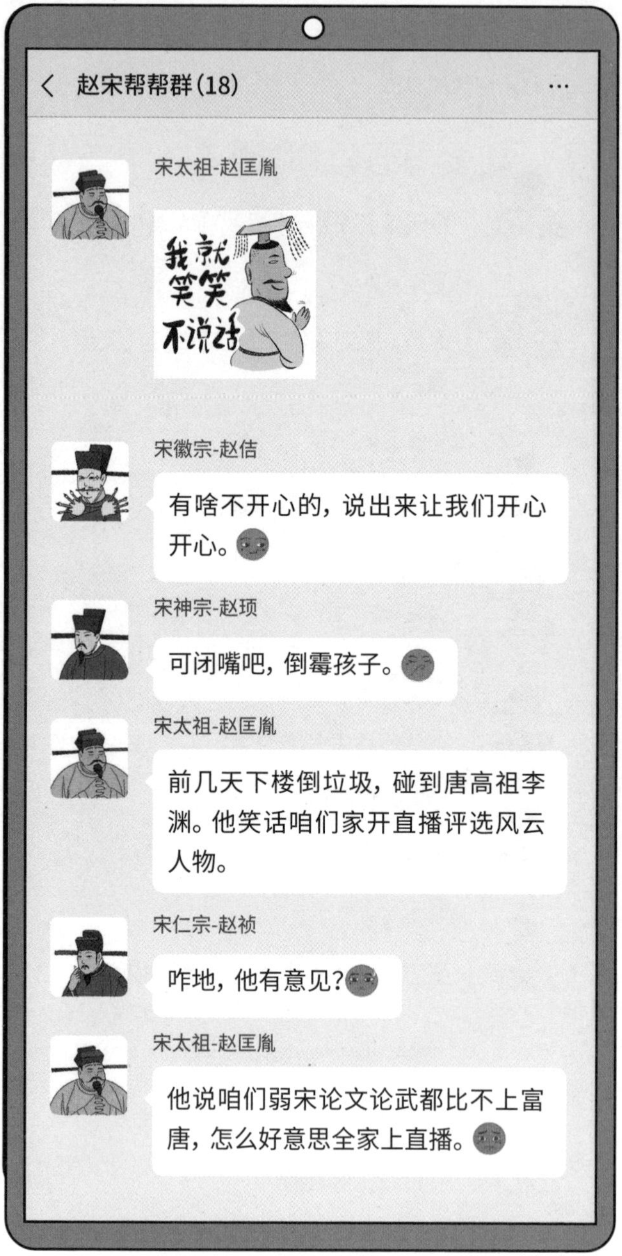
赵宋帮帮群(18)
宋太祖-赵匡胤
我就笑笑不说话
宋徽宗-赵佶
有啥不开心的，说出来让我们开心开心。
宋神宗-赵顼
可闭嘴吧，倒霉孩子。
宋太祖-赵匡胤
前几天下楼倒垃圾，碰到唐高祖李渊。他笑话咱们家开直播评选风云人物。
宋仁宗-赵祯
咋地，他有意见？
宋太祖-赵匡胤
他说咱们弱宋论文论武都比不上富唐，怎么好意思全家上直播。

赵宋帮帮群(18)

宋度宗-赵禥

赵家人可受不了这个委屈，弟兄们抄家伙！

宋太宗-赵光义

能不能文明一点！

宋太祖-赵匡胤

素质！注意素质！！！

宋徽宗-赵佶

我看李渊是因为嫉妒您，想给您洗脑。

宋太祖-赵匡胤

宋徽宗-赵佶

论文治，您结束了自唐末开始的国家分裂和社会动荡，建立大宋，让天下百姓得以稳定。论武治，您北上破大辽，南下平割据，开创了建隆之治。您说说这哪一条不比他李渊强？这成就不比他高太多了吗？

赵宋帮帮群(18)
宋太祖-赵匡胤
对哦，我还属于帮唐朝收拾烂摊子呢。
宋徽宗-赵佶
那可是呢。
宋太祖-赵匡胤
听了佶佶的话，感觉自己又行了！
宋哲宗-赵煦
弟弟，治国理政你是一点不会，溜须拍马倒和丁谓有得一比。

划重点

赵匡胤：五代末期、北宋初年的军事家、政治家、战略家。纵观中国数千年历史，赵匡胤足以列入雄才大略的君主行列中，更难得的是，他本人文武双全，既能马上打天下，又能马下治天下。在五代十国的后汉时期，赵匡胤投身军队，在枢密使郭威麾下效力，随后郭威建立后周，赵匡胤随郭威义子柴荣征战南北。柴荣即位称帝后，赵匡胤继续跟随他南征北伐，战功卓著。柴荣病逝前，升赵匡胤为殿前都点检，成为禁军统帅。960年，赵匡胤在手下策动下发动陈桥驿兵变，被拥立为皇帝，改元“建隆”，国号立为“宋”，史称宋或北宋。赵匡胤在位时期，采取“先南后北、先易后难”战略，先后平定后蜀、荆南、后蜀、南汉及南唐等南方割据政权，完成了全国大部分的统一。同时通过“杯酒释兵权”，削弱了禁军将领和地方藩镇的兵权，加强中央集权，有效解决了唐代中叶以来地方势力军事权力过大的局面。

建隆之治：建隆是赵匡胤登基皇位后使用的第一个年号。他亲政后吸取了五代十国历代君主亡国的教训，加之早年在基层体察过民间疾苦，深知掌握民心的重要性，因此执政时期十分重视百姓的生活。他即位之初，轻徭薄赋，与民休息，使得民众安定、兵马强壮、社会安稳。中国自唐末以来历经百年之久战乱，终迎来和平安定的日子。

溜须：此典故出自北宋的丁谓。丁谓曾作为参知政事，直属领导就是寇准。丁谓擅长阿谀奉承，这和寇准刚正不阿的个性正好相反。有一次公务会餐时，寇准进餐时弄脏了胡须，一旁的丁谓看到后起身为寇准揩须。然而寇准见不得丁谓这番姿态，当即笑着讽刺说道：“参政乃是国之大臣，岂是用来给长官擦须的吗?”丁谓闻言后又羞又恼，此后便对寇准恨之入骨，最终将其扳倒并赶出朝堂。此后，人们便用“溜须”一词来形容拍马屁、谄媚奉承的人。

赵佶情商真高，一下子就把太祖哄好了。

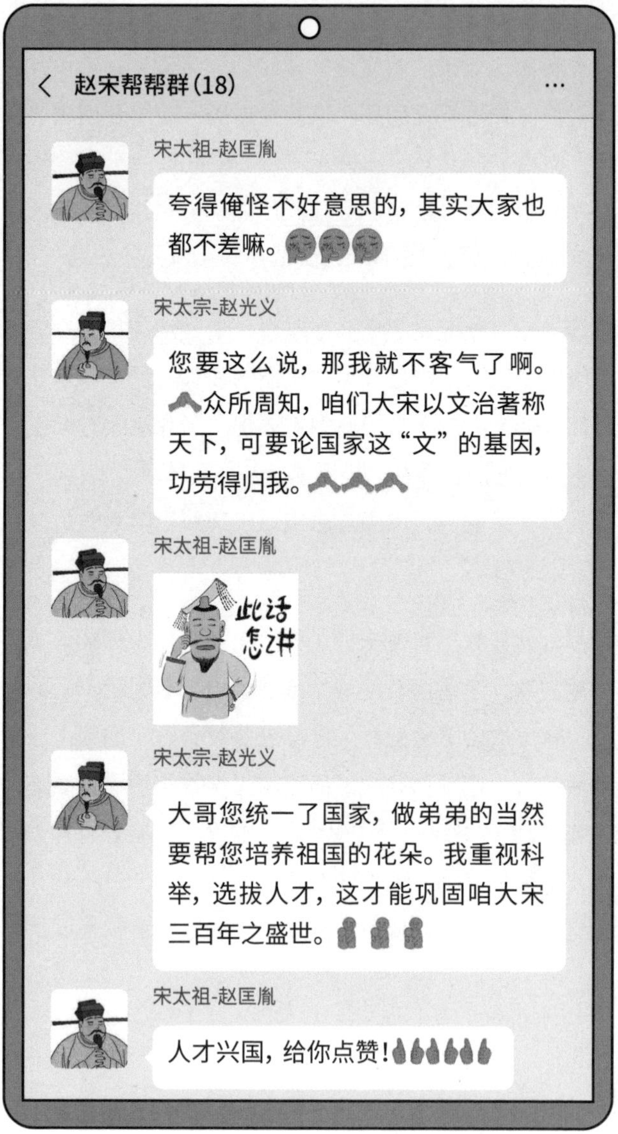

赵宋帮帮群(18)
宋太祖-赵匡胤
夸得俺怪不好意思的，其实大家也都不差嘛。
宋太宗-赵光义
您要这么说，那我就不客气了啊。众所周知，咱们大宋以文治著称天下，可要论国家这“文”的基因，功劳得归我。
宋太祖-赵匡胤
此话怎讲
宋太宗-赵光义
大哥您统一了国家，做弟弟的当然要帮您培养祖国的花朵。我重视科举，选拔人才，这才能巩固咱大宋三百年之盛世。
宋太祖-赵匡胤
人才兴国，给你点赞！

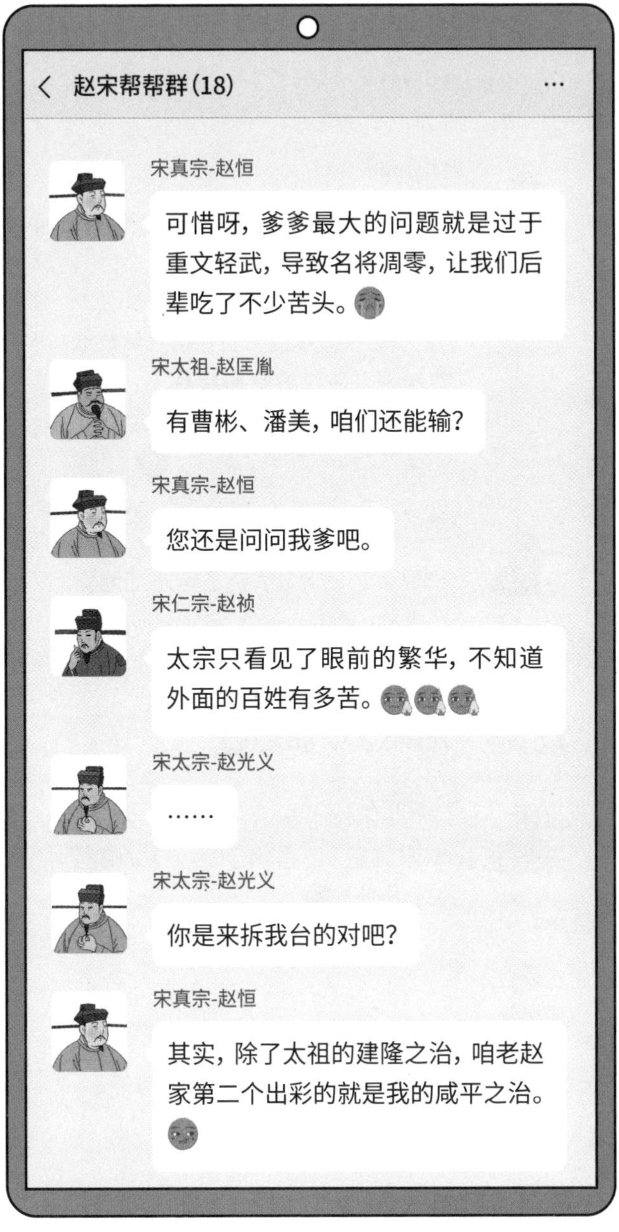
赵宋帮帮群(18)
宋真宗-赵恒
可惜呀，爹爹最大的问题就是过于重文轻武，导致名将凋零，让我们后辈吃了不少苦头。
宋太祖-赵匡胤
有曹彬、潘美，咱们还能输？
宋真宗-赵恒
您还是问问我爹吧。
宋仁宗-赵祯
太宗只看见了眼前的繁华，不知道外面的百姓有多苦。
宋太宗-赵光义
……
宋太宗-赵光义
你是来拆我台的对吧？
宋真宗-赵恒
其实，除了太祖的建隆之治，咱老赵家第二个出彩的就是我的咸平之治。

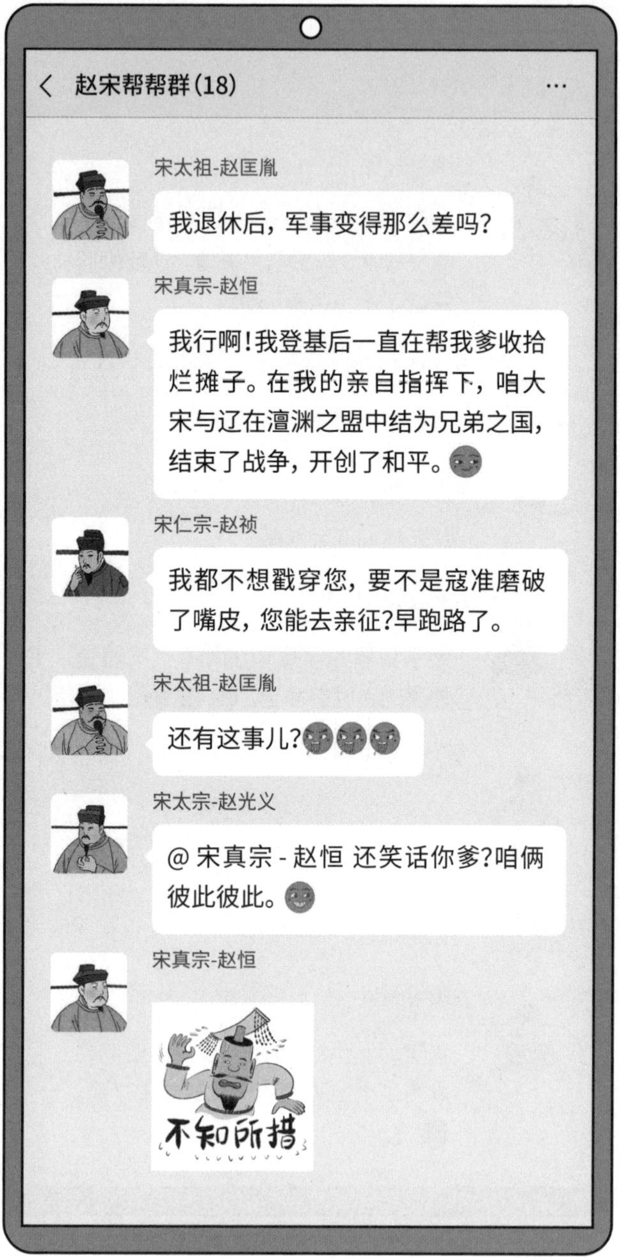
赵宋帮帮群(18)
宋太祖-赵匡胤
我退休后，军事变得那么差吗？
宋真宗-赵恒
我行啊！我登基后一直在帮我爹收拾烂摊子。在我的亲自指挥下，咱大宋与辽在澶渊之盟中结为兄弟之国，结束了战争，开创了和平。
宋仁宗-赵祯
我都不想戳穿您，要不是寇准磨破了嘴皮，您能去亲征？早跑路了。
宋太祖-赵匡胤
还有这事儿？
宋太宗-赵光义
@宋真宗-赵恒 还笑话你爹？咱俩彼此彼此。
宋真宗-赵恒
不知所措

划重点

早年赵匡胤征战在外，任命其弟赵光义为京兆府尹，负责处理京城的内政。因此，赵光义在登基之前拥有丰富的从政经验，但没有赵匡胤那样的军旅履历，更没有与生俱来的军事能力。他曾亲自指挥两次对辽作战，但皆以大败收场，不仅葬送了赵匡胤留下的大量精兵，还在对辽的军事形势上变主动为被动。他还“别出心裁”地设计了一套迎敌阵图，命令前线统帅对敌时必须机械教条地执行，导致北宋对辽屡屡吃亏，无怪乎被评价“此人不知兵”。

大宋帝国的双子将星：开国名将曹彬、潘美都是赵匡胤手下的爱将。曹彬性格稳重，思虑周全，为人诚实，从不纵兵抢掠，每次班师都将前线情况如实汇报赵匡胤，深受其信任。而潘美作战有勇有谋，曾多次大破辽兵，是一员悍将。曹彬和潘美多次配合，或主副搭配，或分兵出击，在平定后蜀、南唐、后汉等战争中建立殊勋，是北宋结束中原分裂割据、统一天下的重要功臣。值得一提的是，曹彬的儿子曹玮也是一代名将，曾经长期震慑西北，拱卫大宋边防。

咸平之治：宋真宗咸平（998年~1003年）年间出现的治世。这一时期，宋朝手工业发达，商业蓬勃发展，贸易盛况空前。赵恒重用文臣李沆、吕蒙正等，武将曹彬，通过一系列改革将国家治理得井井有条，进一步减免广大地区，尤其是原吴越国（今浙江一带）境内的苛捐杂税，并身体力行鼓励农业生产，从交趾引入占城稻，大大提升了粮食产量。

澶渊之盟：早在五代时期，中原王朝就与辽国多次发生战争，赵匡胤在开国之初也曾多次对辽用兵。宋太宗时期两次北伐的惨败，导致宋朝失去军事主动权，辽军开始对宋转入攻势。宋真宗时期，辽国在萧太后与辽圣宗的亲自指挥下发动战争，宋廷一度陷入恐慌，但在寇准主导下，宋军坚持抗战，真宗更是御驾亲征，提振前线士气，同时，宋军还派李继隆在辽军后方作战，扰乱辽国作战计划。后来辽军大将萧挞凛阵亡，士气大损。由于两国都无力消灭对方，最终签订和约，以宋为兄，以辽为弟，双方约定为兄弟之国，约定互不侵犯，史称“澶渊之盟”。此后两国开放边境互市，积极交流，直到金军灭亡辽国，两国保持了100多年的和平。

赵宋帮帮群(18)
宋英宗-赵曙
哪有完美的人啊，您那会儿也冗兵冗费冗员，积弊甚多。范仲淹搞个庆历新政，您还不同意，狄青好不容易升了官，屁股没坐热就被您降职了。还都是我给您善后的。
宋仁宗-赵祯
你善后什么了?上台就七年，光忙着追认你亲爹名分了，可真是个白眼狼。
宋神宗-赵顼
我爹不努力工作，我可真嫌弃。
宋英宗-赵曙
我看你也像个白眼狼。
宋神宗-赵顼
唉，父债子偿，我登基后殚精竭虑，为国操劳。还好认识了王安石，我们一起搞“熙宁变法”。
宋徽宗-赵佶
爹爹您只会说这一句话吗?

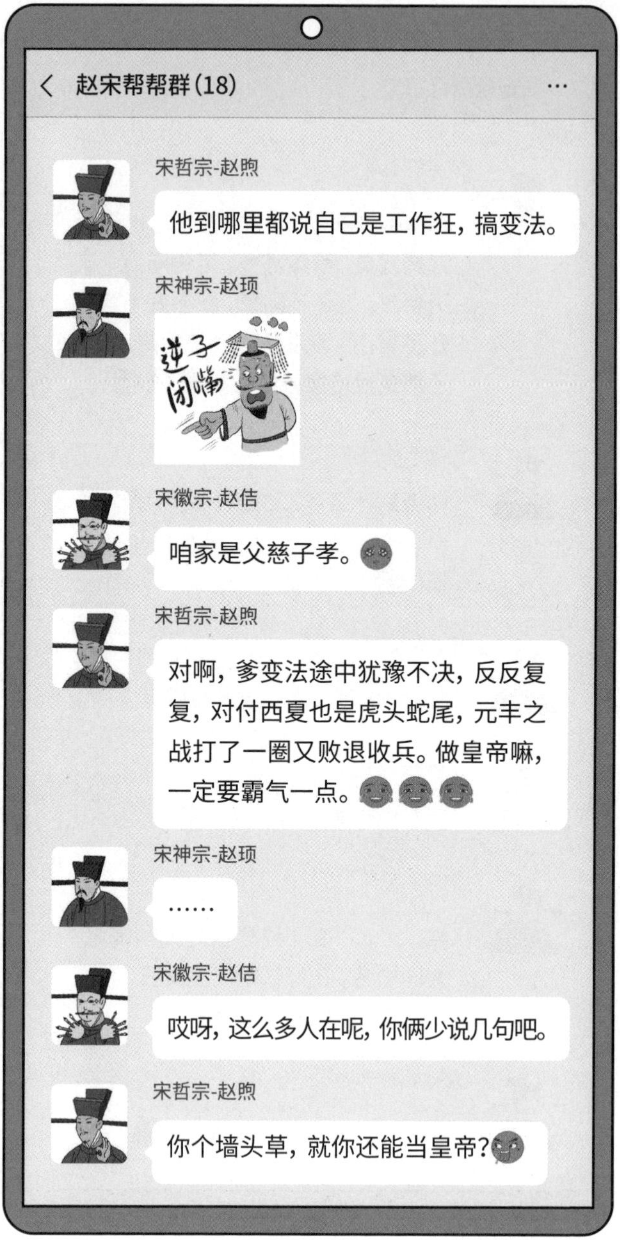
赵宋帮帮群(18)
宋哲宗-赵煦
他到哪里都说自己是工作狂，搞变法。
宋神宗-赵顼
逆子闭嘴
宋徽宗-赵佶
咱家是父慈子孝。
宋哲宗-赵煦
对啊，爹变法途中犹豫不决，反反复复，对付西夏也是虎头蛇尾，元丰之战打了一圈又败退收兵。做皇帝嘛，一定要霸气一点。
宋神宗-赵顼
……
宋徽宗-赵佶
哎呀，这么多人在呢，你俩少说几句吧。
宋哲宗-赵煦
你个墙头草，就你还能当皇帝?

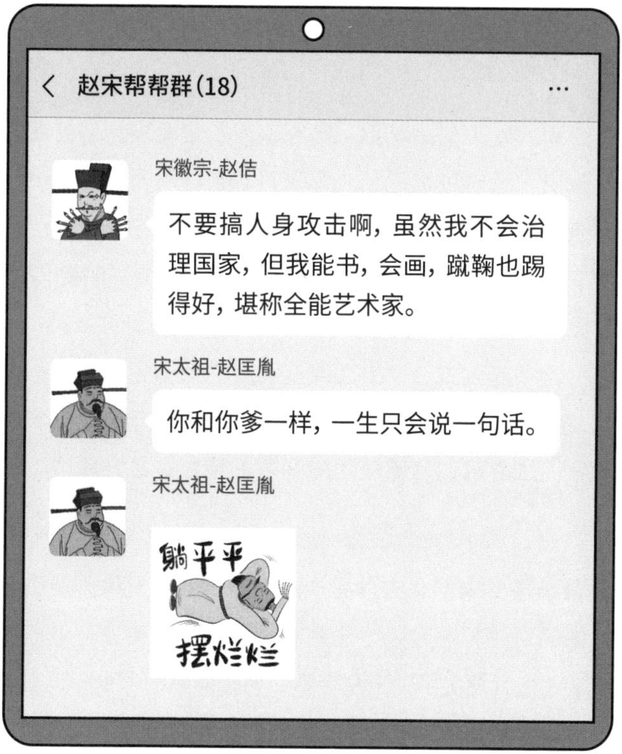

划重点

仁宗盛世：严格地说，仁宗时期的盛世应该分为两个阶段。第一阶段是宋仁宗继位的前10年，由皇太后刘娥执政，她纠正真宗末期的弊政，注意与民休息，社会生产得到了发展。刘娥去世后，宋仁宗开始了长达了32年的亲政，他信任臣下、为人仁厚，加之前朝几代皇帝的积累，宋朝出现了人才井喷、社会经济高度发达的现象，人口和财税远远超过了唐代，唐宋八大家中有一多半都出自这一时期。

庆历新政：宋仁宗时期，国家取得长足发展，但与此同时财政入不敷出，政府机构冗员、军队冗兵，以及因编内人员过多导致的冗费的问题突出。为了解决这一问题，范仲淹上书仁宗，提出要革新政治。1043年，范仲淹等人正式提出“明黜陟、抑侥幸、精贡举、择官长、均公田、厚农桑、修武备、减徭役、覃恩信、重命令”十项施政方针，力图改变当时的政治困局，史称“庆历新政”。初期曾取得一定成效，然而这项改革由于缺乏切实可行的具体方案，加之触动官僚集团的利益，最终在各方压力下以失败告终。

濮议事件：宋仁宗去世后，由于无子继承皇位，便由濮安懿王（仁宗的哥哥）赵允让之子赵曙继位，即宋英宗。他即位后不久，朝堂之上就发生了关于皇帝生父名分问题的争论。以王珪为代表的一派认为宋英宗应该称濮王为皇伯，而以韩琦为代表的一派则认为英宗应该称濮王为皇考（皇帝的父亲，相当于追认生父为皇帝），两派就此问题展开了旷日持久的争论。最终，在韩琦等人的暗箱操作下，仁宗遗孀曹太后迫于无奈下诏承认濮王为英宗的皇考名分，宋英宗随后罢黜了三名反对的官员，这次事件以此告终。在封建时代，皇帝的继承和名分有着特殊的规则，按道理宋英宗不能追认自己生父为皇考。这次事件实质上是韩琦等人利用宋英宗想给生父追认名分的心理打击政敌、趁机揽权的行为。

宋徽宗真是一个活宝，不仅执政能力堪忧，还总能在人多的地方引起群嘲。

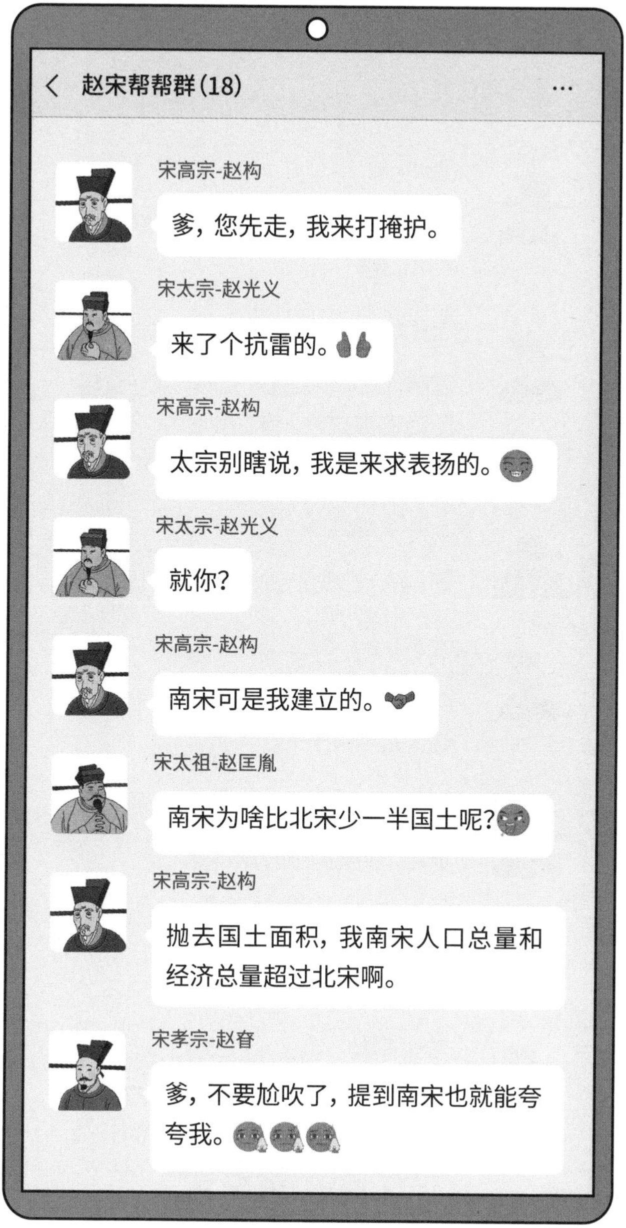
赵宋帮帮群(18)
宋高宗-赵构
爹，您先走，我来打掩护。
宋太宗-赵光义
来了个抗雷的。
宋高宗-赵构
太宗别瞎说，我是来求表扬的。
宋太宗-赵光义
就你？
宋高宗-赵构
南宋可是我建立的。
宋太祖-赵匡胤
南宋为啥比北宋少一半国土呢？
宋高宗-赵构
抛去国土面积，我南宋人口总量和经济总量超过北宋啊。
宋孝宗-赵眘
爹，不要尬吹了，提到南宋也就能夸夸我。

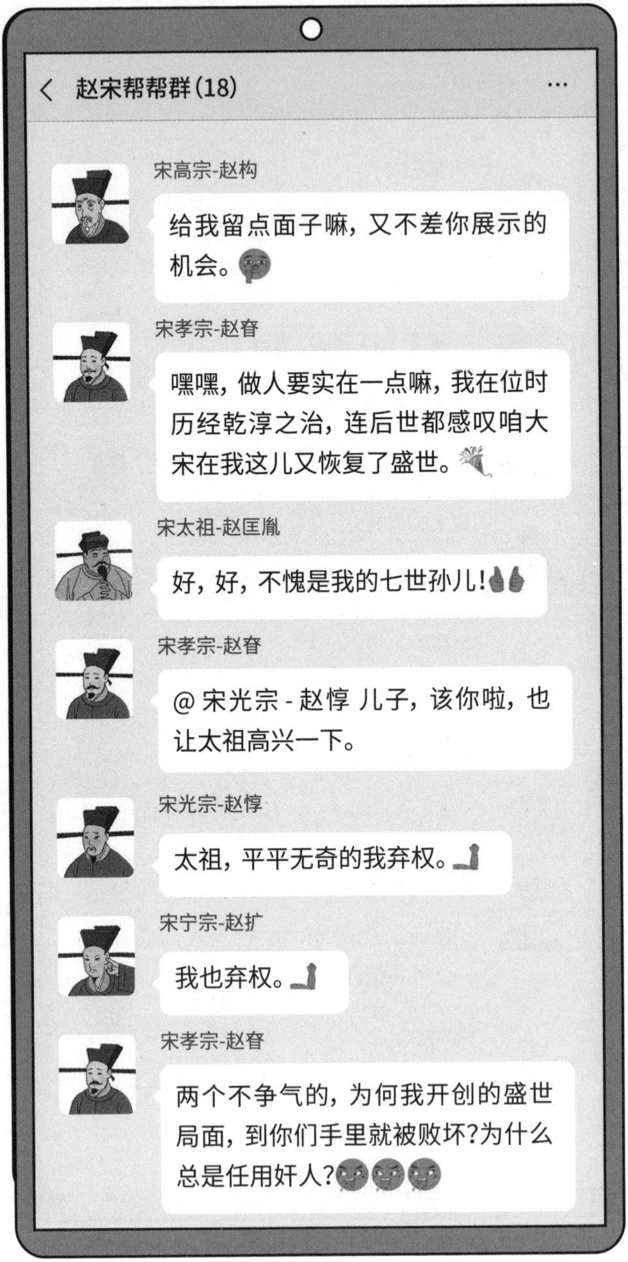
赵宋帮帮群(18)
宋高宗-赵构
给我留点面子嘛，又不差你展示的机会。
宋孝宗-赵昚
嘿嘿，做人要实在一点嘛，我在位时历经乾淳之治，连后世都感叹咱大宋在我这儿又恢复了盛世。
宋太祖-赵匡胤
好，好，不愧是我的七世孙儿！
宋孝宗-赵昚
@宋光宗-赵惇 儿子，该你啦，也让太祖高兴一下。
宋光宗-赵惇
太祖，平平无奇的我弃权。
宋宁宗-赵扩
我也弃权。
宋孝宗-赵昚
两个不争气的，为何我开创的盛世局面，到你们手里就被败坏？为什么总是任用奸人？

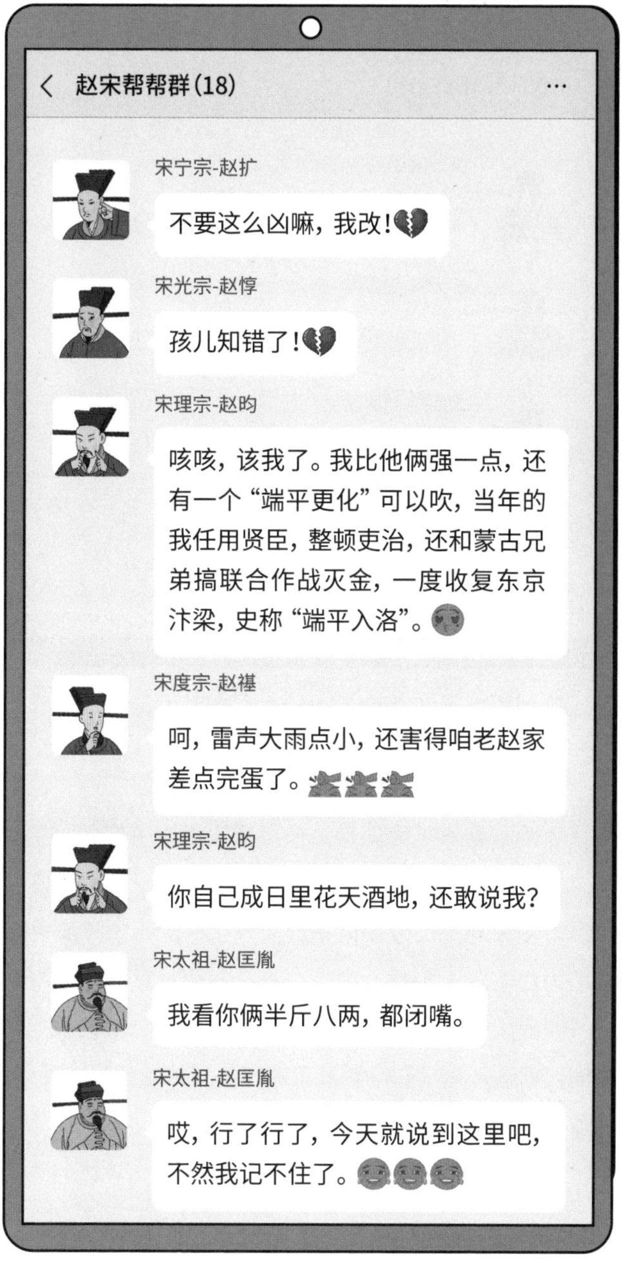
赵宋帮帮群(18)
宋宁宗-赵扩
不要这么凶嘛，我改！
宋光宗-赵惇
孩儿知错了！
宋理宗-赵昀
咳咳，该我了。我比他俩强一点，还有一个“端平更化”可以吹，当年的我任用贤臣，整顿吏治，还和蒙古兄弟搞联合作战灭金，一度收复东京汴梁，史称“端平入洛”。
宋度宗-赵禥
呵，雷声大雨点小，还害得咱老赵家差点完蛋了。
宋理宗-赵昀
你自己成日里花天酒地，还敢说我？
宋太祖-赵匡胤
我看你俩半斤八两，都闭嘴。
宋太祖-赵匡胤
哎，行了行了，今天就说到这里吧，不然我记不住了。

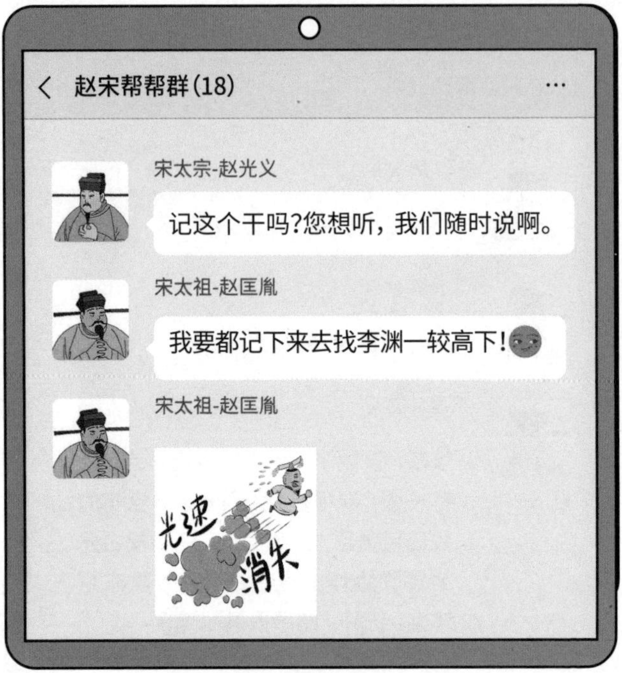

划重点

乾淳之治：乾淳是南宋第二个皇帝宋孝宗的年号，在他执政的时期，宋朝政治清明、社会稳定、经济繁荣、文化昌盛，国家进入了一个繁荣稳定的发展时期。宋孝宗时刻不忘靖康之耻，亲政后立即为岳飞等人平反，重用主战派将领，意图恢复中原。在政治上，他裁汰冗员、治理贪污，同时恢复并大力提倡农业生产。宋孝宗为人勤政，为了防治官僚蒙蔽自己，他处理政务事必躬亲，是一位勤恳、宽和的帝王。

端平更化：宋理宗继位初期，朝政由著名的权臣史弥远控制。1233年，史弥远去世，宋理宗开始勤政，并改元“端平”。在这一时期，宋理宗还是一个有理想、有朝气的帝王。他试图改革国家积弊、整顿朝政，让国家走向上升轨道。为此，他首先将程朱理学定为国家官方哲学，并且重点将改革放在了吏治整顿上，清除史弥远时期提拔的官员，革除许多史在任时期积累的弊政。但是宋理宗自己提拔的人才也存在能力不足的问题，且推行的改革措施大多浅尝辄止。最终这场改革草草收场，效果不显著。

端平入洛：1234年，宋和蒙古一起灭亡了金国，宋朝也终于洗刷了靖康之耻。按照两国事先的约定，宋蒙两军灭金后，以河南为缓冲区域，造成了河南地区事实上的权力真空。宋理宗想趁机派兵收复河南等地，并占据潼关等要地防备蒙军。但是由于宋军指挥体系混乱，加之后勤粮草和援兵不足，导致蒙古军队在发现宋军的意图后快速反击，将宋军击败，宋军收复河南的意图落空。更为不幸的是，宋朝此举刺激了蒙古对宋的入侵，双方关系破裂，此后蒙古开始了长达47年的对宋战争。

太祖真是一个老顽童，皇帝们热热闹闹的求表扬大会结束了，至于这些皇帝们的功过是非，就留待后人评说了。

五 边境风云

听说宋太祖赵匡胤赶时髦，竟然邀请众位皇帝去团建，美其名曰巩固赵宋的企业文化。

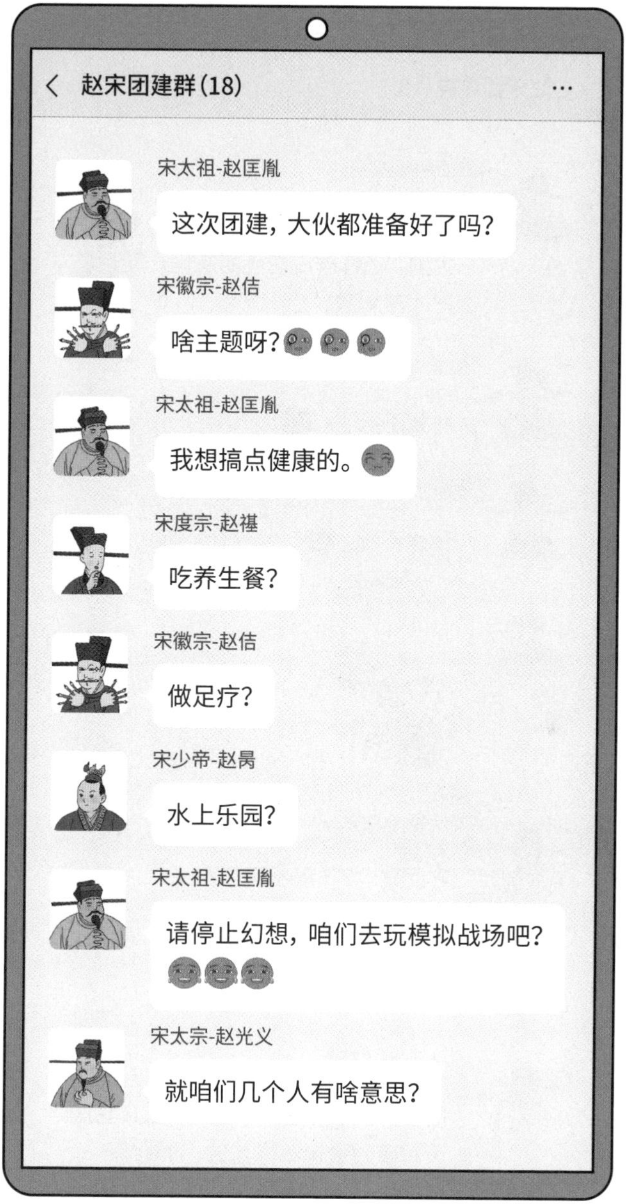
赵宋团建群(18)
宋太祖-赵匡胤
这次团建，大伙都准备好了吗？
宋徽宗-赵佶
啥主题呀？
宋太祖-赵匡胤
我想搞点健康的。
宋度宗-赵禥
吃养生餐？
宋徽宗-赵佶
做足疗？
宋少帝-赵昺
水上乐园？
宋太祖-赵匡胤
请停止幻想，咱们去玩模拟战场吧？
宋太宗-赵光义
就咱们几个人有啥意思？

赵宋团建群(18)
宋太祖-赵匡胤
所以我打算邀请隔壁辽国、西夏、金国，还有蒙古这些朋友们一起，这样才够刺激。
宋徽宗-赵佶
那我不玩了。
宋钦宗-赵桓
我也不玩。
宋真宗-赵恒
光速消失
宋太祖-赵匡胤
咋回事啊?咋都不玩了?
宋徽宗-赵佶
怕输。
宋太祖-赵匡胤
哈哈，怎么可能，咱家虽然重文轻武，可军事力量也不是盖的，你怕啥?

赵宋团建群(18)

宋太宗-赵光义

和平久了，带兵打仗早就生疏了。

宋太祖-赵匡胤

也对，那咱们玩之前，先复盘一下咱们大宋百年来的对外战争案例。

宋太宗-赵光义

要不您先讲讲和老东家的爱恨情仇？

宋太祖-赵匡胤

哪壶不开你提哪壶。

宋少帝-赵昺

太祖，我听人家说，您是篡位当皇帝的？

宋太祖-赵匡胤

别听人瞎说，当年老东家后周世宗柴荣突然去世，留下一个年幼的孩子。咱北边有辽国，还有北汉和幽云十六州没有收复，南边有南唐、南汉、后蜀等半壁江山没有统一。为了平定这乱世，结束华夏大地四分五裂的局面，我只好临危受命当皇帝了。

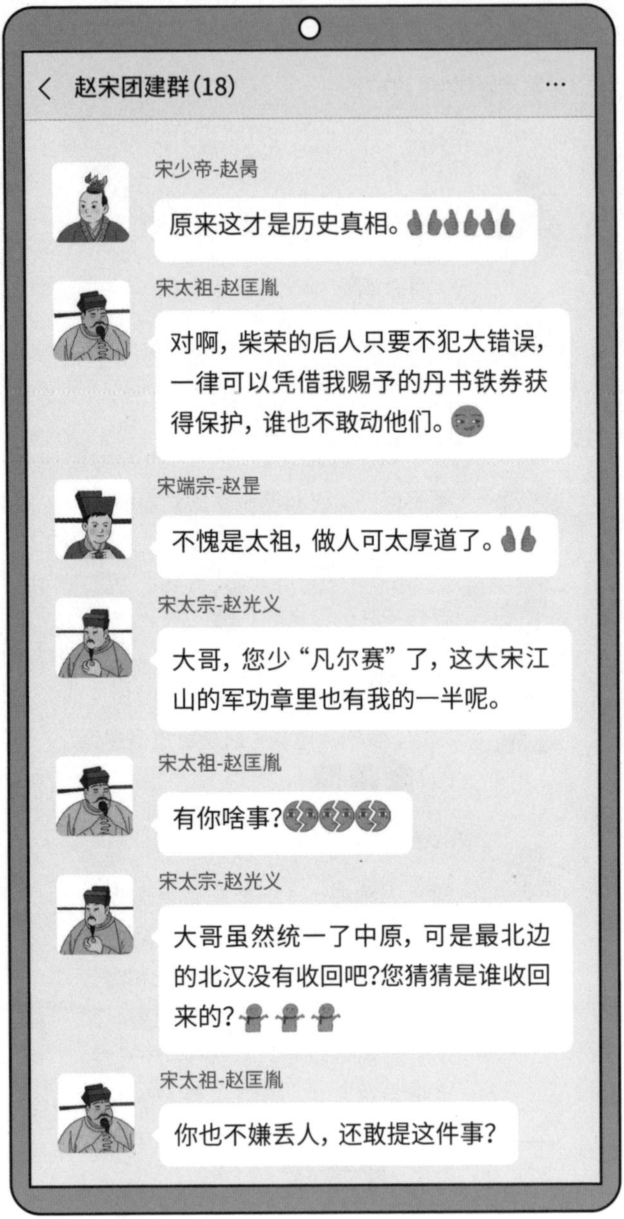

赵宋团建群(18)
宋少帝-赵昺
原来这才是历史真相。
宋太祖-赵匡胤
对啊，柴荣的后人只要不犯大错误，一律可以凭借我赐予的丹书铁券获得保护，谁也不敢动他们。
宋端宗-赵昰
不愧是太祖，做人可太厚道了。
宋太宗-赵光义
大哥，您少“凡尔赛”了，这大宋江山的军功章里也有我的一半呢。
宋太祖-赵匡胤
有你啥事?
宋太宗-赵光义
大哥虽然统一了中原，可是最北边的北汉没有收回吧?您猜猜是谁收回来的?
宋太祖-赵匡胤
你也不嫌丢人，还敢提这件事?

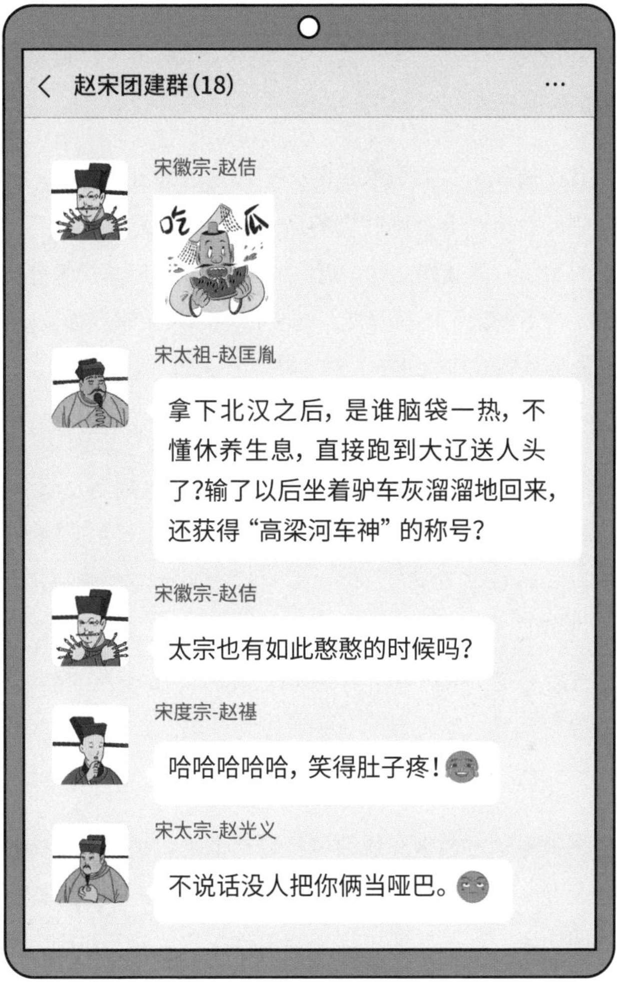
赵宋团建群(18)
宋徽宗-赵佶
吃瓜
宋太祖-赵匡胤
拿下北汉之后，是谁脑袋一热，不懂休养生息，直接跑到大辽送人头了?输了以后坐着驴车灰溜溜地回来，还获得“高粱河车神”的称号?
宋徽宗-赵佶
太宗也有如此憨憨的时候吗?
宋度宗-赵禥
哈哈哈哈哈，笑得肚子疼!
宋太宗-赵光义
不说话没人把你俩当哑巴。

划重点

五代十国：唐代安史之乱以后，地方军阀割据一方的局面开始形成，从唐末藩镇朱温取代唐朝建立后梁（907年）开始，中国进入了长达70余年的五代十国时代，这一时期也可以说是一个混乱、分裂的时期。

五代：唐朝灭亡后依次定都于中原地区的五个政权，分别是朱温建立的后梁、李存勖建立的后唐、石敬瑭建立的后晋、刘知远建立的后汉、郭威建立的后周。960年，后周禁军统领赵匡胤在部下的支持下发动了陈桥兵变，迫使后周恭帝柴宗训禅位，而后，赵匡胤自称皇帝，建立北宋。这一事件标志着五代的结束。

十国：与五代同一时期，中原地区之外还存在前蜀、后蜀、南吴、南唐、吴越、闽国、南楚、南汉、南平（荆南）、北汉十个割据政权。北宋建国后先后平定了这些割据政权，从此南方稳定，北宋得以安心对辽国用兵。赵匡胤对待这些亡国政权的君主较为仁厚，善待后蜀国主孟昶、南唐后主李煜、吴越的钱镠等。赵光义即位后平定了最后一个割据政权北汉，但是对待李煜、钱镠，甚至弟弟赵廷美、赵匡胤的儿子等较为苛刻，致使他们多数不得善终。

丹书铁券：古代最高统治者赏赐给重臣的法律豁免特权，由于通常可免一死，民间俗称为“免死金牌”。最早由汉高祖刘邦赐给开国功臣，赵匡胤通过兵变夺取政权后，为了安抚原来的后周皇室，他传下圣旨，赐原后周皇室“丹书铁券”，规定除谋逆外，可免于一切刑罚。当然，丹书铁券更多是一种荣誉的象征，并没有什么实际效力，最终解释权始终在皇帝手里，这是中国封建时代的无限君权所决定的。

高梁河车神：979年，宋太宗为了夺取幽云十六州，在刚刚灭掉北汉后，不顾兵家大忌，在没有修整部队的情况下强行发动对幽州等地的进攻。宋军初期取得优势，潘美率领一路军击破辽军，宋太宗亲率主力围攻幽州城。但是由于宋军连日作战，得不到休整，部队极其疲惫。而辽国援军在统帅耶律休哥的指挥下，突袭宋军于高梁河。宋军苦战不支，最终崩溃，大军四散，宋军兵将彼此失散，赵光义本人也在乱战中被射了两箭，且与部下走散。危急时刻，赵光义亲随在慌乱中找到了一辆驴车扶其上南逃。该战的失败标志着宋辽战争主动权的易手，而赵光义中箭后慌忙上驴车南逃的丑态更是被人们调侃为“高梁河车神”。

宋太祖赵匡胤，绝对是大宋专业拆台选手。

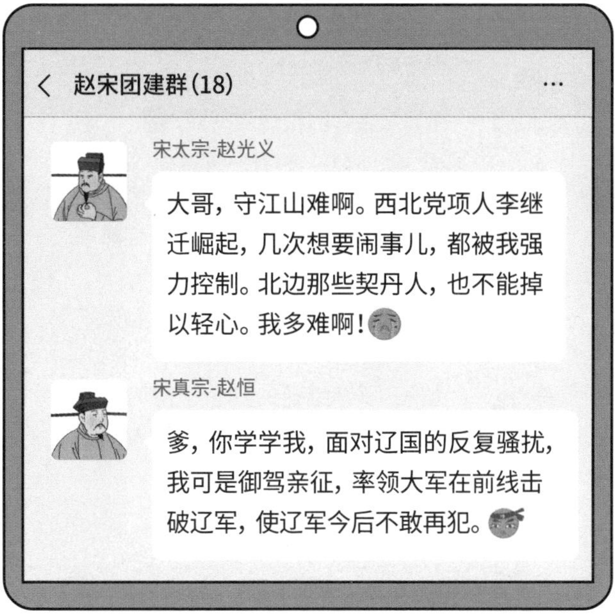

赵宋团建群(18)
宋太宗-赵光义
大哥，守江山难啊。西北党项人李继迁崛起，几次想要闹事儿，都被我强力控制。北边那些契丹人，也不能掉以轻心。我多难啊！
宋真宗-赵恒
爹，你学学我，面对辽国的反复骚扰，我可是御驾亲征，率领大军在前线击破辽军，使辽军今后不敢再犯。

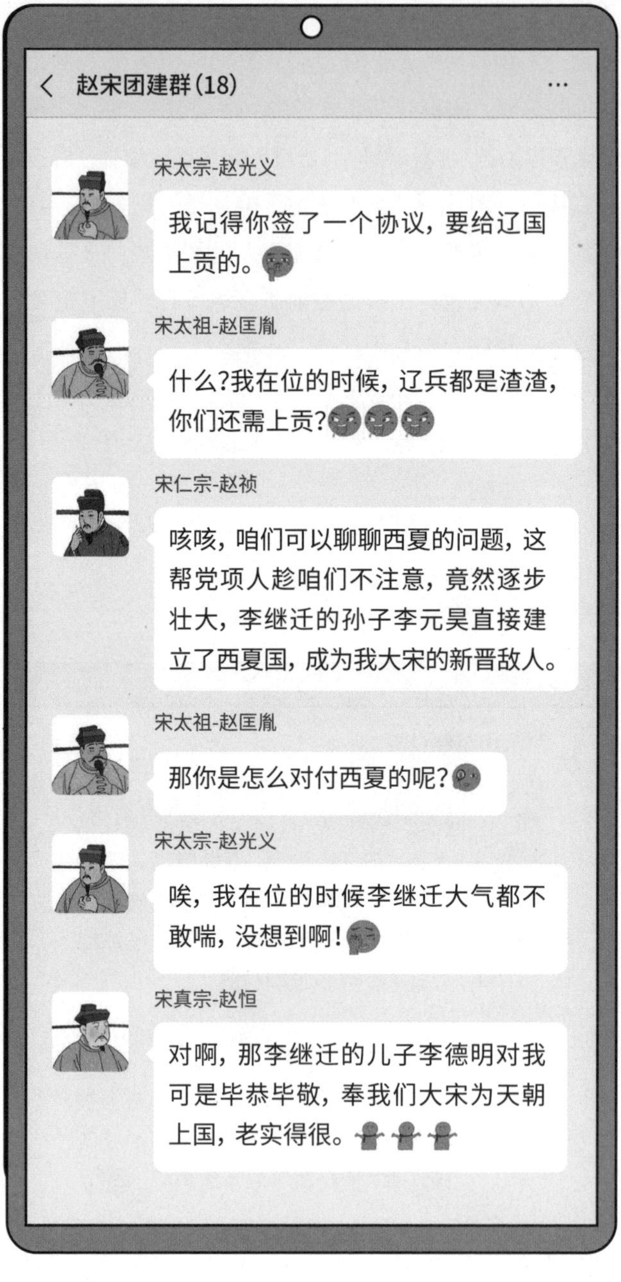
赵宋团建群(18)
宋太宗-赵光义
我记得你签了一个协议，要给辽国上贡的。
宋太祖-赵匡胤
什么?我在位的时候，辽兵都是渣渣，你们还需上贡?
宋仁宗-赵祯
咳咳，咱们可以聊聊西夏的问题，这帮党项人趁咱们不注意，竟然逐步壮大，李继迁的孙子李元昊直接建立了西夏国，成为我大宋的新晋敌人。
宋太祖-赵匡胤
那你是怎么对付西夏的呢?
宋太宗-赵光义
唉，我在位的时候李继迁大气都不敢喘，没想到啊!
宋真宗-赵恒
对啊，那李继迁的儿子李德明对我可是毕恭毕敬，奉我们大宋为天朝上国，老实得很。

赵宋团建群(18)

宋英宗-赵曙

我听说仁宗对西夏进行了好水川、三川口、定川寨三次战役，全败。

宋太祖-赵匡胤

啊?打这么个小小国家还三连败，丢人啊丢人啊。

宋仁宗-赵祯

都怪爷爷过分重文轻武，导致咱大宋禁军战斗力逐渐衰弱。

宋太宗-赵光义

宋仁宗-赵祯

咱大宋的禁军传到我这代，就已经老化，战斗力太弱了，所以才让李元昊那小子钻了空子。

宋太祖-赵匡胤

唉!

划重点

党项与西夏：西夏是党项族人建立起的政权。党项是羌族的一支，发源于今天的青海和甘肃一带。唐末，党项贵族拓跋氏出兵帮助中原平定叛乱，被李唐皇室赐予李姓，还拥有了包括今天陕西一部分地区的封地。宋朝时，李继迁开始抗宋，至李元昊时期，开始正式宣布建立夏朝，史称西夏。西夏努力吸收汉文化，创造党项文字（今见于字典《番汉合时掌中珠》），推动当地文明的发展，此后宋夏之间经历了漫长的战争。1227年，西夏亡于成吉思汗统治的蒙古大军手中，享国189年，历10帝。

契丹与辽国：契丹最早记载见于北魏时期，在唐初，契丹进入部落阶段，并开始遣使到长安进贡，此后一直长期与唐朝保持密切联系。到唐灭亡的907年，耶律阿保机被推举为可汗，并于916年正式称帝，定国号为辽，后世称为辽太祖。947年，辽太宗耶律德光改国号为“大辽”。辽国共经历218年，传位9代皇帝。宋建国后，与辽既有战争，又有文化、经济交流，在澶渊之盟后，两国约为兄弟之国，共享了100多年的和平。辽国强盛时期，疆域极广，广大北方地区都归辽国管辖。受到宋朝文化影响，本是游牧民族的契丹族人学会了汉民族的很多先进文化和科学技术，开始有了农耕文明，创造了南北面官制，为适应当时多民族政权的需要，在宗教上也信奉佛教。1125年，辽国被崛起的女真人，也就是后来的金国灭亡了。

宋仁宗时期，李元昊试图让宋承认其称帝，被宋拒绝，双方爆发第一次宋夏战争。在这其中，以好水川、三川口、定川寨三次战役最为重要。李元昊凭借兵力优势利用宋军防守兵力不足和后勤困难等劣势，以多打少，取得三次战役的胜利。但是由于宋国力优势和边境防御体系的完备，李元昊战术上虽有胜利，战略上却日趋被动，面对宋廷切断贸易及军事增兵的双重压力，被迫与宋和谈。

北宋禁军：禁军是北宋最精锐的国防力量，直属中央管辖，枢密院负责禁军的兵籍和发兵权。禁军除一部分驻守京城外，其余都要更戍。宋仁宗时期，部分禁军可以常驻地方。宋代禁军兵员主要来自地方招募，也会从厢兵、乡兵里面选拔。北宋建国后，禁军规模越来越大，到了宋仁宗时期激增至80多万人，这是因为北宋政府为了吸纳无业游民，防止暴动，就招募他们加入禁军，导致禁军的整体素质越来越差。故时有民谚："好铁不打钉，好男不当兵。"

复盘到现在，全是坏消息，宋太祖可太闹心了。

赵宋团建群(18)
宋神宗-赵顼
要说这西夏问题，在我熙宁变法的光环下，军队战斗力有所提升，对付西夏绰绰有余了。
宋太祖-赵匡胤
哈哈哈哈，是吗?终于听到好消息啦!
宋哲宗-赵煦
不对啊，那我爹为啥还有元丰之败和永乐城之败?
宋神宗-赵顼
大伙听我解释，元丰之战，我五路大军攻破西夏，差点亡其国，无奈后勤压力有点大，再加上一些别的因素，才功亏一篑。
宋太祖-赵匡胤
那永乐城呢?
宋神宗-赵顼
那次是要塞地址选得不好，被西夏断了水源。

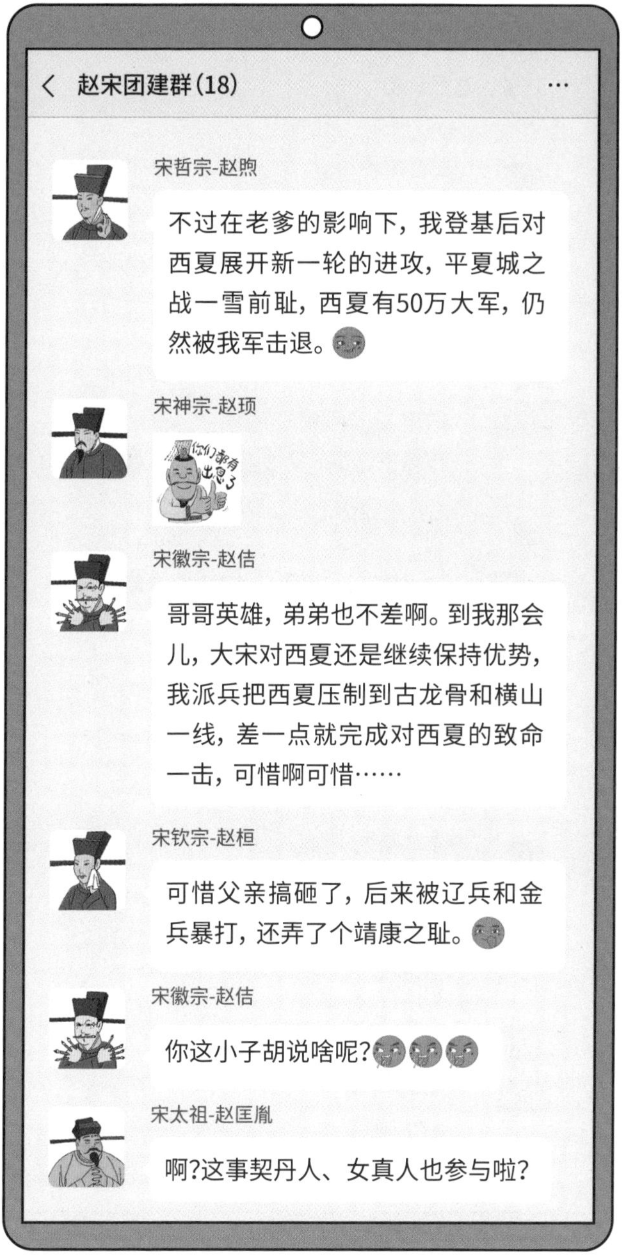
赵宋团建群(18)
宋哲宗-赵煦
不过在老爹的影响下，我登基后对西夏展开新一轮的进攻，平夏城之战一雪前耻，西夏有50万大军，仍然被我军击退。
宋神宗-赵顼
你们都有出息了
宋徽宗-赵佶
哥哥英雄，弟弟也不差啊。到我那会儿，大宋对西夏还是继续保持优势，我派兵把西夏压制到古龙骨和横山一线，差一点就完成对西夏的致命一击，可惜啊可惜……
宋钦宗-赵桓
可惜父亲搞砸了，后来被辽兵和金兵暴打，还弄了个靖康之耻。
宋徽宗-赵佶
你这小子胡说啥呢?
宋太祖-赵匡胤
啊?这事契丹人、女真人也参与啦?

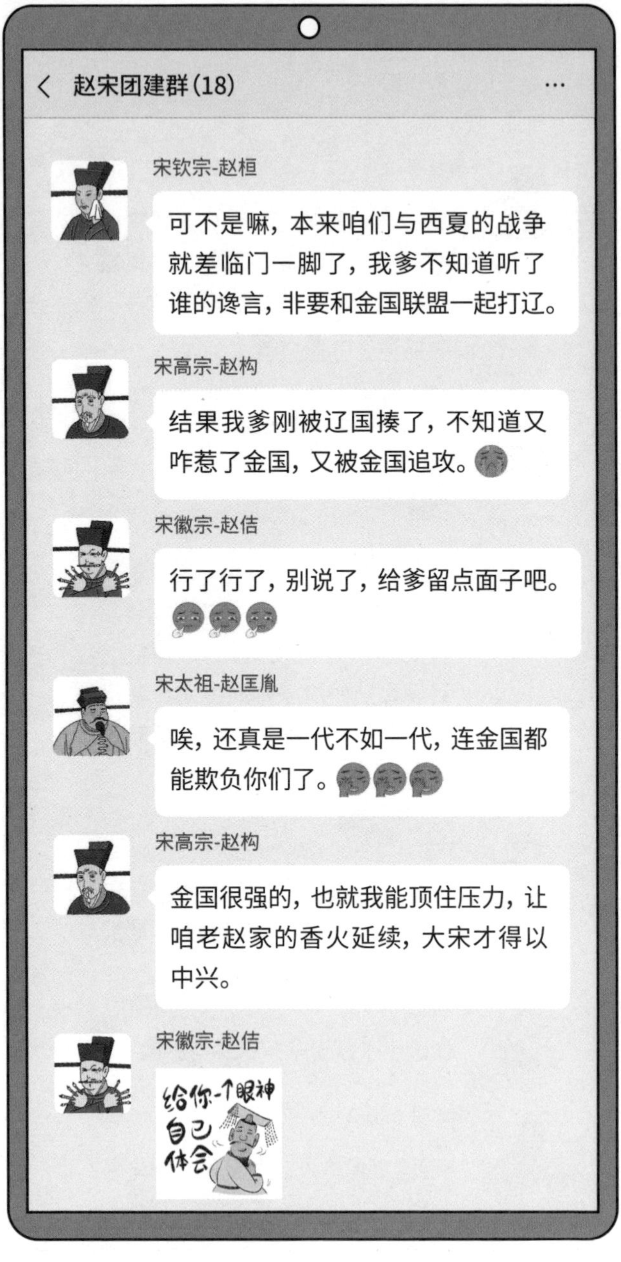
赵宋团建群(18)
宋钦宗-赵桓
可不是嘛，本来咱们与西夏的战争就差临门一脚了，我爹不知道听了谁的谗言，非要和金国联盟一起打辽。
宋高宗-赵构
结果我爹刚被辽国揍了，不知道又咋惹了金国，又被金国追攻。
宋徽宗-赵佶
行了行了，别说了，给爹留点面子吧。
宋太祖-赵匡胤
唉，还真是一代不如一代，连金国都能欺负你们了。
宋高宗-赵构
金国很强的，也就我能顶住压力，让咱老赵家的香火延续，大宋才得以中兴。
宋徽宗-赵佶
给你一个眼神
自己体会

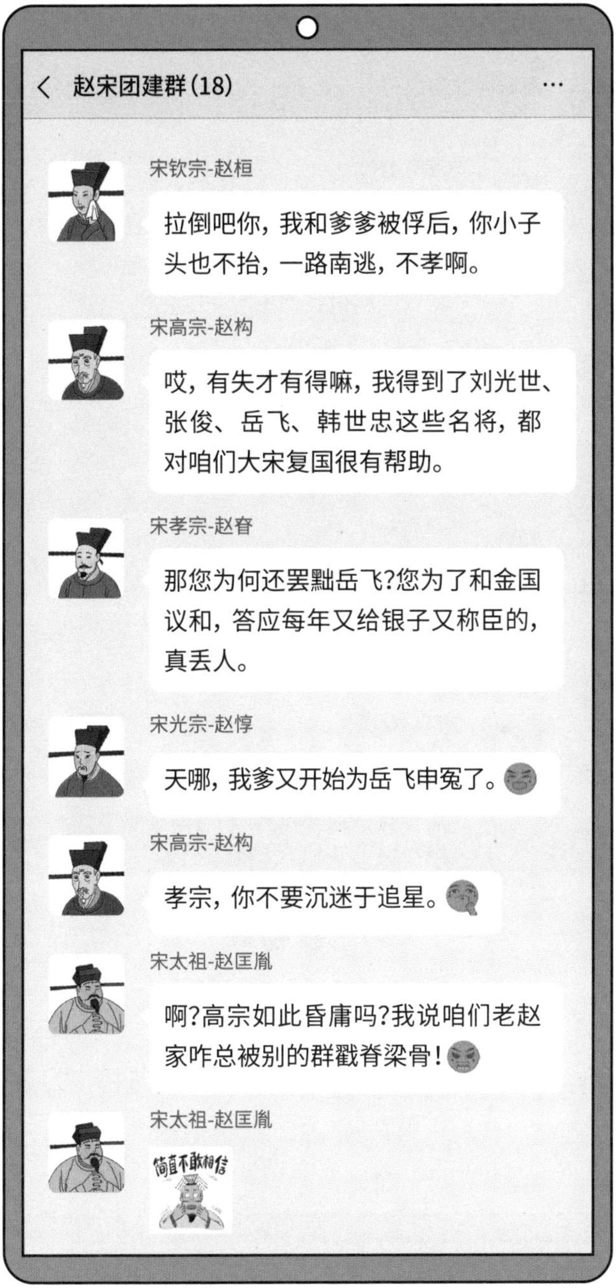
赵宋团建群(18)
宋钦宗-赵桓
拉倒吧你，我和爹爹被俘后，你小子头也不抬，一路南逃，不孝啊。
宋高宗-赵构
哎，有失才有得嘛，我得到了刘光世、张俊、岳飞、韩世忠这些名将，都对咱们大宋复国很有帮助。
宋孝宗-赵昚
那您为何还罢黜岳飞?您为了和金国议和，答应每年又给银子又称臣的，真丢人。
宋光宗-赵惇
天哪，我爹又开始为岳飞申冤了。
宋高宗-赵构
孝宗，你不要沉迷于追星。
宋太祖-赵匡胤
啊?高宗如此昏庸吗?我说咱们老赵家咋总被别的群戳脊梁骨!
宋太祖-赵匡胤
简直不敢相信

赵宋团建群(18)

宋理宗-赵昀

我来说点高兴的，金国是被我收拾掉的，我和蒙古人联合灭金，给徽宗和钦宗两位长辈出了一口恶气。

宋度宗-赵禥

您是出气了，结果蒙古人马上又来打我们。

宋理宗-赵昀

谁让你不争气，襄阳和钓鱼城守卫得那么坚固，蒙古人根本打不进来，你却坏了事儿。

宋度宗-赵禥

我无能我承认，可是大伙知道蒙古大军有多强大吗?他们可是席卷了大半个欧亚大陆的精兵、工匠、技术人才和武器，咱们拿啥和人家拼?输了不丢人。

宋度宗-赵禥

划重点

永乐城之战：宋神宗时期对夏作战一度取得主动，但是1081年的元丰西征因五路宋军配合不当、后勤补给不继而功亏一篑。此后宋在边界要地修筑永乐城，作为进攻西夏的跳板。西夏闻之举大兵进攻，试图在宋军完成修建之前拔除这根钉子。当时宋神宗用人不当，选用徐禧担任永乐城宋军主帅，加之该城修筑地点没经充分论证，导致水源稀缺。最终在夏军重重围困下，宋军缺乏外援和饮水，疲渴交加下丧失战斗能力，永乐城也在夏军付出重大代价后被攻克，宋军损失兵卒及后勤人员多达两三万人。

平夏城之战：宋哲宗亲政后重新启用主战派和变法派，试图继续对西夏用兵，此举引起了西夏的警惕。1093年，西夏在梁太后的亲征下，以50万大军来犯宋界，宋军在延安府展开防御作战并击退夏军。1099年，西夏军组织更大力量再次来犯，宋军以平夏城要塞为依托展开防守反击，最终大破夏军，并派骑兵远程突击西夏境内。此战使宋夏战争进入转折，此后北宋对夏由战略对峙彻底进入战略进攻。

女真与金国：女真族，今称满族，起源于东北的传统民族“肃慎”，辽国时期称为“女真”。由于辽国屡次收取苛捐杂税，凌辱女真族人，1115年，金太祖完颜阿骨打统合女真部族，在会宁府（今黑龙江省哈尔滨市阿城区）建立金朝，正式反抗辽国。随后灭亡

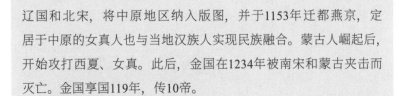

辽国和北宋，将中原地区纳入版图，并于1153年迁都燕京，定居于中原的女真人也与当地汉族人实现民族融合。蒙古人崛起后，开始攻打西夏、女真。此后，金国在1234年被南宋和蒙古夹击而灭亡。金国享国119年，传10帝。

中兴四将：指南宋“建炎中兴”时期为抵抗外敌做出了杰出贡献的四位将领，分别为岳飞、张俊、刘光世（刘錡）、韩世忠。北宋经历了靖康之变，被金国攻灭后，赵构南下临安府，建立南宋，改元建炎，使宋朝的国祚得以延续，史学界称其为“建炎中兴”。在此期间，中兴四将打了许多漂亮的胜仗，让金国不敢小看南宋。岳飞率领岳家军取得了郾城大捷、朱仙镇大捷；张俊击退了农民军、伪军和金军的多次进攻；刘錡的八字军威震天下；韩世忠更是在黄天荡之战几乎全歼了金国大军。

蒙古政权：1206年，铁木真统一了蒙古各个部族，建立了统一的蒙古帝国。帝国建立后南征北战，所到之处攻无不克，战无不胜，迅速扩大了版图。成吉思汗死后，他的继承者们继续对外征伐，发动了多场大规模的战役，使蒙古帝国成为横跨欧亚大陆的超级帝国。直到蒙哥汗死后，蒙古分裂为五个部分，分别是元朝、钦察汗国、察合台汗国、窝阔台汗国、伊利汗国。1279年，元朝在忽必烈的领导下灭掉南宋，此后统治中原百余年。因为不得民心的民族政策，导致农民起义频发，元朝统治日益被动摇。1368年，明朝大将徐达攻破元大都，元朝灭亡。

赵宋团建群（18）

宋太祖-赵匡胤

别人总说咱们老赵家军事力量薄弱，复盘了一圈，除了个别拖后腿的，咱们也不算差。

宋太宗-赵光义

可不嘛，咱们大宋从立国打到最后，300多年来就没消停过。大家都辛苦了。

宋太宗-赵光义

宋宁宗-赵扩

可不是嘛，太祖您北击契丹，南平后蜀、南汉、南唐。太宗也收吴越和北汉，还和辽国强强对抗，还得分心对付西夏。

宋真宗-赵恒

到我这儿，大辽倾国之兵来犯，我好不容易在寇准等人的帮助下顶住进攻，和辽国以战促和，完成了澶渊之盟。

赵宋团建群(18) …

宋仁宗-赵祯

到我这儿，西夏成了大患，南方还有依智高叛变。欣慰的是，咱们有忠臣良将，稳定了大宋边疆。

宋神宗-赵顼

我也不轻松啊，我派将领拓展西北一带领土，也开始对西夏进行战略进攻，湘西还有各种叛乱，我也不轻松。

宋哲宗-赵煦

是，我接过父亲的接力棒，继续对西夏和西北用兵，打开了战略优势的局面，获得了辉煌的军事胜利。

宋徽宗-赵佶

对辽、对金，我虽然输了，但我努力过了。

宋徽宗-赵佶

赵宋团建群(18)　…

宋高宗-赵构

我就难了，还得收拾老爸和哥哥的烂摊子，虽然难看了点，但也稳定住了边境。后续金国即便占据上风，也很难对我们有致命威胁。

宋理宗-赵昀

我最辉煌的就是同蒙古一起灭了金，还和蒙古“五五开”。

宋度宗-赵禥

我没啥可炫耀的，给大伙鼓掌！

宋度宗-赵禥

宋恭宗-赵㬎

你比我强，我才是没得炫耀，不过好歹也是战斗到最后一刻。

宋太祖-赵匡胤

好好好，我赵家儿郎都不差！你们有难处，也有功劳、苦劳，以后谁也不敢说我们老赵家是军事弱者了。

在两宋周边，既有风云一时的辽、金、西夏，还有后来不可一世的蒙古帝国。边疆安定，则内地安定。宋代的内部经济发展，离不开边境的稳定。当然，国与国的交往，除了铁与血的战争，也需要彼此和平的文化交流和经贸往来，这方才是稳定边境的根本之计。

六 宴会难办我来办

近期，宋朝美食家苏先生因为直播间互动人数较少，被全网群嘲，甚至上了热搜。为了一雪前耻，他准备举办一个网络茶话会，邀请各位宋朝知名大V参加，证明自己的社交实力。

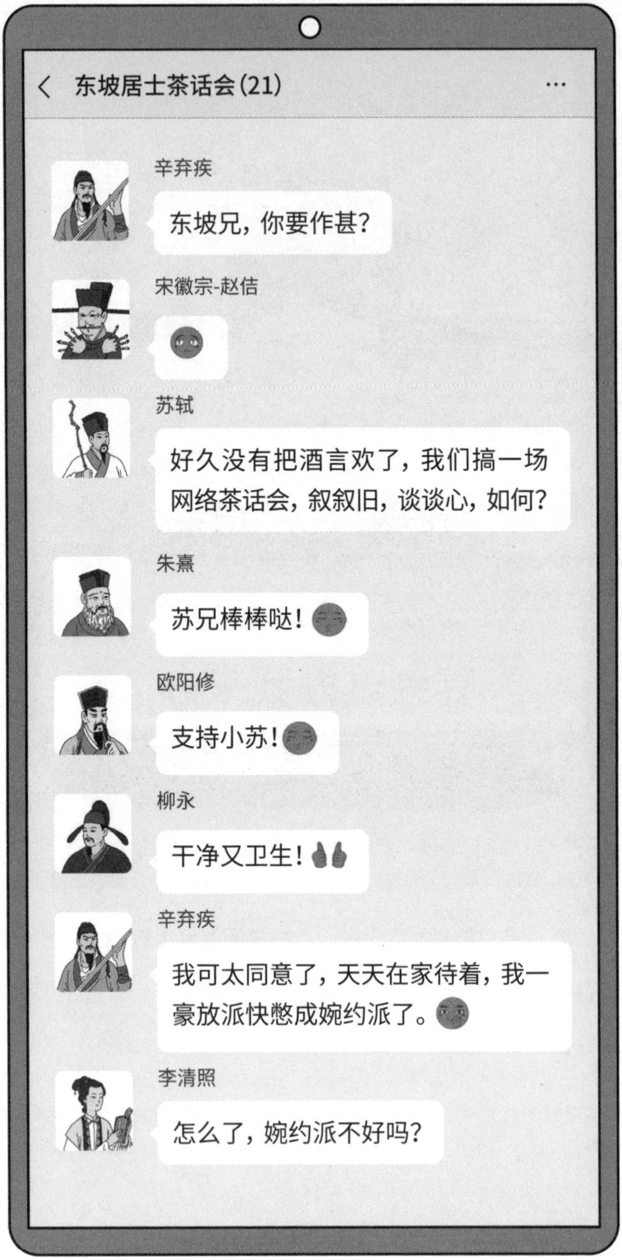
东坡居士茶话会(21)
辛弃疾
东坡兄，你要作甚？
宋徽宗-赵佶
苏轼
好久没有把酒言欢了，我们搞一场网络茶话会，叙叙旧，谈谈心，如何？
朱熹
苏兄棒棒哒！
欧阳修
支持小苏！
柳永
干净又卫生！
辛弃疾
我可太同意了，天天在家待着，我一豪放派快憋成婉约派了。
李清照
怎么了，婉约派不好吗？

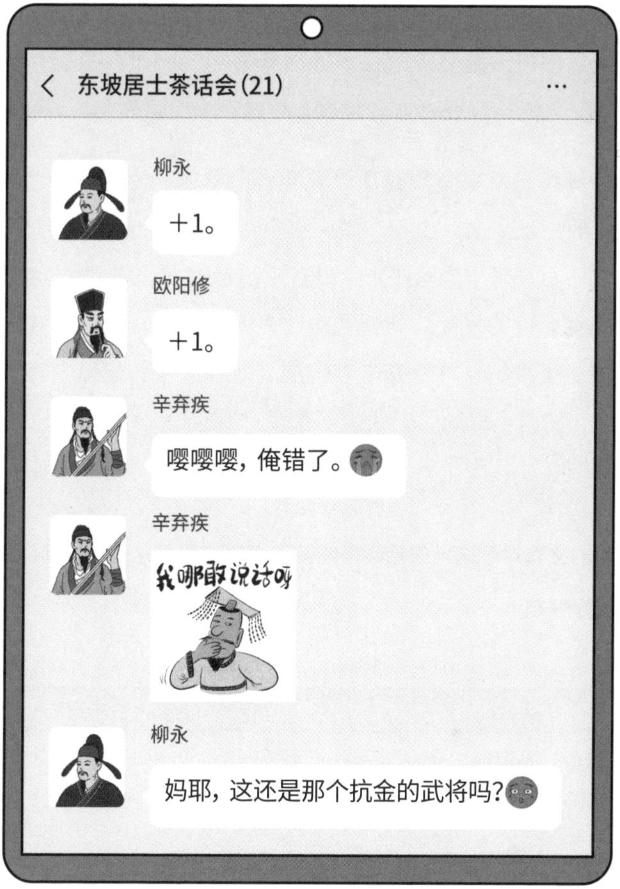

划重点

豪放派：宋词的主要流派，与婉约派相对。豪放派摒弃唐末五代以来温柔婉约的文风，用词遣句刚健有力，经常抒发人生之志和家国情怀。代表人物有苏轼、范仲淹、辛弃疾等。

婉约派：宋词的主要流派，与豪放派相对。婉约派继承了唐末五代以韦庄、温庭筠为代表的清新秀丽的文风，多描写生活随记和男女之情。代表人物有柳永、晏殊、李清照等人。

辛弃疾是文采斐然的豪放派词人，更是一位有拳拳之心的爱国者。他生于金国，少年逃离，回到南宋的怀抱，但回到南宋后，宋高宗一心只想与金国议和，没有重用辛弃疾。到了宋孝宗时期，因为隆兴北伐的失败，朝廷也对收复中原失去了耐心。直到1207年开禧北伐，朝廷才招募辛弃疾加入北伐队伍，但是辛弃疾年事已高，无法再上战场，因此郁郁寡欢，后抱恨而终。

宋朝的文青对于这场茶话会是期待满满啊，但是总有一些调皮捣蛋的家伙破坏美好气氛。

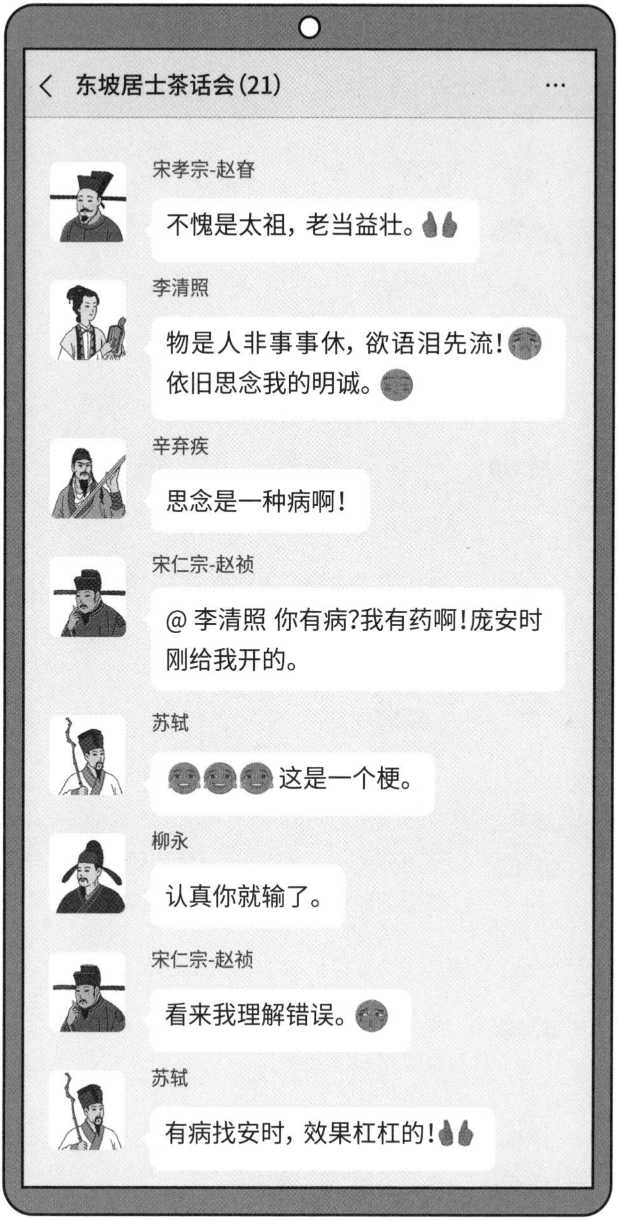
东坡居士茶话会(21)
宋孝宗-赵昚
不愧是太祖，老当益壮。
李清照
物是人非事事休，欲语泪先流！
依旧思念我的明诚。
辛弃疾
思念是一种病啊！
宋仁宗-赵祯
@李清照 你有病?我有药啊!庞安时刚给我开的。
苏轼
这是一个梗。
柳永
认真你就输了。
宋仁宗-赵祯
看来我理解错误。
苏轼
有病找安时，效果杠杠的！

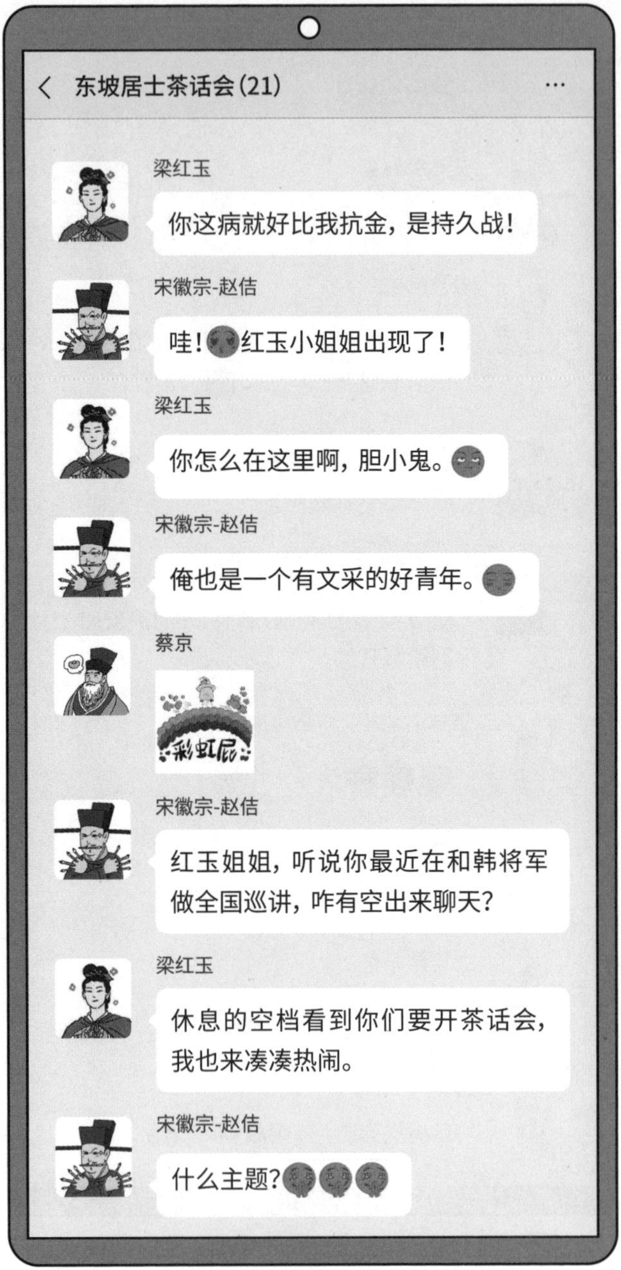
东坡居士茶话会(21)
梁红玉
你这病就好比我抗金，是持久战！
宋徽宗-赵佶
哇！红玉小姐姐出现了！
梁红玉
你怎么在这里啊，胆小鬼。
宋徽宗-赵佶
俺也是一个有文采的好青年。
蔡京
彩虹屁
宋徽宗-赵佶
红玉姐姐，听说你最近在和韩将军做全国巡讲，咋有空出来聊天？
梁红玉
休息的空档看到你们要开茶话会，我也来凑凑热闹。
宋徽宗-赵佶
什么主题？

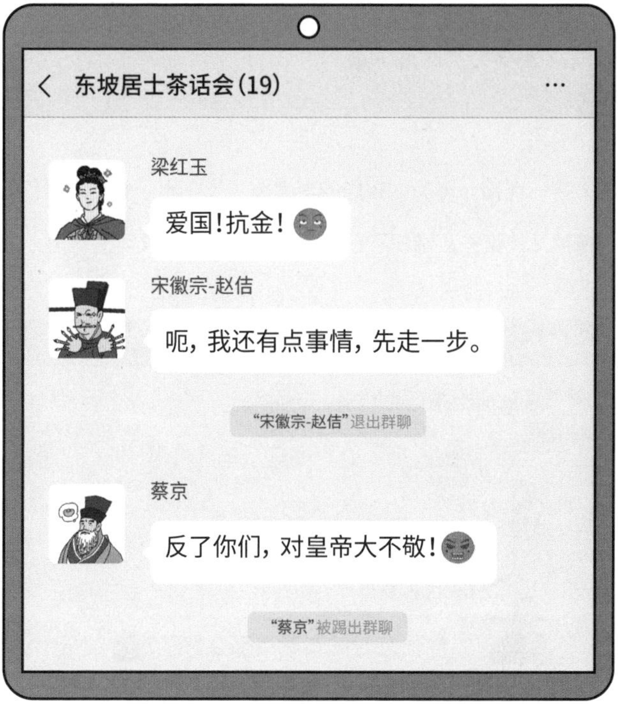

划重点

庞安时：北宋名医，对医学的贡献主要在于对伤寒病和温病的研究，继承并发展了张仲景的《伤寒杂病论》，撰成《伤寒总病论》6卷。他的医术被世人所赞许，被誉为“北宋医王”。

梁红玉：南宋抗金女英雄，韩世忠之妻，颇有胆略。苗傅叛乱时，她一夜奔驰数百里向韩世忠报告消息，助韩世忠立下大功，因此功绩被封为安国夫人和护国夫人。在黄天荡战役中，她亲自擂鼓助威，宋军士气因此大振。

群聊人物一环扣一环啊，相思的李清照“炸”出了女英雄梁红玉。梁红玉的爱国精神又使某些人惭愧不已，宋代名家们活泼又可爱。

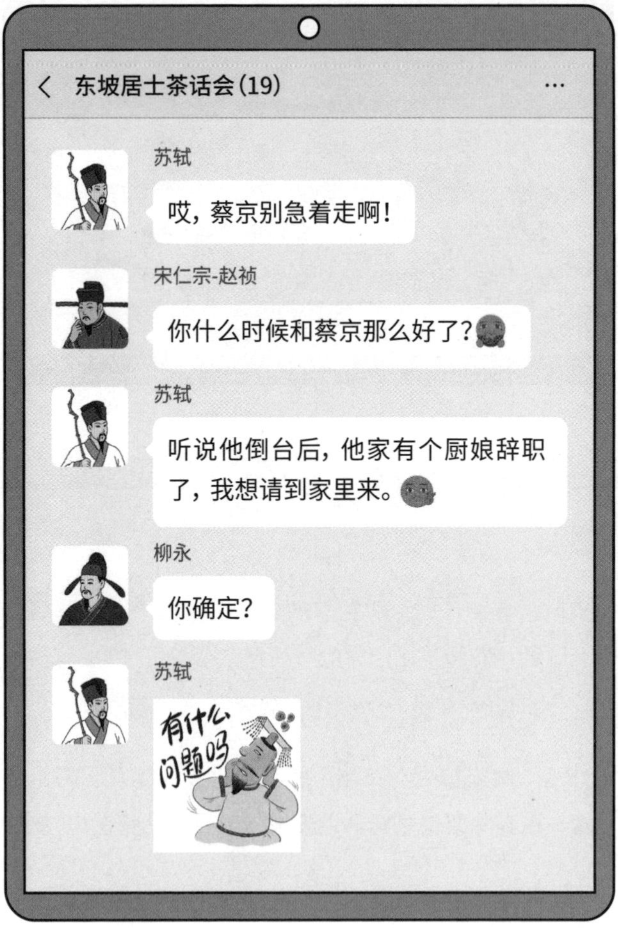

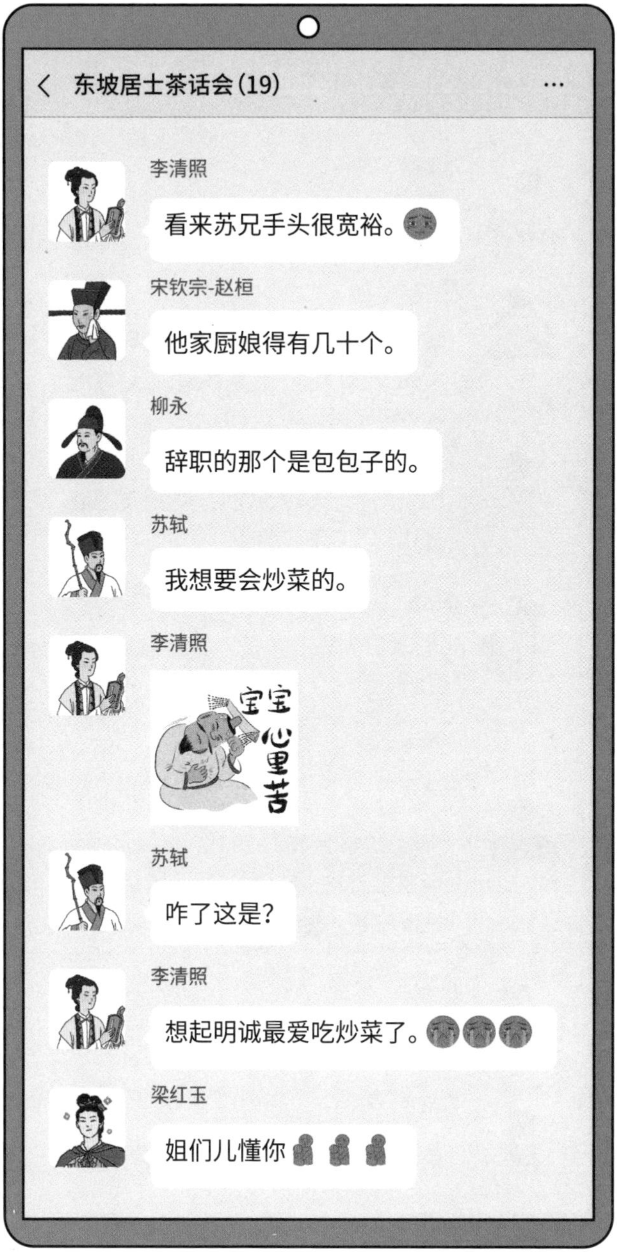
东坡居士茶话会(19)
李清照
看来苏兄手头很宽裕。
宋钦宗-赵桓
他家厨娘得有几十个。
柳永
辞职的那个是包包子的。
苏轼
我想要会炒菜的。
李清照
宝宝心里苦
苏轼
咋了这是?
李清照
想起明诚最爱吃炒菜了。
梁红玉
姐们儿懂你

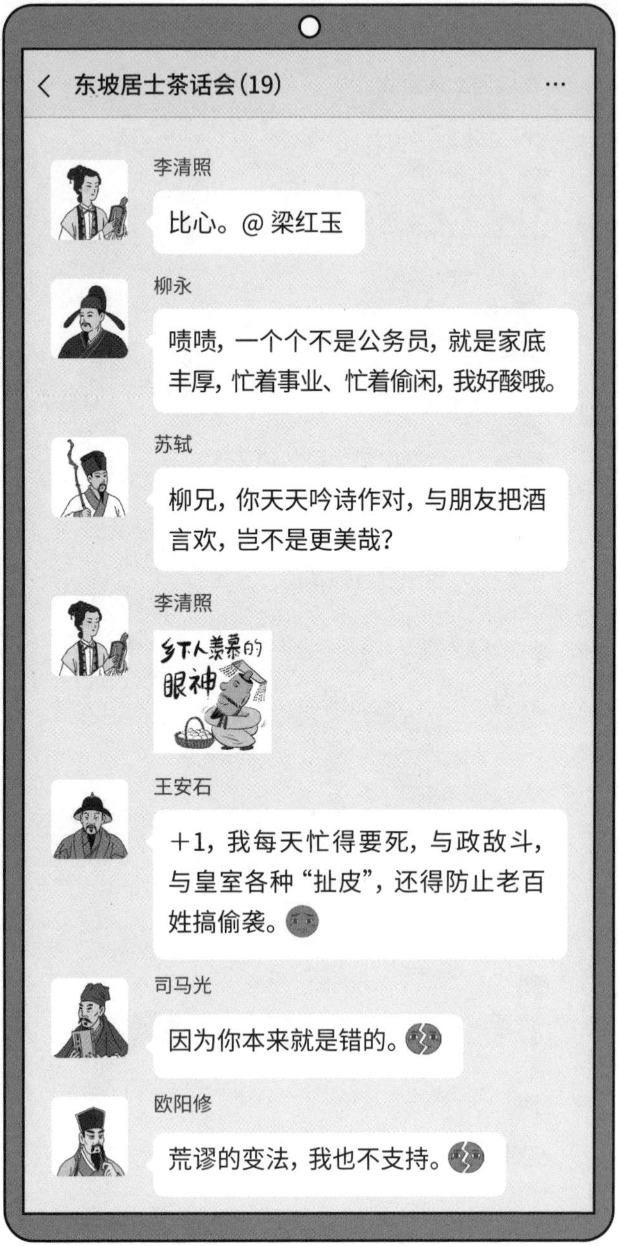

东坡居士茶话会(19)
李清照
比心。@ 梁红玉
柳永
啧啧，一个个不是公务员，就是家底丰厚，忙着事业、忙着偷闲，我好酸哦。
苏轼
柳兄，你天天吟诗作对，与朋友把酒言欢，岂不是更美哉？
李清照
乡下人羡慕的眼神
王安石
+1，我每天忙得要死，与政敌斗，与皇室各种“扯皮”，还得防止老百姓搞偷袭。
司马光
因为你本来就是错的。
欧阳修
荒谬的变法，我也不支持。

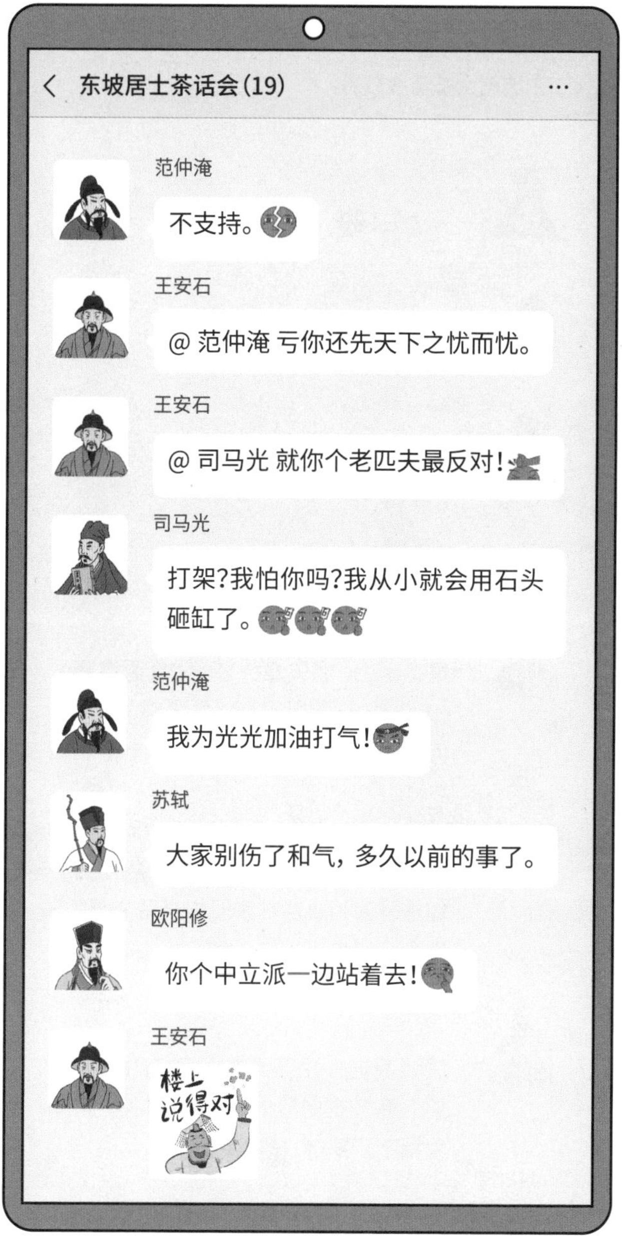
东坡居士茶话会(19)
范仲淹
不支持。
王安石
@范仲淹 亏你还先天下之忧而忧。
王安石
@司马光 就你个老匹夫最反对！
司马光
打架?我怕你吗?我从小就会用石头砸缸了。
范仲淹
我为光光加油打气！
苏轼
大家别伤了和气，多久以前的事了。
欧阳修
你个中立派一边站着去！
王安石
楼上说得对

东坡居士茶话会(19)
司马光
一边去！
范仲淹
一边去！
苏轼
我哪敢说话呀
柳永
黄金榜上，偶失龙头望。明代暂遗贤，如何向？未遂风云便，争不恣狂荡？何须论得丧。
王安石
好你个“奉旨填词柳三变”，但凡你注意言行，也不会惹得皇帝生气，连个名次也不给你。
柳永
原谅我这一生不羁放纵爱自由，兄弟们多多支持我的《乐章集》哦，家里揭不开锅啦！

划重点

《问奇类林》中记载：蔡京家厨房里有数百人干活，光是厨师就有十五人之多。并且，宋朝流行以女性为厨师，她们被称作“宋代厨娘”。厨娘们有各自的分工，一道菜可能要经手十几位厨娘才可制作完成。《江行杂录》中记载：曾有一位太守想雇佣手艺精湛且外貌不错的厨娘，但因价格昂贵，只好含泪放弃。

宋代之前，人们一直以蒸、煮、炸等方式做菜。炒菜是从宋代开始普及的，并且延续到现在。另外，宋朝之前，人们吃饭都是盘腿坐到地上，身前有一张食案，桌上放着食物，大家分餐而食。在宋代，桌椅和凳子逐渐普及开来，上至达官贵人，下至平民百姓都在用。也就是这个时候，大家慢慢开始在一张桌上吃饭了，合餐制也逐渐流行起来。

柳永曾因科举落榜而赋诗一首，正巧此诗被当时的皇帝宋仁宗看到了，便对身边人说：“不想当官就不要再来考试了。”仁宗的一句话，断送了柳永一生的仕途。从此，他便整日流连于烟花之地，卖词喝酒。

自古文人感情充沛，苏轼想吃遍天下美食，李清照思念亡夫赵明诚，两大文青惺惺相惜。而群中才子佳人们的成功，惹得柳大才子心里酸溜溜的，这又何必呢?

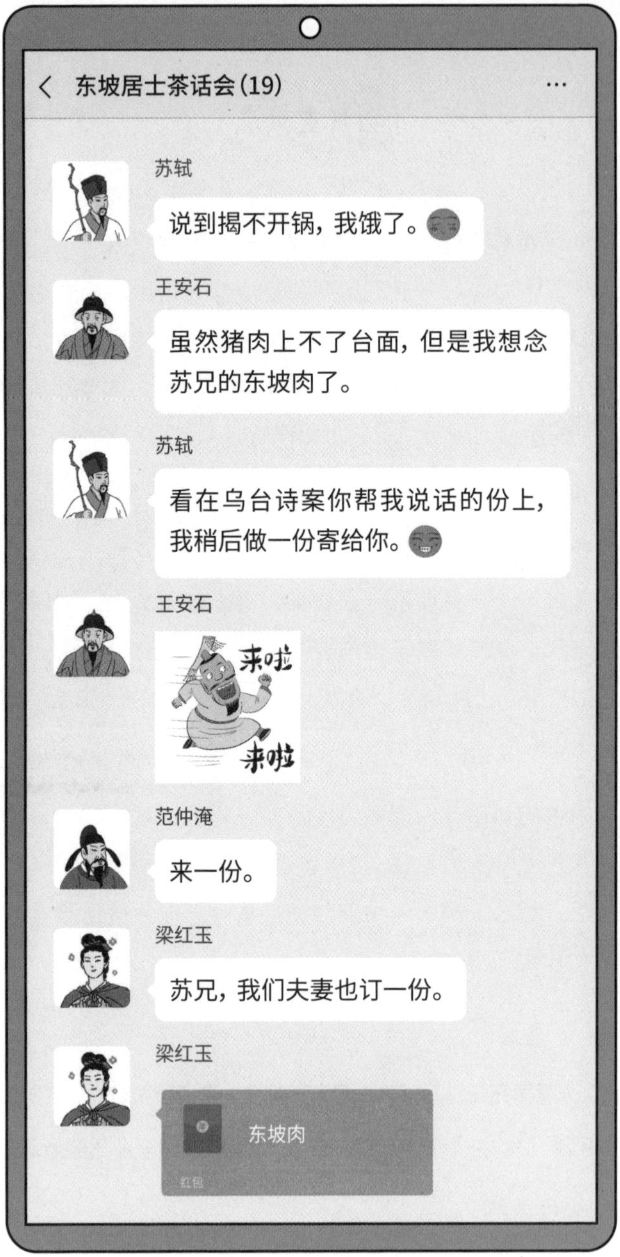
东坡居士茶话会(19)
苏轼
说到揭不开锅，我饿了。
王安石
虽然猪肉上不了台面，但是我想念苏兄的东坡肉了。
苏轼
看在乌台诗案你帮我说话的份上，我稍后做一份寄给你。
王安石
来啦
来啦
范仲淹
来一份。
梁红玉
苏兄，我们夫妻也订一份。
梁红玉
东坡肉
红包

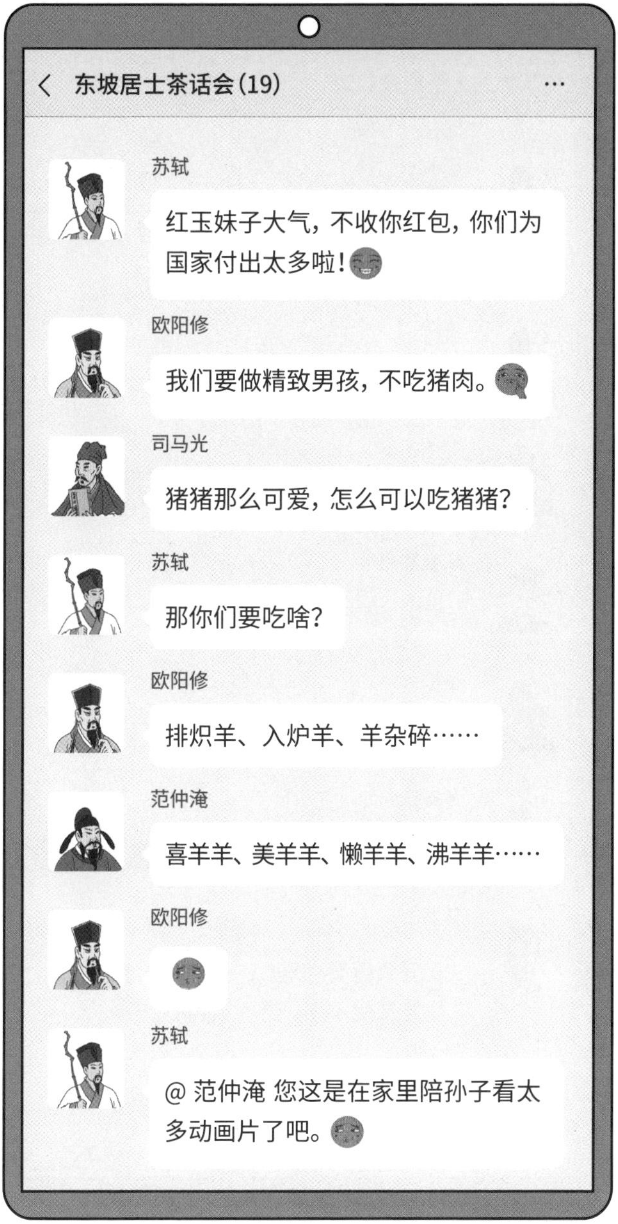
东坡居士茶话会(19)
苏轼
红玉妹子大气，不收你红包，你们为国家付出太多啦！
欧阳修
我们要做精致男孩，不吃猪肉。
司马光
猪猪那么可爱，怎么可以吃猪猪？
苏轼
那你们要吃啥？
欧阳修
排炽羊、入炉羊、羊杂碎……
范仲淹
喜羊羊、美羊羊、懒羊羊、沸羊羊……
欧阳修
苏轼
@范仲淹 您这是在家里陪孙子看太多动画片了吧。

东坡居士茶话会(19)
柳永
我还不够惨吗?都说揭不开锅了，你们竟然谈美食?
苏轼
你想吃啥?我为你送温暖。
柳永
我最近身体不大好，需要补一补。
宋度宗-赵禥
咋啦?要不要宣太医给你瞧瞧?
柳永
许久不吃荤腥，馋的，想来点羊肉。
王安石
大兄弟，这样不合适吧?
苏轼
王兄说得有道理，许久不吃荤腥，怕是肠胃受不了，给你熬点粥。
柳永
OK，清粥配酸馅。

划重点

乌台诗案：元丰二年（1079年），苏轼由徐州调任到湖州做知州，他在谢表中说："陛下知其愚不适时，难以追陪新进；察其老不生事，或能牧养小民。"何正臣等人借题发挥，称苏轼的言论有暗讽朝廷的地方，建议朝廷查办。当时神宗全力支持王安石变法，不能容忍反对变法的行为，于是下令有司认真查办。在此期间，政敌们大肆编造文字狱，曲解苏轼的各种诗词，还严刑拷打逼迫苏轼招供，史称"乌台诗案"。

猪肉在宋朝属于"贵者不肯吃，贫者不解煮"的一类食物。中国传统的六畜，包括马、牛、羊、鸡、犬、豕。豕就是猪，可以看出，猪在六畜中的地位最低，远远不及牛和羊。所以，形容美食的字，如膳、馐、羹、馔等，大多数与羊有关。直到苏轼在被贬期间开发出"东坡肉"，并着重介绍这道美食，吃猪肉才普及开来。

粥在宋代是一种常见的主食。粥比起米饭而言，更加省粮食，能保证填饱肚子。宋人还发现了喝粥的养生功效，据张耒在《粥记赠邠老》中记载：妙齐和尚曾说每天喝粥很重要，若一天不喝就会觉得腹中干燥，所以喝粥可以舒畅胃气，生津止渴。

羊肉被宋人视为贵重食物，许多书籍中都称赞其性甘平，驱寒益气，是食补的佳品。此外，羊身上的其他部位也被宋人用来食补。因此在宋代，上至皇室宗亲，下至平民百姓，都非常喜欢吃羊肉。羊肉的食用在《东京梦华录》《梦粱录》等书中均有记载，其中记载的烹饪方式很丰富，包括了煎、炒、烹、炸等方式，可见宋朝人对羊肉的喜爱。

酸馅：指的是以蔬菜为馅料的包子，宋朝时出现，元朝时流行起来。

聊完美食，再聊聊宋朝的饮料文化。

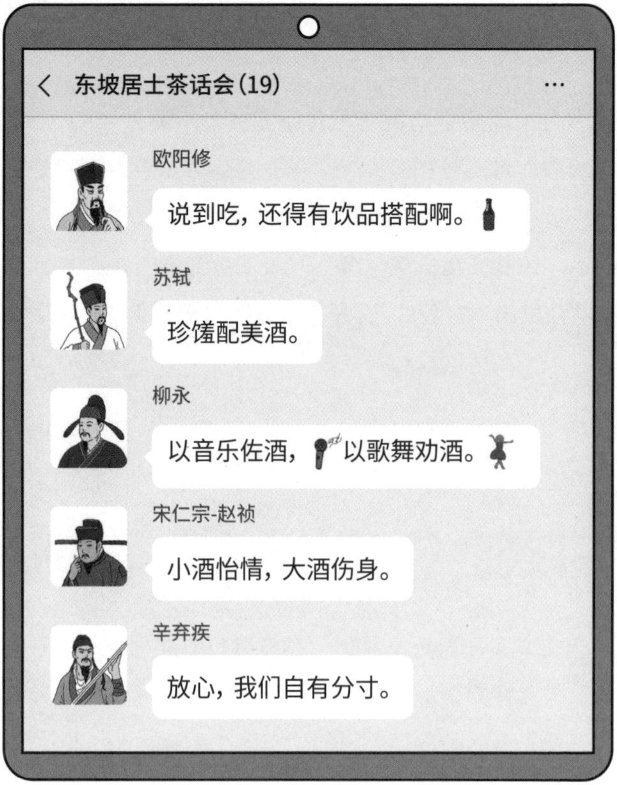

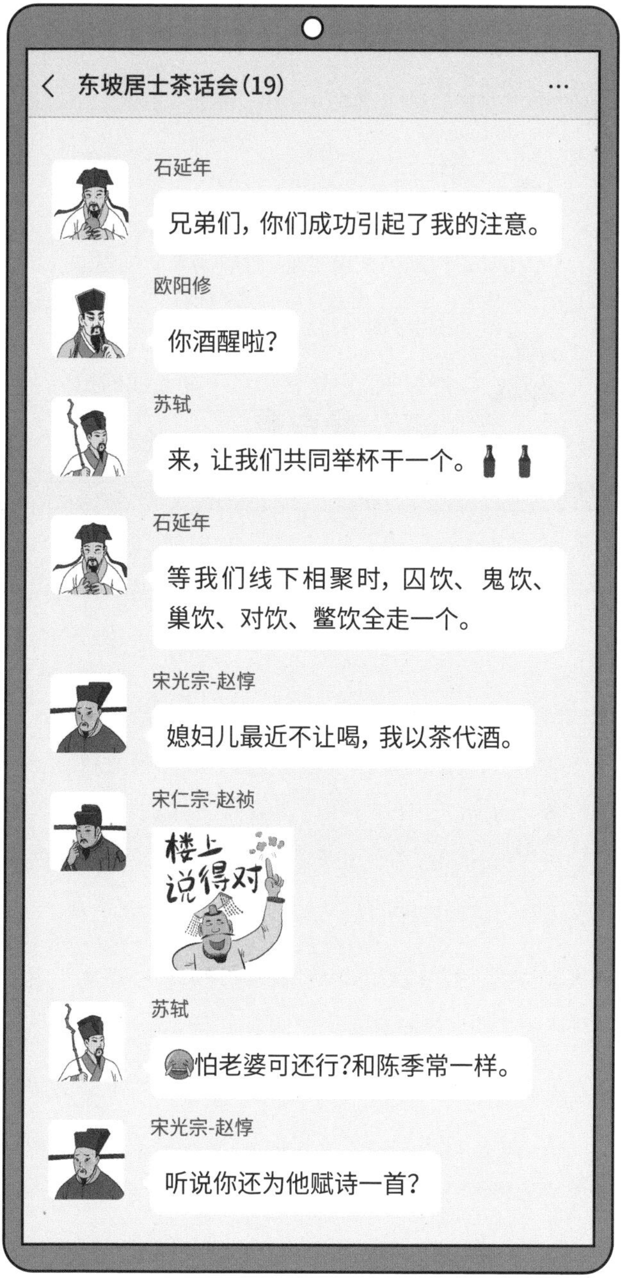
东坡居士茶话会(19)
石延年
兄弟们，你们成功引起了我的注意。
欧阳修
你酒醒啦？
苏轼
来，让我们共同举杯干一个。
石延年
等我们线下相聚时，囚饮、鬼饮、巢饮、对饮、鳖饮全走一个。
宋光宗-赵惇
媳妇儿最近不让喝，我以茶代酒。
宋仁宗-赵祯
楼上说得对
苏轼
怕老婆可还行？和陈季常一样。
宋光宗-赵惇
听说你还为他赋诗一首？

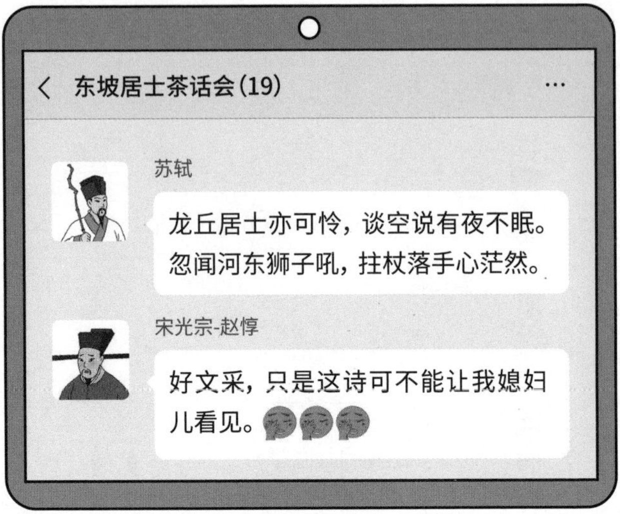

东坡居士茶话会(19)
苏轼
龙丘居士亦可怜，谈空说有夜不眠。忽闻河东狮子吼，拄杖落手心茫然。
宋光宗-赵惇
好文采，只是这诗可不能让我媳妇儿看见。

划重点

宋代的饮品种类很多，常见的有酒、茶、汤和乳酪。酒和茶都有着悠久历史，是很常见的饮品，在民间都很流行。汤并不是今天用餐时喝的汤，而是一种用药物配制而成的饮品，种类繁多，有类似功能性的药物凉茶，也有纯蔬果熬制的果茶。乳酪则是以牛乳、羊乳等为原料制成的奶制品。

讲究美学至上的宋人，非常重视饮酒环境，有山、有水、有音乐、有舞蹈等雅致因素都是酒徒们极力追求的。

石延年：北宋初年著名文学家和书法家，为人豪放旷达，不拘小节，喜饮酒。沈括的《梦溪笔谈》，张舜民的《画墁录》中均对石延年喜饮酒有所记载。而且石延年不光单纯喝酒，还将喝酒喝出花样来，《画墁录》云：“石曼卿（延年）辈饮酒，有名曰鬼饮、了饮、囚饮、鳖饮、鹤饮。”

河东狮吼：苏东坡和陈季常是好朋友。陈季常的夫人很凶悍，每次在宴会上有歌女助兴，她就会大吵大闹，认为自己不受重视，搞得惧内的陈季常后来再也不敢让其他异性来他的宴会上了。苏轼写了一首诗取笑他：“龙丘居士也可怜，谈空说有夜不眠。忽闻河东狮子吼，拄杖落手心茫然。”后人提炼出成语“河东狮吼”，形容妻子对丈夫大吵大闹（特指丈夫惧内）。

除了酒，饮茶也是宋朝人生活中不可或缺的一件事，这时群里还混进一位不速之客，昵称“天下第一人”……

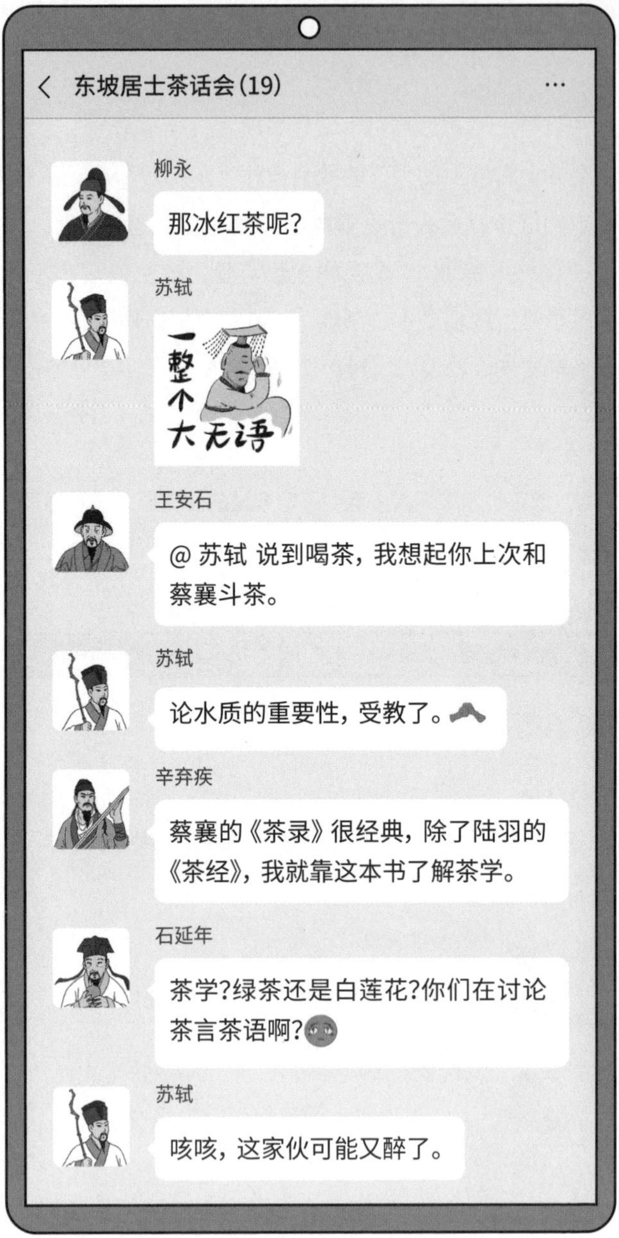
东坡居士茶话会(19)
柳永
那冰红茶呢？
苏轼
一整个大无语
王安石
@ 苏轼 说到喝茶，我想起你上次和蔡襄斗茶。
苏轼
论水质的重要性，受教了。
辛弃疾
蔡襄的《茶录》很经典，除了陆羽的《茶经》，我就靠这本书了解茶学。
石延年
茶学？绿茶还是白莲花？你们在讨论茶言茶语啊？
苏轼
咳咳，这家伙可能又醉了。

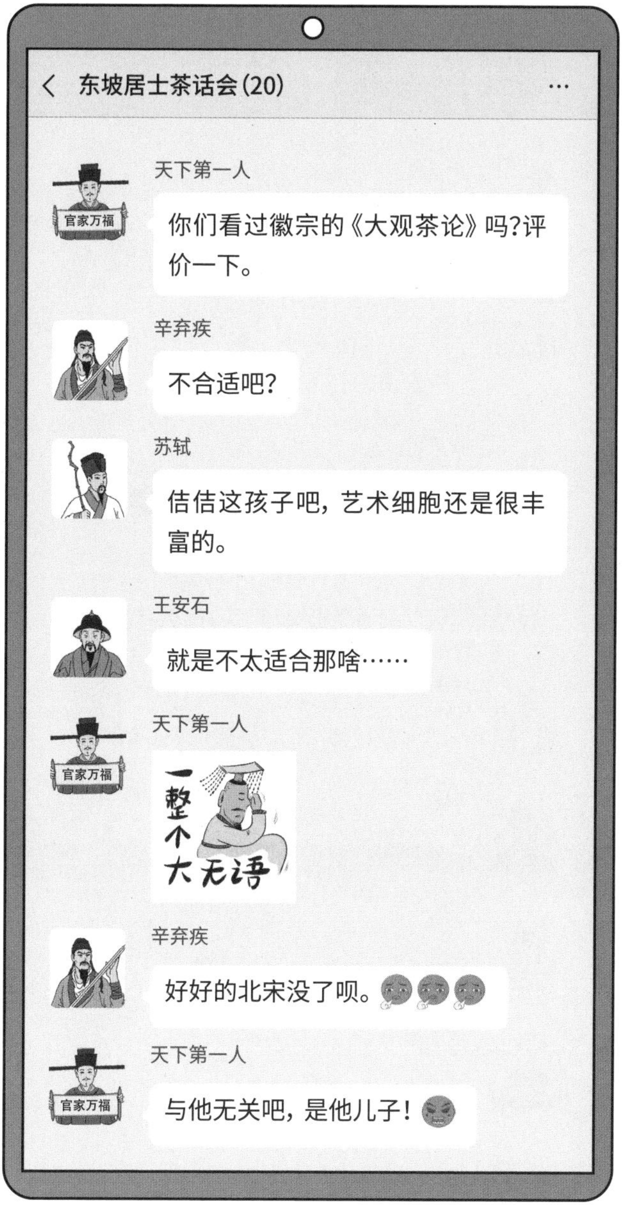
东坡居士茶话会(20)
天下第一人
官家万福
你们看过徽宗的《大观茶论》吗?评价一下。
辛弃疾
不合适吧?
苏轼
佶佶这孩子吧，艺术细胞还是很丰富的。
王安石
就是不太适合那啥……
天下第一人
官家万福
一整个大无语
辛弃疾
好好的北宋没了呗。
天下第一人
官家万福
与他无关吧，是他儿子!

东坡居士茶话会（20）
李清照
没有责任心的渣男！
天下第一人
官家万福
推荐你们看他在《勇往直前的大宋》中表演的七汤点茶法。
李清照
这节目我看啦，是不错！
李清照
可以说演绎出《大观茶论》的精髓了。
辛弃疾
那乳饽状如小山，确实漂亮。
柳永
他那天打扮得也很帅啊！
苏轼
簪花斗茶，美哉美哉！
天下第一人
官家万福
嘿嘿，大宋第一美男子。

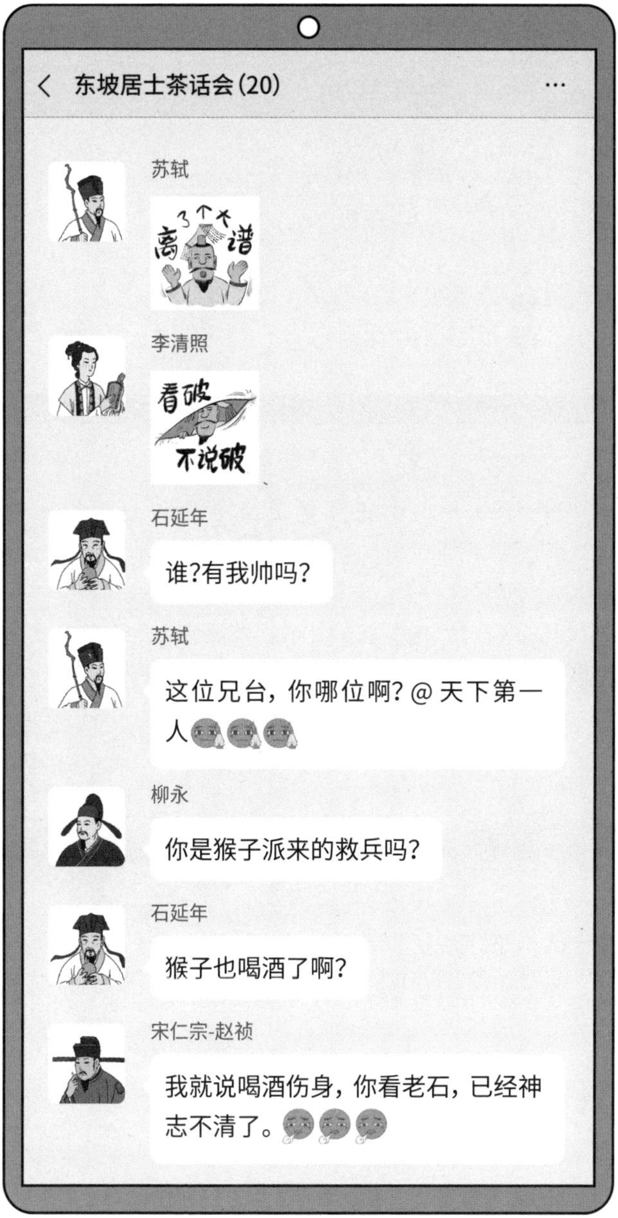
东坡居士茶话会(20)
苏轼
离了个大谱
李清照
看破
不说破
石延年
谁?有我帅吗?
苏轼
这位兄台，你哪位啊? @ 天下第一人
柳永
你是猴子派来的救兵吗?
石延年
猴子也喝酒了啊?
宋仁宗-赵祯
我就说喝酒伤身，你看老石，已经神志不清了。

划重点

宋代几乎人人都在喝茶，上至宫廷贵族，下至街坊百姓，不喝茶你就过时啦！福建建溪的贡品龙团凤饼在当时名冠天下，江西婺源的茶也被人津津乐道。宋徽宗赵佶还提倡饮茶前应该沐浴、更衣、熏香，这样才能配得上此等雅事。

斗茶：唐宋时期文人、贵族之间以茶道为主题的竞赛活动。斗茶包括斗茶品、斗茶令、茶百戏等。斗茶看重的是茶人的审美，包括沏茶、泡茶、饮茶等环节，无不显示着茶人对茶道美学的独特理解，爱美的宋朝人怎么能放过这件雅事呢?在宋朝，斗茶被认为是“盛世之清尚”，备受文人推崇。随着中原王朝与少数民族文化交流的日益频繁，斗茶的风潮甚至都刮到了北方的辽金两国。

《茶录》：古代中国饮茶论著之一，作者是北宋的蔡襄。他根据前人陆羽的《茶经》和宋代茶学理论的新发展，写出了《茶录》。全书分为两篇。上篇论茶，主要划分为三个部分：茶叶的品质评鉴、茶叶的储存方法、饮茶流程。下篇论茶器，盘点了宋代常见的各种饮茶器具，并一一进行了详细地点评。作者仅用一千多字，就言简意赅地将宋朝茶文化概括在这一本书中。

《大观茶论》：宋徽宗赵佶亲自编写的关于茶的论著。宋徽宗本人有极高的文化素养，在艺术方面有很高的成就，对茶道的理解更是非同凡响。宋徽宗品茶无数，经常亲自沏茶，于是他将这些经验汇总成书，并提出一些独到见解与精辟点评。《大观茶论》成为研究宋朝茶文化的珍贵资料。

开门七件事，柴米油盐酱醋茶，可见茶在我们日常生活中的重要性。

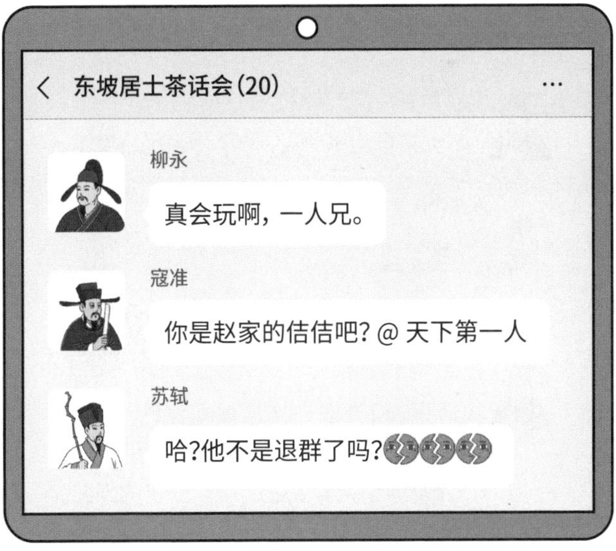

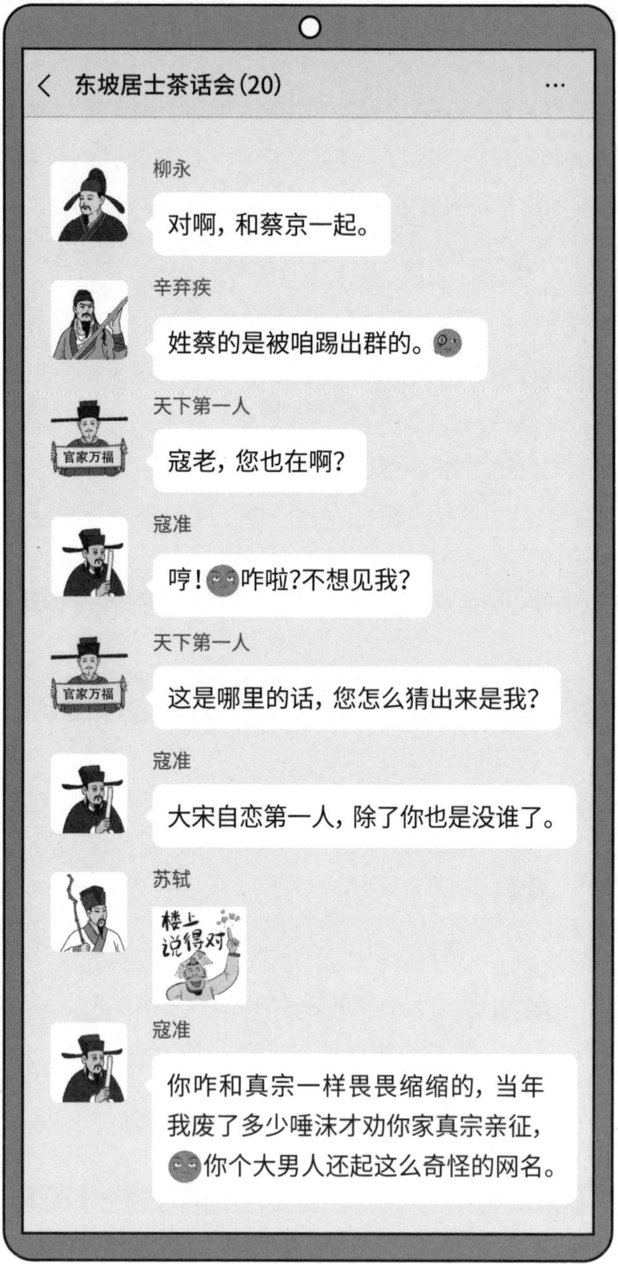
东坡居士茶话会(20)
柳永
对啊，和蔡京一起。
辛弃疾
姓蔡的是被咱踢出群的。
天下第一人
官家万福
寇老，您也在啊？
寇准
哼！咋啦？不想见我？
天下第一人
官家万福
这是哪里的话，您怎么猜出来是我？
寇准
大宋自恋第一人，除了你也是没谁了。
苏轼
楼上说得对
寇准
你咋和真宗一样畏畏缩缩的，当年我废了多少唾沫才劝你家真宗亲征，你个大男人还起这么奇怪的网名。

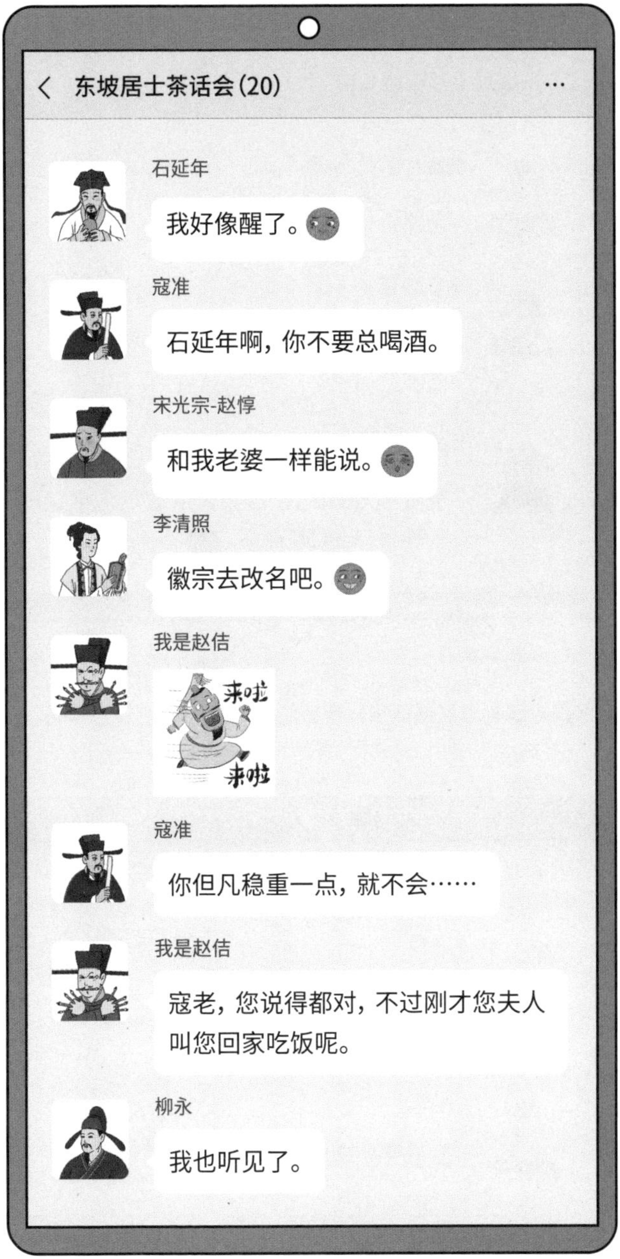
东坡居士茶话会(20)
石延年
我好像醒了。
寇准
石延年啊，你不要总喝酒。
宋光宗-赵惇
和我老婆一样能说。
李清照
徽宗去改名吧。
我是赵佶
来啦
来啦
寇准
你但凡稳重一点，就不会……
我是赵佶
寇老，您说得都对，不过刚才您夫人叫您回家吃饭呢。
柳永
我也听见了。

尽职尽责的寇老虽然退休了，但絮叨的本领不逊色于当年啊。

东坡居士茶话会(20)

我是赵佶

我也想学习一下。

李清照

咱俩私聊。@我是赵佶

苏轼

哎哎哎，大伙别忘了来我店铺捧场哦。

苏轼

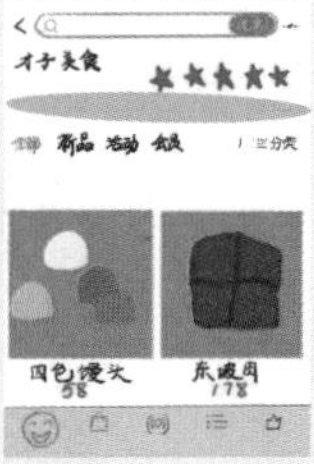

辛弃疾

都是爆款小吃呢！

欧阳修

有我最爱的四色馒头呢！

司马光

你一个宋朝大名人做生意？

东坡居士茶话会(20)
范仲淹
你要实在无聊，不如种种地。
苏轼
这都啥年代了，还重农抑商。
苏轼
我凭手艺赚钱，有什么好歧视的？
李清照
彩虹屁
寇准
就这一会儿不看手机，你们又出事了，唉，真是让我操心。做生意怎么了？我这个老人家都不觉得有什么，你们……
范仲淹
我要饿死啦，先去吃饭，886！
寇准
哎，范范，你怎么走了？我还没说完。

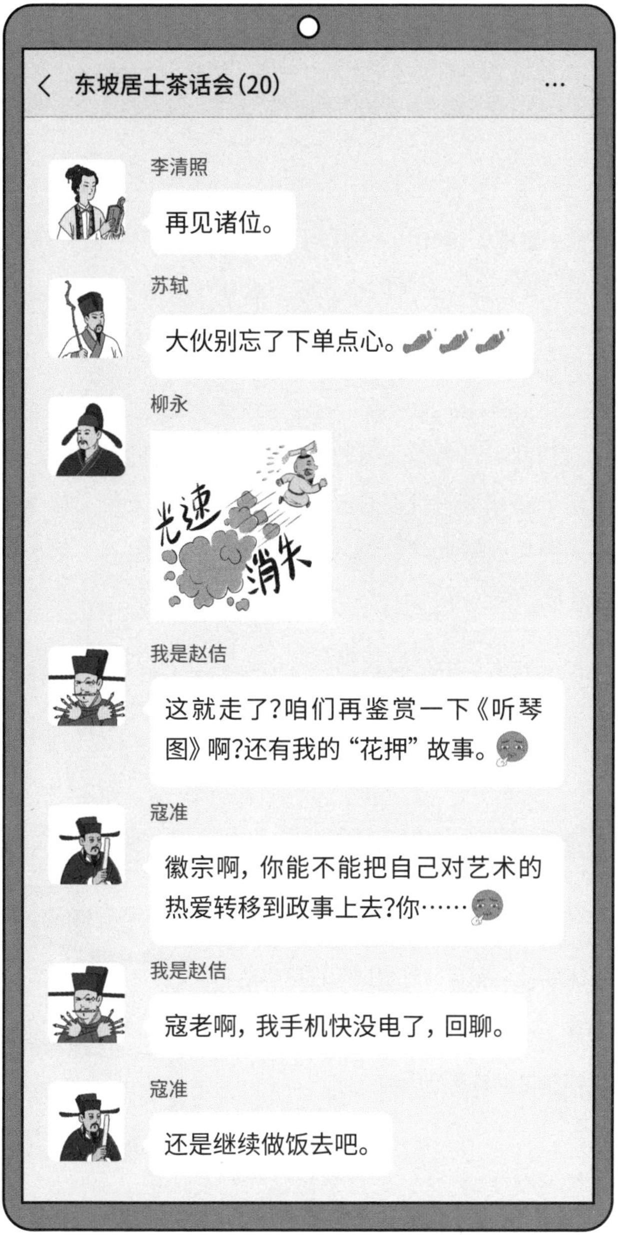
东坡居士茶话会(20)
李清照
再见诸位。
苏轼
大伙别忘了下单点心。
柳永
光速消失
我是赵佶
这就走了?咱们再鉴赏一下《听琴图》啊?还有我的“花押”故事。
寇准
徽宗啊,你能不能把自己对艺术的热爱转移到政事上去?你……
我是赵佶
寇老啊,我手机快没电了,回聊。
寇准
还是继续做饭去吧。

划重点

点心：出现于唐代，至南宋时，这一词的使用已比较常见。《梦粱录》中记载，士子在贡院中，除了卖餐食茶水外，还会售卖点心。送亲朋好友点心也是时髦的做法。宋朝市民生活丰富，点心的种类也渐渐增多。

重农抑商：顾名思义就是重视农业，抑制商业发展。这个思想政策源于春秋战国时期，哪怕在经济繁荣的宋代，该思想也存在着，人们都以做生意为耻。这种思想客观上阻碍了宋代商业的进一步发展。

花押：兴盛于宋，又称作押字、画押，就好似现代人的昵称、签名一样。

宋朝社会安定，经济文明程度也达到了高峰，所以上至皇家、文武百官，下至百姓都在追求着高品质的生活。

宋朝灿烂的文化缔造出许多精美的物品，它们凝结着一个时代的印记，是前人留给我们珍贵的精神财富。今天我们就通过研究宋代的文物古迹，探索宋朝的灿烂成就和对世界文明的重大贡献。

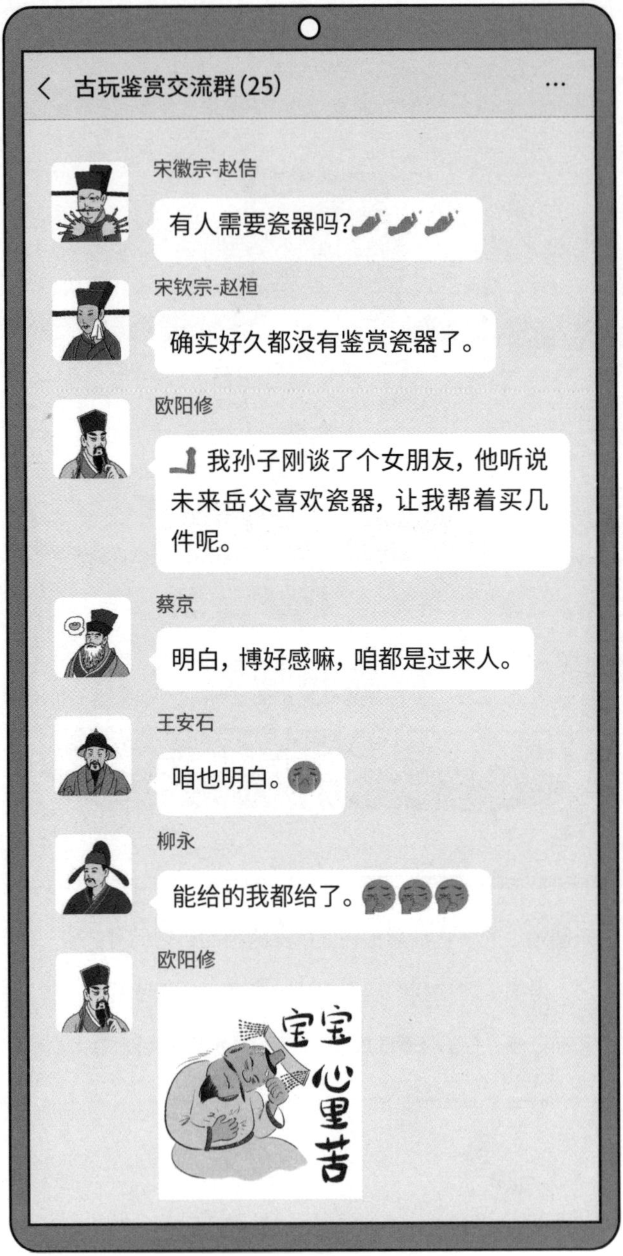
古玩鉴赏交流群(25)
宋徽宗-赵佶
有人需要瓷器吗？
宋钦宗-赵桓
确实好久都没有鉴赏瓷器了。
欧阳修
我孙子刚谈了个女朋友，他听说未来岳父喜欢瓷器，让我帮着买几件呢。
蔡京
明白，博好感嘛，咱都是过来人。
王安石
咱也明白。
柳永
能给的我都给了。
欧阳修
宝宝心里苦

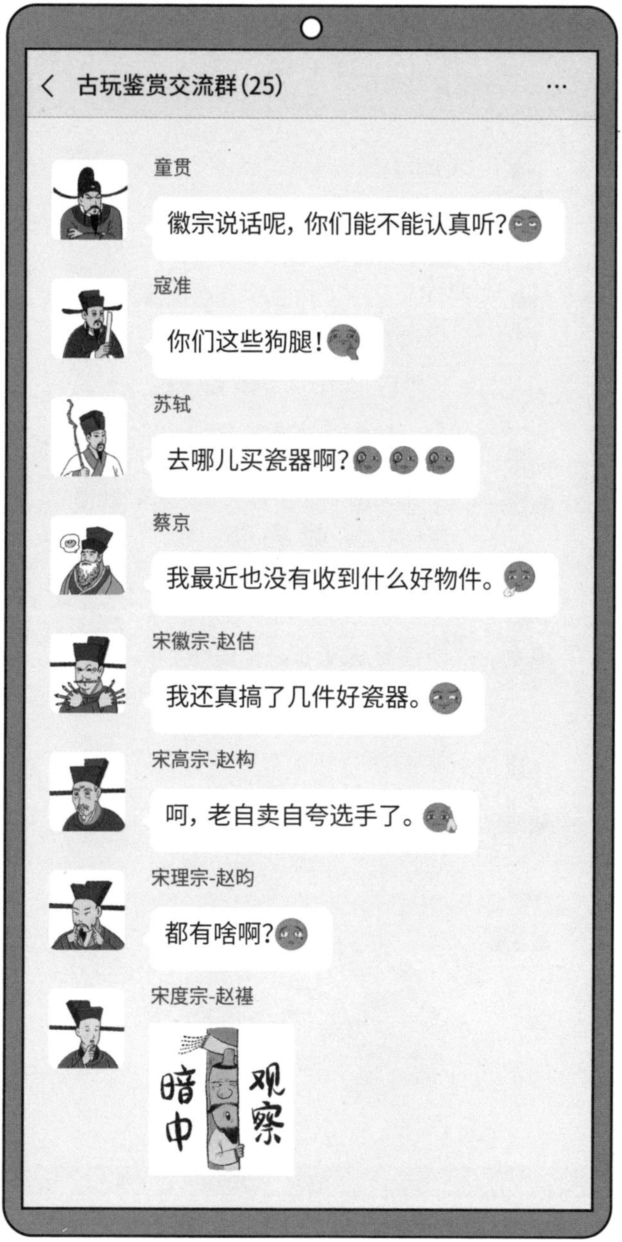
古玩鉴赏交流群(25)
童贯
徽宗说话呢，你们能不能认真听？
寇准
你们这些狗腿！
苏轼
去哪儿买瓷器啊？
蔡京
我最近也没有收到什么好物件。
宋徽宗-赵佶
我还真搞了几件好瓷器。
宋高宗-赵构
呵，老自卖自夸选手了。
宋理宗-赵昀
都有啥啊？
宋度宗-赵禥
暗中观察

古玩鉴赏交流群(25)
宋徽宗-赵佶
唐三彩，激动不？
苏轼
@蔡京 你主子换爱好了？咋开始喜欢唐代的物件了？
蔡京
@宋徽宗-赵佶 昨天您还和我吐槽唐代审美。
蔡京
@童贯 最近都是你伺候主子，这么重要的信息没同步一下？
宋钦宗-赵桓
看来他想独享恩宠。
宋高宗-赵构
这双眼看透太多了

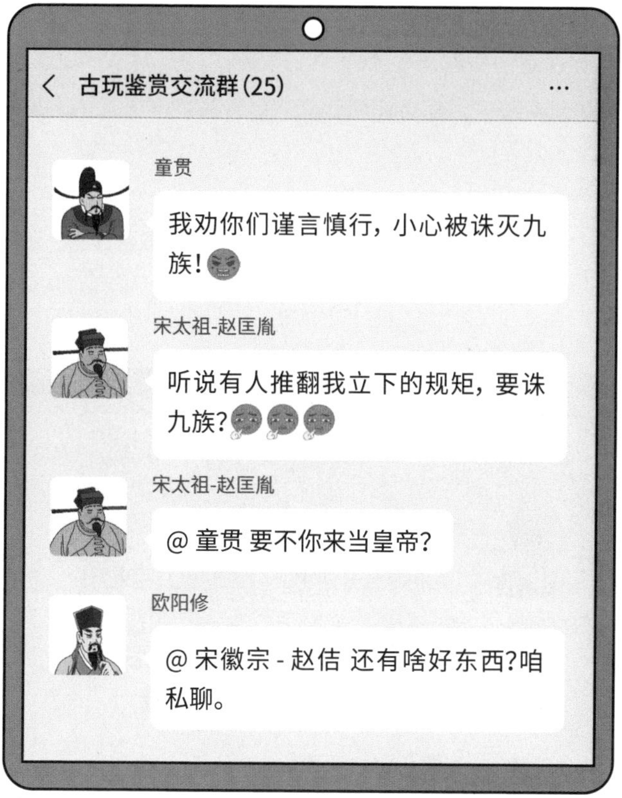

划重点

童贯：北宋徽宗时期的宦官，官至河北河东巡抚使，相当于北宋时整个北方的头号军政大员。在他任职期间，宋金达成盟约，金归还燕州等几个州给北宋。按照宋朝祖训，谁能收复燕云十六州，就可封王。童贯带兵解决了这个问题，是首个被封为王的宦官。

宋朝是历史上杀士人较少的王朝之一，主要原因是宋太祖赵匡胤明确规定，后嗣皇帝不得杀士大夫，并密刻了一块誓碑。以后只要是新帝即位，都会诵读此碑，以告诫自己要善待臣子士人。

有人的地方就有爱凑热闹的宋徽宗，他不仅喜欢收藏珍品，还热衷为大家科普。

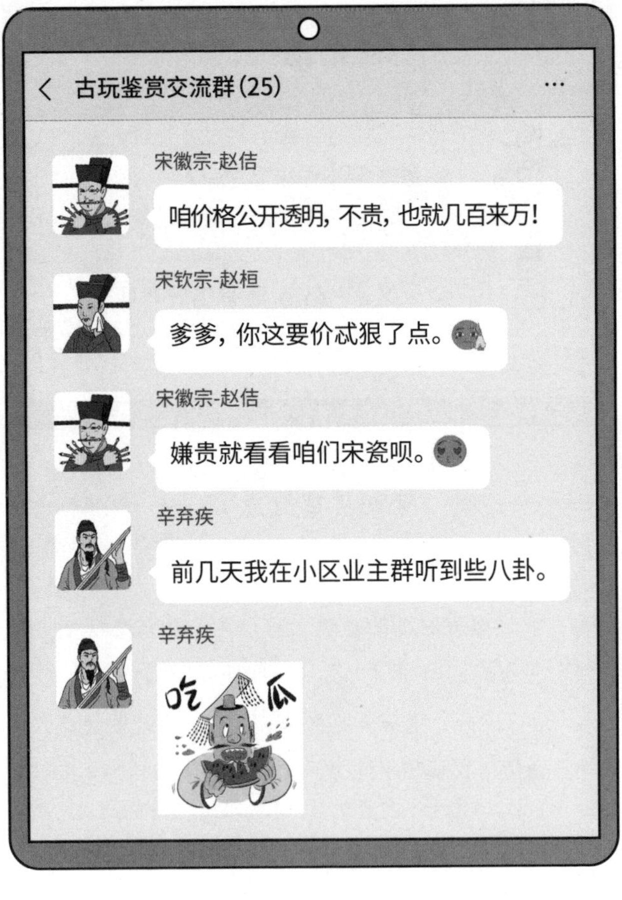

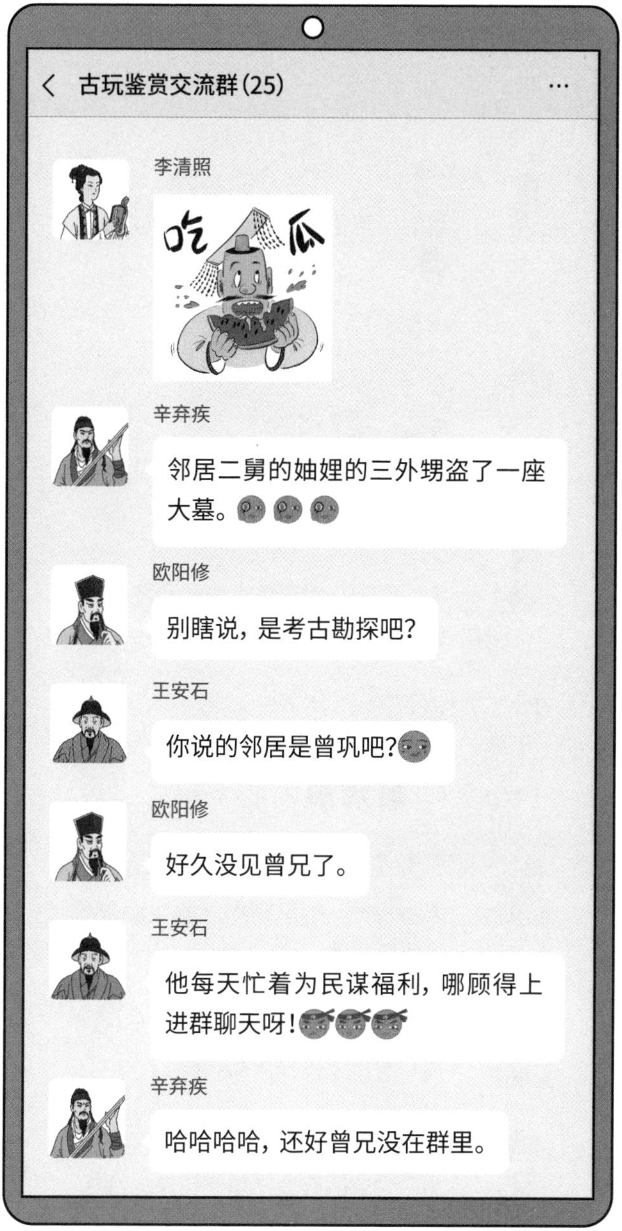
古玩鉴赏交流群(25)
李清照
吃瓜
辛弃疾
邻居二舅的妯娌的三外甥盗了一座大墓。
欧阳修
别瞎说，是考古勘探吧？
王安石
你说的邻居是曾巩吧？
欧阳修
好久没见曾兄了。
王安石
他每天忙着为民谋福利，哪顾得上进群聊天呀！
辛弃疾
哈哈哈哈，还好曾兄没在群里。

古玩鉴赏交流群（25）
欧阳修
我们一定不会截图告诉他，你放心！
辛弃疾
给你一个眼神
自己体会
欧阳修
咱们唐宋八大家这点格局还是有的，放心。
李清照
咳咳，你俩说够了吧，我还想听八卦呢！
辛弃疾
那我继续，听说在那座墓里面发现了精美瓷器。
宋徽宗-赵佶
那一定是宋瓷！
宋徽宗-赵佶
咱们宋瓷的辉煌不用我科普吧？

古玩鉴赏交流群(25)
蔡京
嘻嘻，想听。
童贯
来吧展示
辛弃疾
还让不让我说了，呜呜呜……
寇准
哈哈，徽宗疯狂刷存在感。
辛弃疾
来，话筒交给你。@ 宋徽宗 - 赵佶
宋徽宗-赵佶
不知所措
蔡京
小板凳已经搬好。

划重点

曾巩：北宋嘉祐二年（1057年）考中进士，工作认真努力，在担任地方长官的十几年中，修水渠，治瘟疫，打土豪，为人民。

宋代有定窑、汝窑、官窑、哥窑、钧窑五大名窑。定窑胎色洁白，胎质细腻，釉面莹润如玉，宛如象牙；汝窑乃五大名窑之首，在中国陶瓷史上有“汝窑为魁”的美誉；官窑主要为官府烧造的瓷器，胎体较厚，有“紫口铁足”的特点；哥窑的颜色和釉质多样，有明显的纹片痕迹，雅称为“金丝铁线”；钧窑是在柴窑和鲁山花瓷风格的基础上形成的一种全新风格，是北宋最高瓷艺工艺水平的体现。

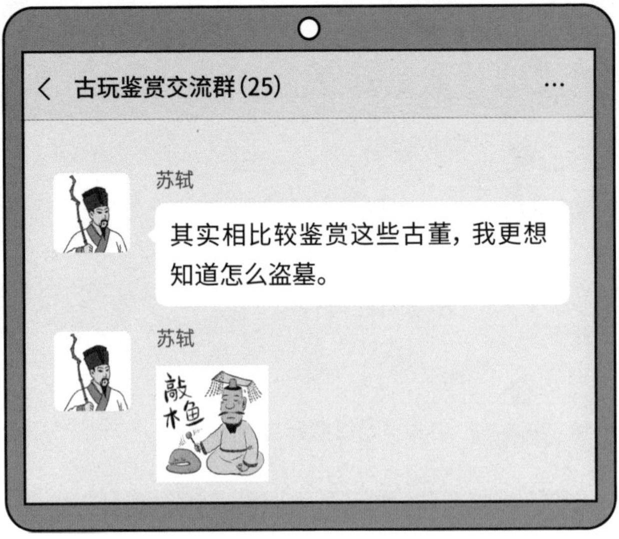

古玩鉴赏交流群(25)

欧阳修

就你皮！

苏轼

和小说一样？开棺的时候在墙角点一支蜡烛？

石延年

你们大晚上说这个不会睡不着吗？

苏轼

那你就去喝酒。

宋徽宗-赵佶

这题我会啊，唐朝、五代，哪怕是邻居辽国都崇尚厚葬，咱们大宋盛行薄葬之风，墓里没啥好东西。

欧阳修

王安石

听听皇帝本人介绍自己的安息之所吧。

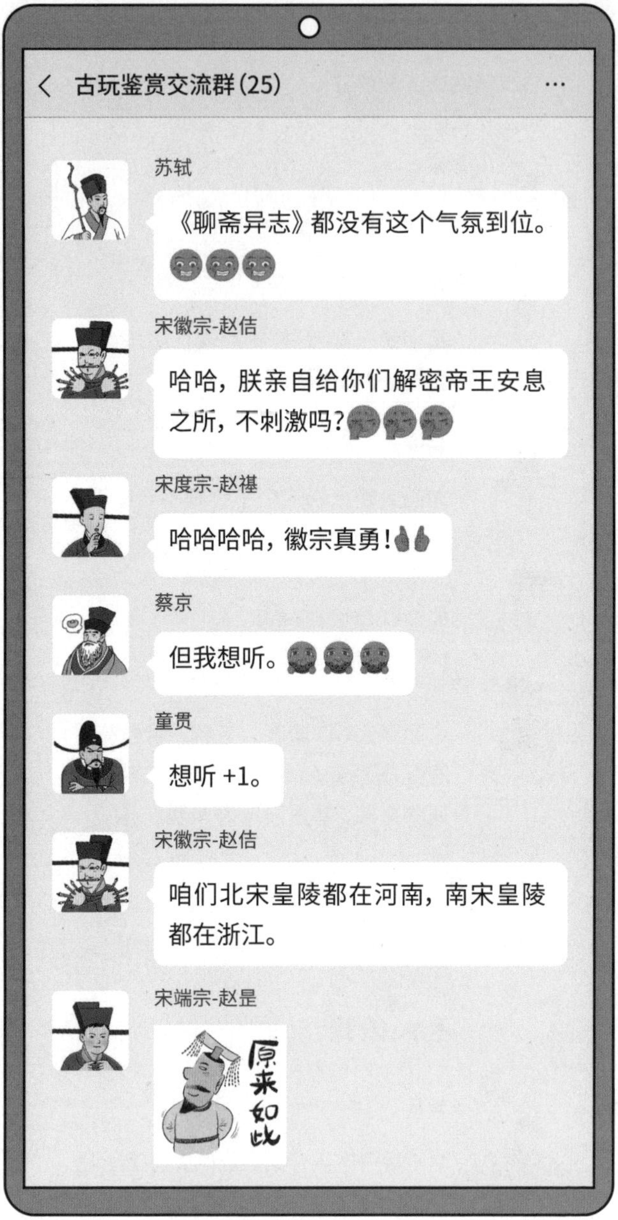
古玩鉴赏交流群(25)
苏轼
《聊斋异志》都没有这个气氛到位。
宋徽宗-赵佶
哈哈，朕亲自给你们解密帝王安息之所，不刺激吗？
宋度宗-赵禥
哈哈哈哈，徽宗真勇！
蔡京
但我想听。
童贯
想听 +1。
宋徽宗-赵佶
咱们北宋皇陵都在河南，南宋皇陵都在浙江。
宋端宗-赵昰
原来如此

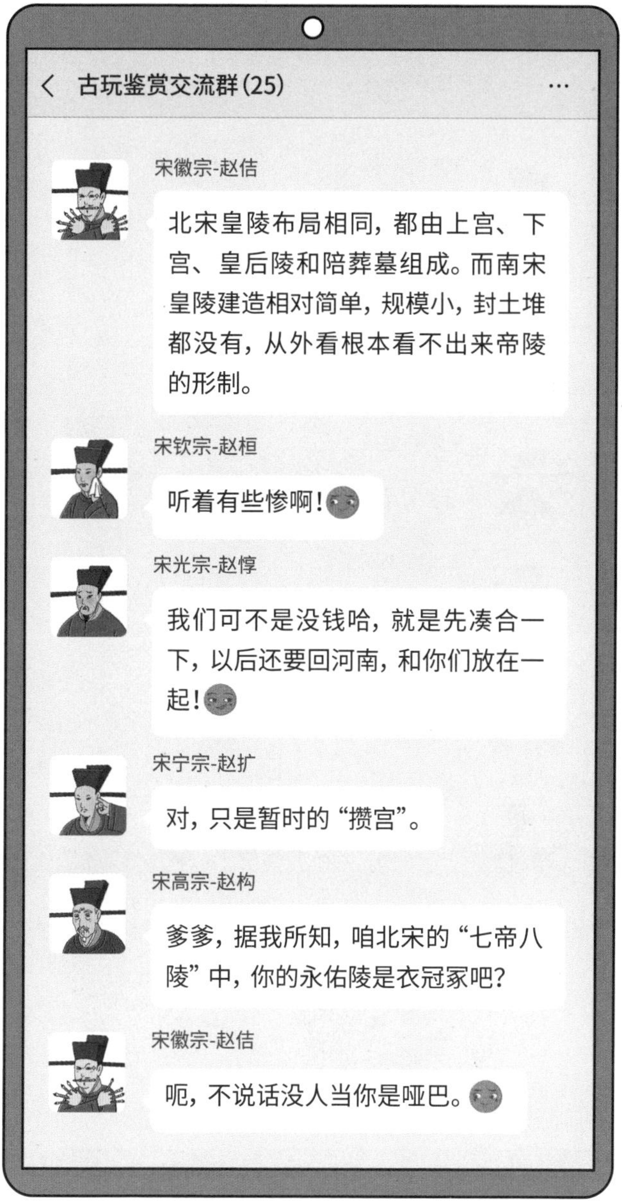
古玩鉴赏交流群(25)
宋徽宗-赵佶
北宋皇陵布局相同，都由上宫、下宫、皇后陵和陪葬墓组成。而南宋皇陵建造相对简单，规模小，封土堆都没有，从外看根本看不出来帝陵的形制。
宋钦宗-赵桓
听着有些惨啊！
宋光宗-赵惇
我们可不是没钱哈，就是先凑合一下，以后还要回河南，和你们放在一起！
宋宁宗-赵扩
对，只是暂时的“攒宫”。
宋高宗-赵构
爹爹，据我所知，咱北宋的“七帝八陵”中，你的永佑陵是衣冠冢吧？
宋徽宗-赵佶
呃，不说话没人当你是哑巴。

古玩鉴赏交流群(25)
宋高宗-赵构
你不如讲讲金国皇帝的陵寝是啥样？也让我们开开眼界。
宋理宗-赵昀
异域风情。
宋度宗-赵禥
这个可以。
宋太祖-赵匡胤
俺也有点好奇了。
宋太宗-赵光义
同好奇 +1。
蔡京
“吃瓜”群众已经聚集。
苏轼
来吧
展示

划重点

宋陵是北宋的皇家陵园，有七位皇帝长眠于此，他们分别是宋太祖赵匡胤、宋太宗赵光义、宋真宗赵恒、宋仁宗赵祯、宋英宗赵曙、宋神宗赵顼、宋哲宗赵煦。因为赵匡胤的父亲赵弘殷也葬在这里，故有“七帝八陵”的说法。除去皇族之外，一些有功之臣也葬在这里，代表人物有寇准、包拯等人。

衣冠冢：墓中只葬有死者生前所用衣物，并无遗体，可能是遗体丢失，也可能是死者遗体另葬他处。

攒（cuán）宫：古代的帝后暂时停放陵寝的地方。南宋帝后的陵墓统称为“攒宫”。因为他们认为，子孙后代收复中原后，自己的陵墓还是要迁回老家河南的。

至宋一代，皇陵都十分朴素，没有厚葬的现象。这是因为宋朝等级制度没有以前那样森严，人们也不再拘泥于传统的繁文缛节，转而向实用主义发展。宋代政府崇尚节俭，不仅皇陵不厚葬，还要求民间也不能厚葬，并制定了相关的规定。风气和制度的双重推动造就了宋代尚俭的丧葬文化。

考古与盗墓的区别：考古是官方许可发掘的，会对这些遗迹、遗物进行保护、研究，目的是更好地了解历史，促进人类进步发展。盗墓则是违法行为，目的是获取个人的利益，后果是破坏文物古迹，损害人类历史记忆。

考古是展示和构建中华民族历史、中华文明瑰宝的重要工作。。

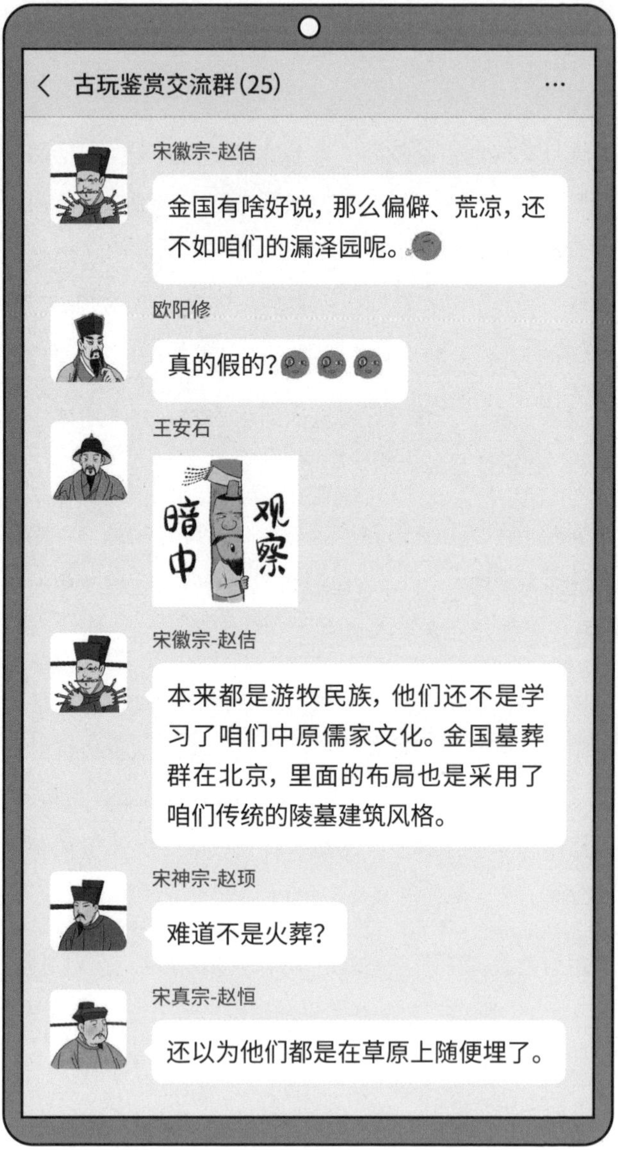

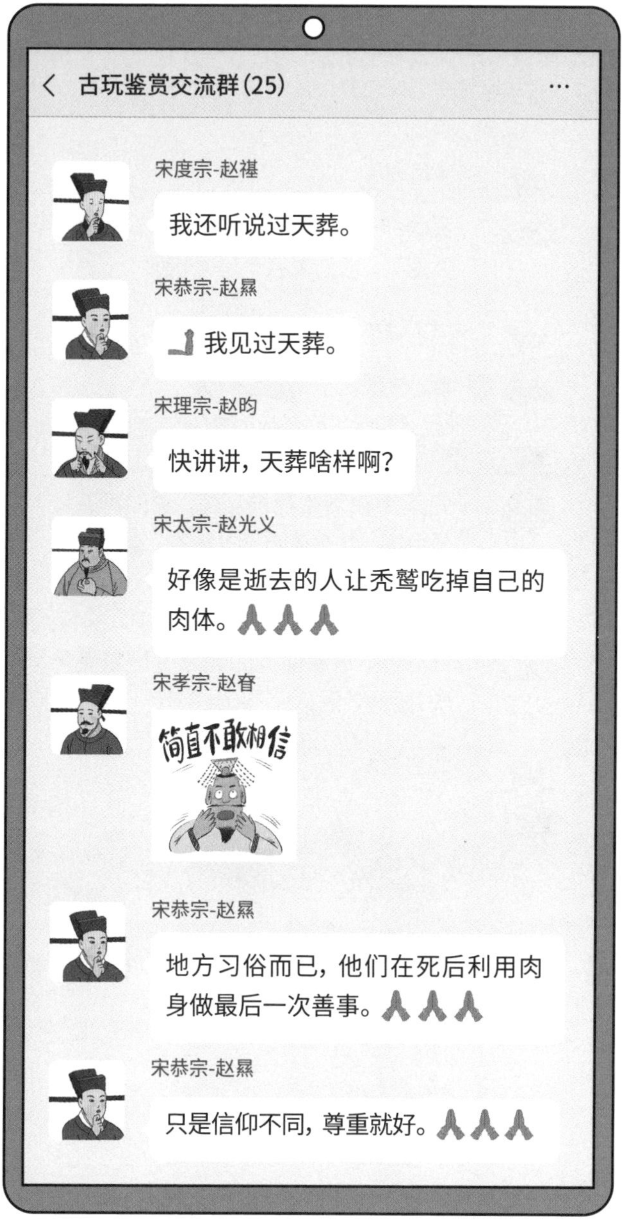

古玩鉴赏交流群(25)
宋度宗-赵禥
我还听说过天葬。
宋恭宗-赵㬎
我见过天葬。
宋理宗-赵昀
快讲讲，天葬啥样啊？
宋太宗-赵光义
好像是逝去的人让秃鹫吃掉自己的肉体。
宋孝宗-赵昚
简直不敢相信
宋恭宗-赵㬎
地方习俗而已，他们在死后利用肉身做最后一次善事。
宋恭宗-赵㬎
只是信仰不同，尊重就好。

古玩鉴赏交流群(25)
宋徽宗-赵佶
我跟你们说，当时在金国，我没少受委屈啊，他们简直不是人！
宋钦宗-赵桓
爹，快别说了！
宋钦宗-赵桓
完颜宗翰刚给我发短信，说你再贬低金国，就邀请咱俩去喝茶。
宋徽宗-赵佶
嘿嘿嘿，帮爹问问完颜将军缺钱花吗?给他转账。
宋徽宗-赵佶
光速消失
辛弃疾
扶墙吐血

划重点

漏泽园：宋代公立的为孤苦无依的穷人开辟的墓地，专门埋葬无人认领的尸骨。

金代帝陵：金太祖死后葬在黑龙江省阿城，但在第四任皇帝迁都北京后，把金太祖、金太宗等重要人士的陵墓都迁到了北京房山区的陵墓。在儒家传统文化的影响下，金陵的布局也采取中国传统陵墓布局，以神道为中轴线，两侧对称布局。

火葬：边疆民族有火葬的传统，还会将遗体火化后的骨头、骨灰放入罐中进行埋葬。但在融合汉文化后，火葬这一习俗逐渐被贵族替代为中原墓葬文化，只有中下层人民还保留火葬的传统。

天葬：西藏、内蒙古等少数民族流行的一种丧葬方式。将尸体放到指定的地方，让鸟兽等吞食肉体，意在将自己的肉身施舍给万物，使得自己的灵魂得以净化。

完颜宗翰：金朝名将，靖康之变时，将宋徽宗赵佶和宋钦宗赵桓掳至金国。

不同民族都有其不同的风俗习惯，它们没有绝对的错与对，让我们用辩证的态度，理性看待吧。

八 宇宙的尽头是编制

宋朝建立后，实行重文轻武的政策，文人治国，科举考试兴起。而且考试制度的改革，使得做官不再是权贵专属，大批寒门才俊也有机会步入仕途，为国家贡献自己的一分力量。

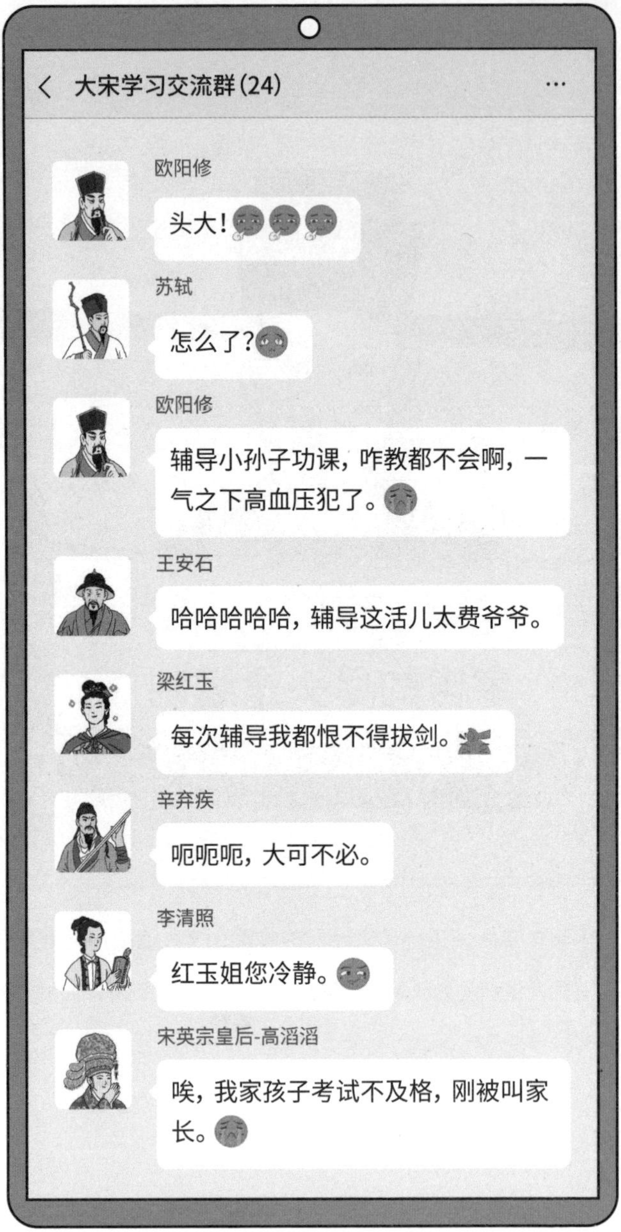
大宋学习交流群(24)
欧阳修
头大！
苏轼
怎么了？
欧阳修
辅导小孙子功课，咋教都不会啊，一气之下高血压犯了。
王安石
哈哈哈哈哈，辅导这活儿太费爷爷。
梁红玉
每次辅导我都恨不得拔剑。
辛弃疾
呃呃呃，大可不必。
李清照
红玉姐您冷静。
宋英宗皇后-高滔滔
唉，我家孩子考试不及格，刚被叫家长。

大宋学习交流群(24)
蔡京
就怕叫家长，这不，考试前还给我那孙子做了小抄。
欧阳修
你可长点心吧
王安石
大人，您没事吧???
童贯
哈哈哈，还得是您！
蔡京
如果你们天天被老师请去“喝茶”，也会像我一样。
宋太祖-赵匡胤
大胆！科举改革就是防范你们这种人造成的教育不公平，你知法犯法！
宋太宗-赵光义
勿以恶小而为之。

大宋学习交流群(24)
宋徽宗-赵佶
蔡蔡，这次我站老祖宗，你这样是助纣为虐！
蔡京
我知道错了。
蔡京
道歉红包
红包
柳永
今天伙食费有了。
欧阳修
乡下人羡慕的
眼神
宋徽宗-赵佶
我家蔡蔡知错能改。
宋仁宗-赵祯
下不为例哦。

大宋学习交流群(24)
童贯
光发红包赔罪可不行，好好醒悟吧！
柳永
@童贯 亏你还是最佳手气，还这样说人家。
蔡京
他缺德惯了。
童贯
打一架？
宋太祖-赵匡胤
我的重文轻武思想不要啦？
宋徽宗-赵佶
文明对决，以诗会友。
宋少帝-赵昺
@宋太祖-赵匡胤 老祖宗，我想听听咱们宋朝的科举改革。
宋太祖-赵匡胤
好孩子。

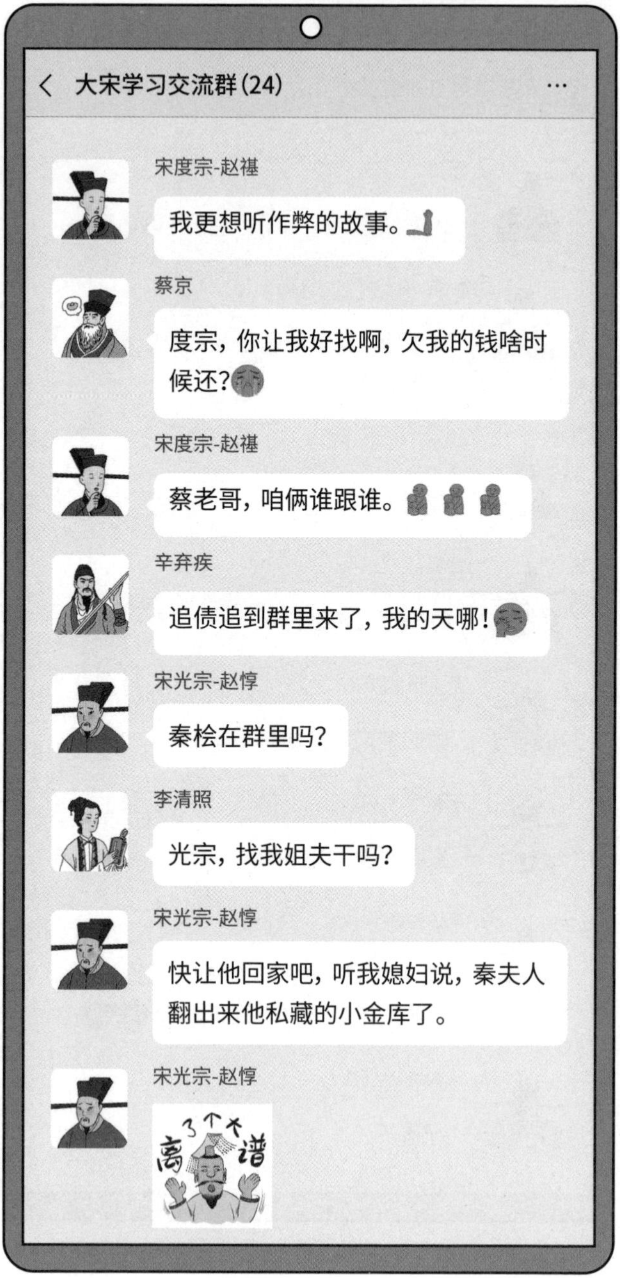
大宋学习交流群(24)
宋度宗-赵禥
我更想听作弊的故事。
蔡京
度宗，你让我好找啊，欠我的钱啥时候还？
宋度宗-赵禥
蔡老哥，咱俩谁跟谁。
辛弃疾
追债追到群里来了，我的天哪！
宋光宗-赵惇
秦桧在群里吗？
李清照
光宗，找我姐夫干吗？
宋光宗-赵惇
快让他回家吧，听我媳妇说，秦夫人翻出来他私藏的小金库了。
宋光宗-赵惇
离了个大谱

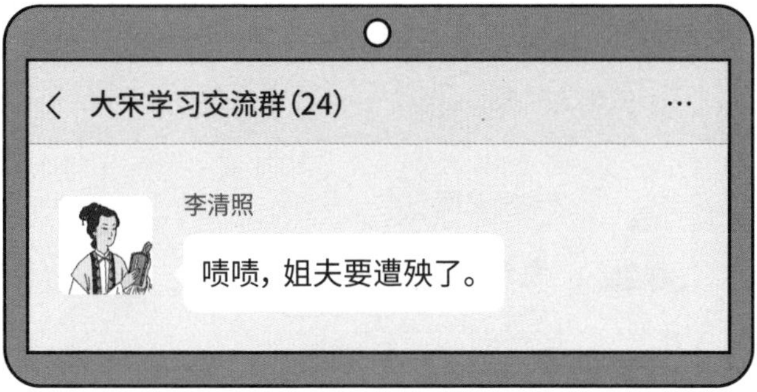

划重点

自唐朝中后期以来，武人地位不断上升，导致战乱不断，国家各方面都遭受了重创。宋太祖赵匡胤靠陈桥驿兵变登基后，害怕再一次发生这样的叛乱，于是提倡重文轻武，以巩固自己的政权，专心发展政治、经济、文化。

事实上，李清照和秦桧是远房亲戚。据史料记载，李清照是北宋宰相王珪的外孙女，而秦桧则是王珪的孙女婿。

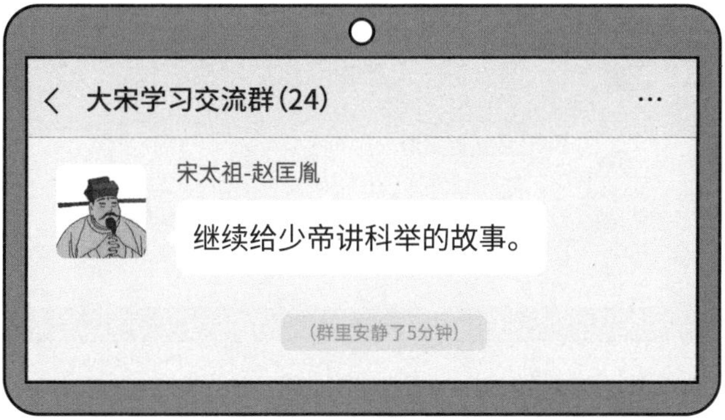

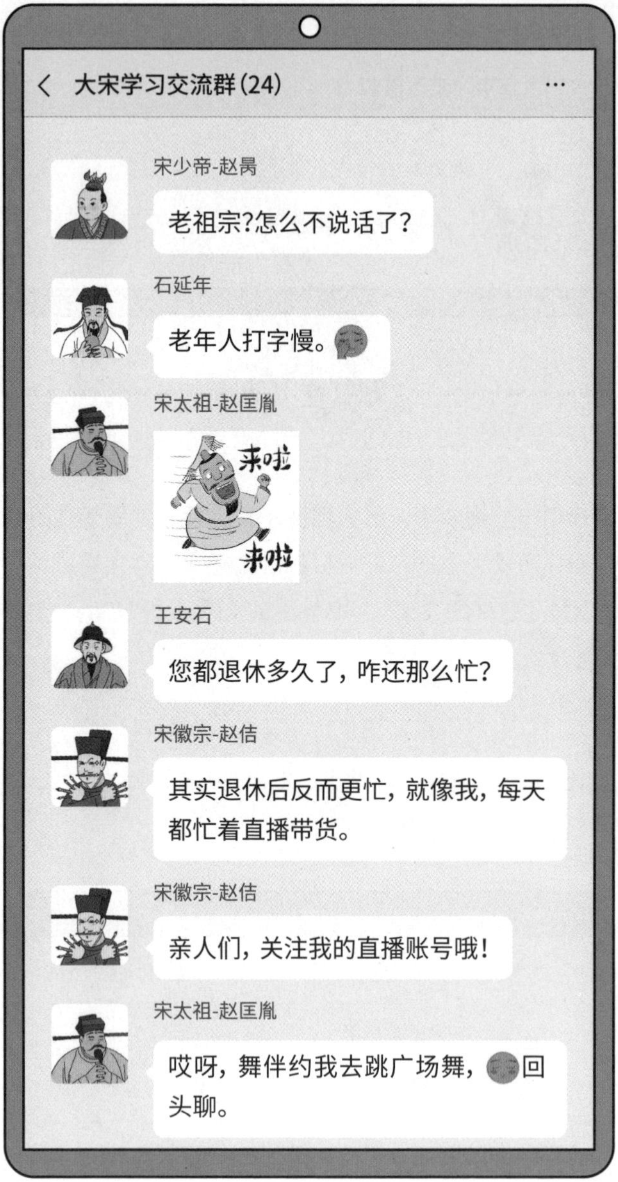
大宋学习交流群(24)
宋少帝-赵昺
老祖宗?怎么不说话了?
石延年
老年人打字慢。
宋太祖-赵匡胤
来啦
来啦
王安石
您都退休多久了，咋还那么忙?
宋徽宗-赵佶
其实退休后反而更忙，就像我，每天都忙着直播带货。
宋徽宗-赵佶
亲人们，关注我的直播账号哦!
宋太祖-赵匡胤
哎呀，舞伴约我去跳广场舞，回头聊。

大宋学习交流群(24)
王安石
要不我来给大家讲讲我是如何在变法中改革科举制度的?
范仲淹
我先来,元丰党人后退。
欧阳修
退退退。
宋少帝-赵昺
好耶!
宋端宗-赵昰

划重点

王安石在上任参加政事后，与宋神宗赵顼和其同党章惇、吕惠卿等人进行了一系列的改革，史书称其为“王安石变法”（又称“熙宁变法”）。王安石除了在军事、经济、农业等方面做出改革，在朝廷选取栋梁之材的方法上也做出修改，如取消原有的诗赋取士，改为以儒家经典和策论为主，并增设法科。

元丰党人：支持王安石变法的人，如章惇、吕惠卿等被称为“新党”，也被称呼为“元丰党人”；反对王安石变法的那派人，如欧阳修、司马光等被称为“旧党”，也称为“元祐党人”。

年轻的宋少帝、宋端宗对科举改革制度燃起强烈的求知欲，帝王将相们一个个情绪高涨，都想来介绍这个曾经让自己、让很多宋代人大放异彩的考试。

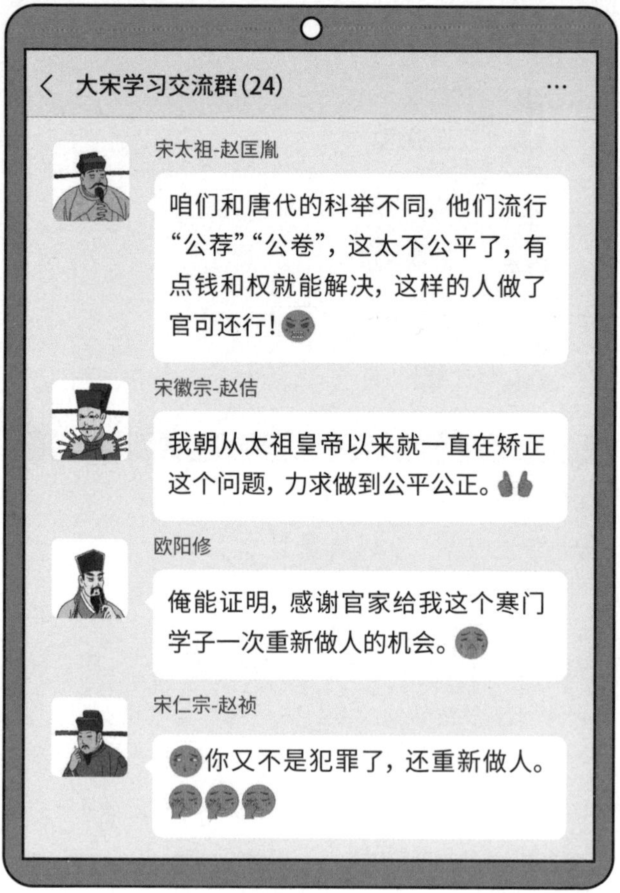

大宋学习交流群(24)
欧阳修
以前不就是那样，老百姓哪有机会做官，感谢朝廷！
范仲淹
对，感谢朝廷！
王安石
彩虹屁
范仲淹
你出来干吗？
王安石
我的三舍法也是创新之举吧，就没人夸夸我？
宋神宗-赵顼
哈哈哈，爱卿由我来夸！
宋少帝-赵昺
哇，咱家先人都好伟大！

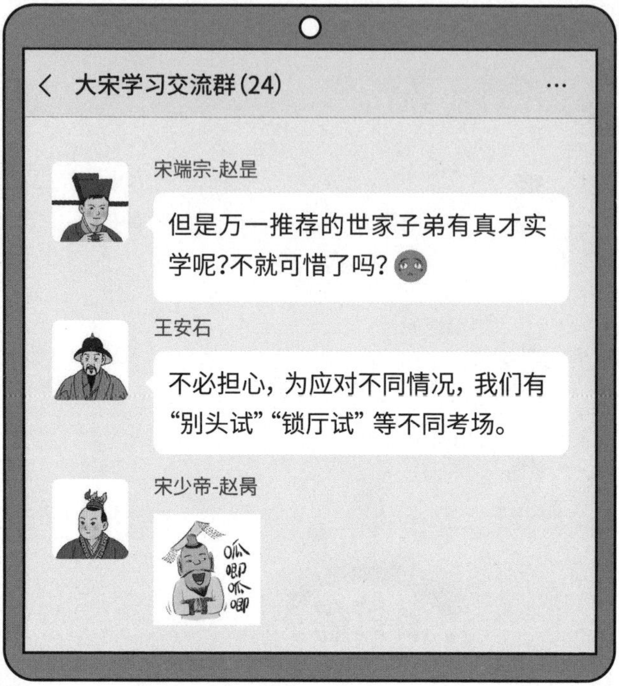
大宋学习交流群(24)
宋端宗-赵昰
但是万一推荐的世家子弟有真才实学呢?不就可惜了吗?
王安石
不必担心，为应对不同情况，我们有“别头试”“锁厅试”等不同考场。
宋少帝-赵昺
呱唧呱唧

划重点

公荐：在科举考试之际，有声望的官员推荐合适的应试考生；公卷：举子向知举官投递自己的得意作品，以求得到赏识。

宋代的科举选士注重优先挑选寒门学子，而非世家子弟。通过降低科考标准与难度，增加太学的入学名额，还会通过物资赞助等方式对寒门子弟进行帮助。

宋代科举考试对防范作弊的行为也进行了改革，比如考官在开考后不得离开考场，直至考试结束不得离开贡院的锁院制度；把考生姓名遮盖住以防作弊的弥封制度；防止辨识字迹而设立的誊录制度等。这些措施都是希望给考生造就一个相对公平的考试环境。

别头试与锁厅试都是为了防止作弊而设立的考试制度。别头试是为了防止考官自家亲朋好友考试作弊，宋代朝廷特别贴心地为这些“关系户”另设考场；锁厅试是为了已经在朝为官，但是想博得名声或者想再升官职的人准备的考场。

宋朝天子为了广纳人才做了不少努力啊！

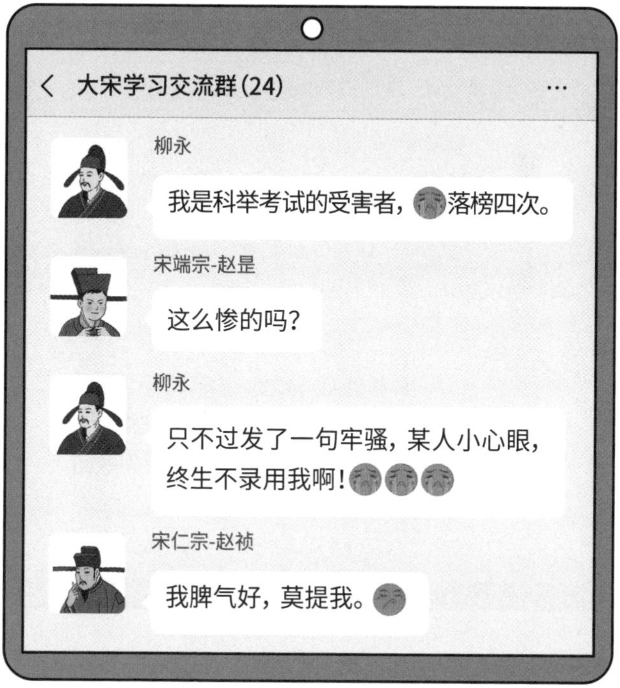

大宋学习交流群(24)
柳永
天生我材必有用，人家还不是成了家喻户晓的歌星？
苏轼
一上来就看到你们说这个！
宋少帝-赵昺
有什么问题吗
欧阳修
估计是他爹的事呗。
苏轼
28"
我爹老憋屈啦！他当年浪子回头，努力考科举，我妈把嫁妆都卖了七七八八，特别支持他，没想到败给了西昆体。

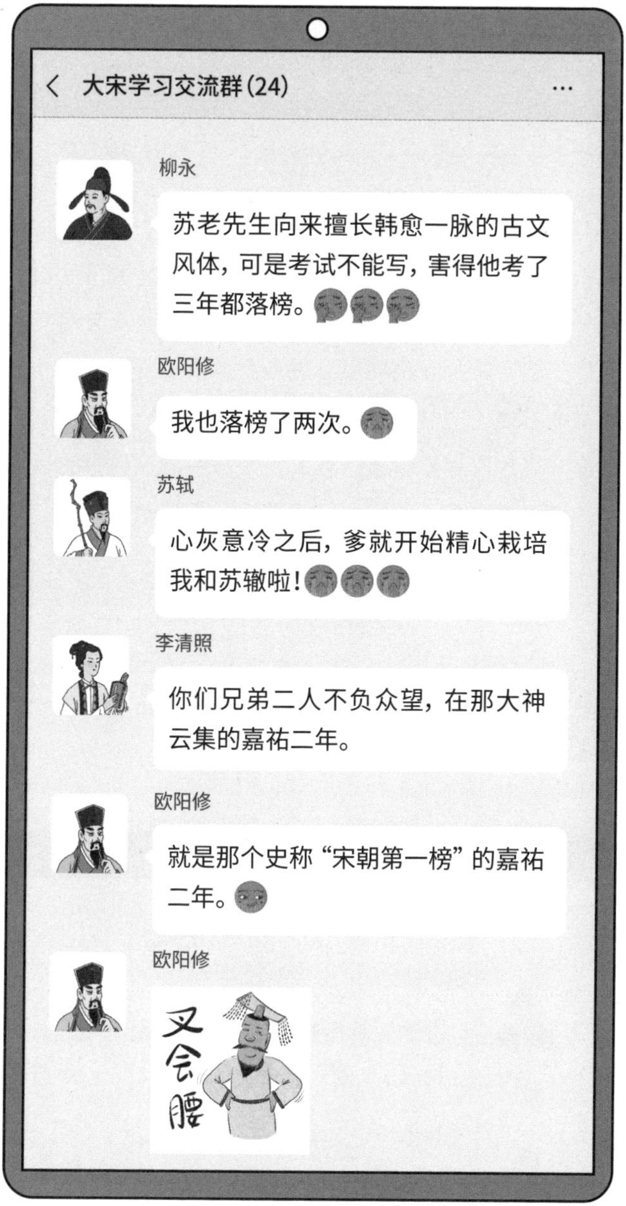
大宋学习交流群(24)
柳永
苏老先生向来擅长韩愈一脉的古文风体，可是考试不能写，害得他考了三年都落榜。
欧阳修
我也落榜了两次。
苏轼
心灰意冷之后，爹就开始精心栽培我和苏辙啦！
李清照
你们兄弟二人不负众望，在那大神云集的嘉祐二年。
欧阳修
就是那个史称“宋朝第一榜”的嘉祐二年。
欧阳修
叉会腰

划重点

西昆体：宋代初期的一个诗歌流派，以《西昆酬唱集》而得名，该文体辞藻华美，对仗工整，是宋代科举考试文风之一。

嘉祐二年（1057年）的进士榜被称为宋朝科考第一榜，这一年上榜了太多风流人物。首先，主考官可是在北宋文学界响当当的欧阳修，阅卷老师有梅尧臣，进士有美食家、旅行家、艺术家身兼多家的苏轼，文学家苏辙，唐宋八大家之一的曾巩，当过宰相的章惇，思想家程颢等人，加入王安石变法项目中的吕惠卿也在其中。这一届榜单上的进士能人辈出，不论是在经济、政治还是文化方面，都是对宋代起到重大影响的人物。

“宋朝第一榜”这个话题打开了大家的话匣子，是否有人还记得，王安石还在等着介绍自己的成果？

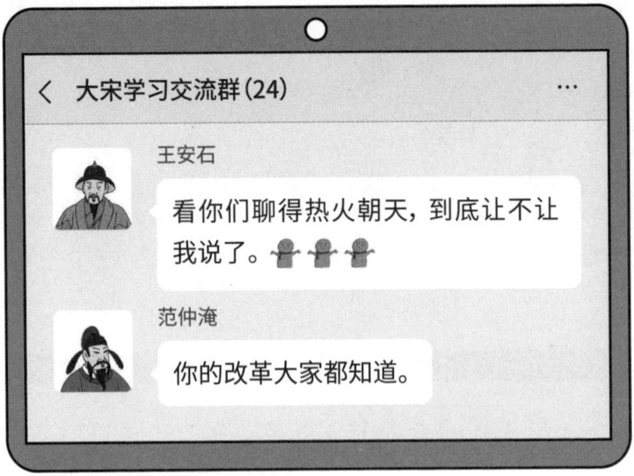

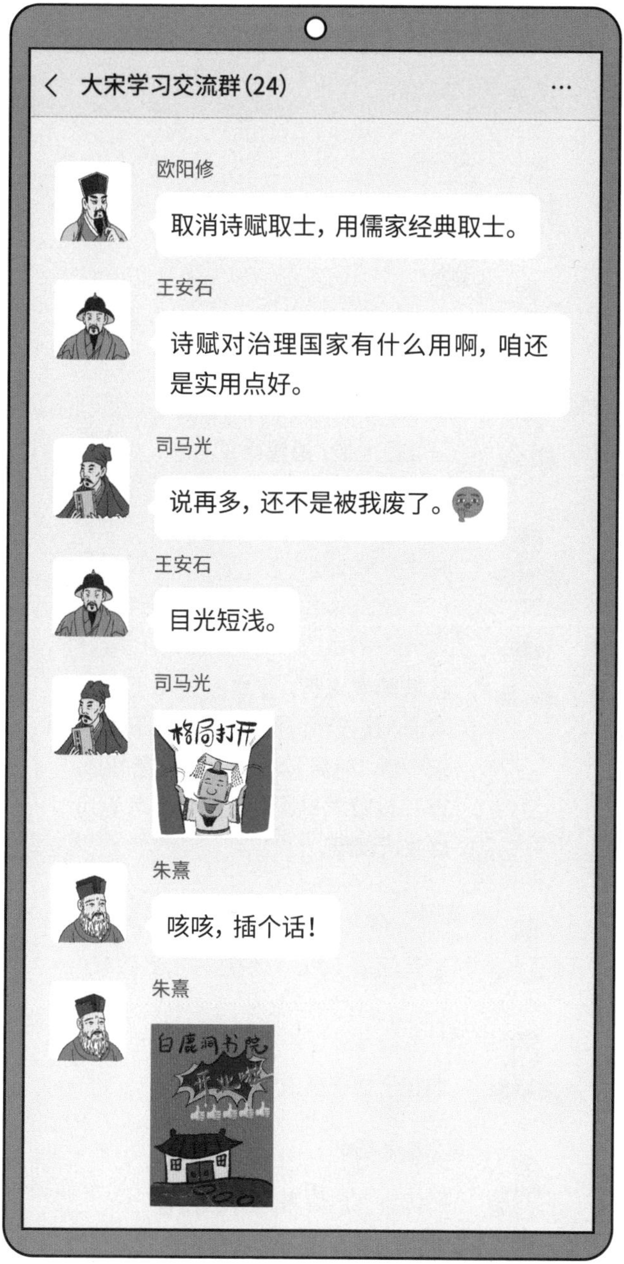
大宋学习交流群（24）
欧阳修
取消诗赋取士，用儒家经典取士。
王安石
诗赋对治理国家有什么用啊，咱还是实用点好。
司马光
说再多，还不是被我废了。
王安石
目光短浅。
司马光
格局打开
朱熹
咳咳，插个话！
朱熹
白鹿洞书院
开业啦

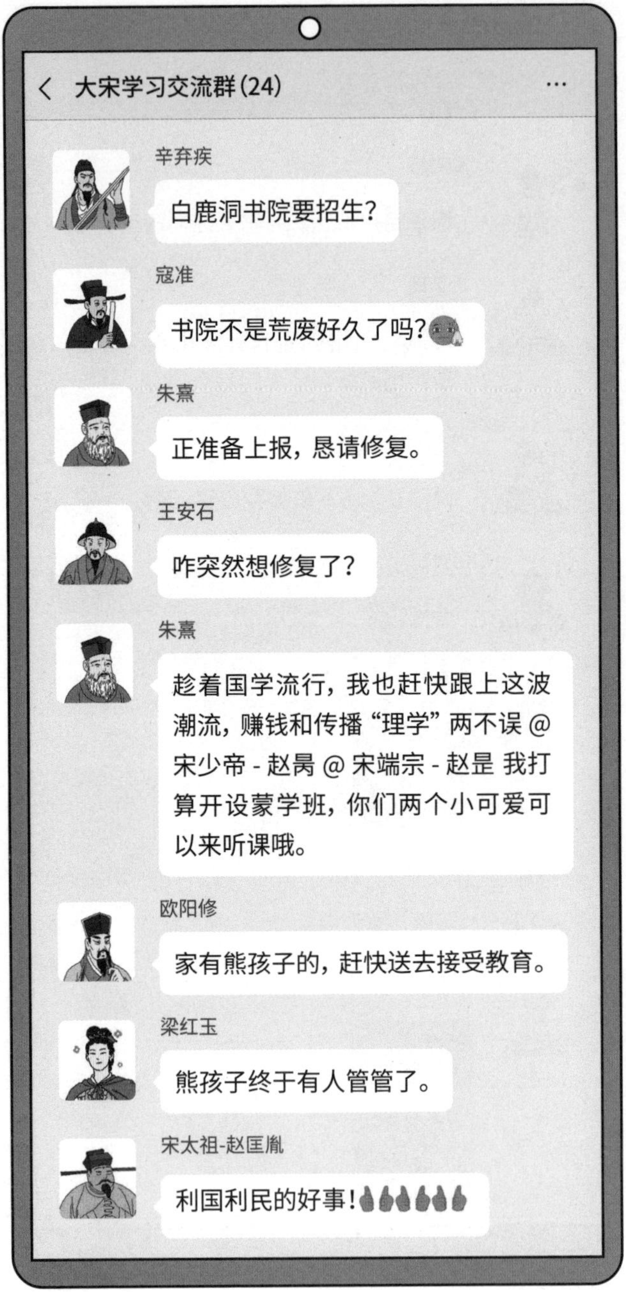

大宋学习交流群(24)
辛弃疾
白鹿洞书院要招生?
寇准
书院不是荒废好久了吗?
朱熹
正准备上报，恳请修复。
王安石
咋突然想修复了?
朱熹
趁着国学流行，我也赶快跟上这波潮流，赚钱和传播“理学”两不误 @宋少帝 - 赵昺 @ 宋端宗 - 赵昰 我打算开设蒙学班，你们两个小可爱可以来听课哦。
欧阳修
家有熊孩子的，赶快送去接受教育。
梁红玉
熊孩子终于有人管管了。
宋太祖-赵匡胤
利国利民的好事!

大宋学习交流群(24)
宋仁宗-赵祯
推荐！
宋少帝-赵昺
彩虹屁
朱熹
谢谢各位大佬的支持哦，蒙学教材也有在售，需要的私聊！
欧阳修
有没有科举启蒙的书，让我家孩子提前学学。
王安石
拒绝“鸡娃”，拒绝“内卷”。
宋徽宗-赵佶
@朱熹 我帮你宣传一下，百万粉丝大V带货能力不是吹的，佣金少收点。
宋徽宗-赵佶
叉会腰

划重点

白鹿洞书院：始建于唐朝，宋朝初期扩建为书院。白鹿洞书院历经几次战乱后荒废又重建，承载着中国数百年的文化历史。南宋思想家、教育家朱熹在淳熙六年（1179年）欲兴复书院，传播“理学”。

蒙学制度：唐代就有童子科，但相关制度不够完善。宋代对儿童教育提高重视，随着地方学府的完善，儿童教育也比较完善。其中童蒙读物无论在数量还是质量上都达到繁盛，宋代童蒙读物内容丰富，除了传播伦理道德、诗歌、介绍历史、专门知识等书籍，还有受当时科举考试以经义取士的影响，为儿童准备的理学和经学类知识的读物。

人们从宋代就开始明白了：少年强则国强，教育从娃娃抓起。难怪宋代的文化氛围、思想造诣如此之高。

九

不搞事情的画家不是好皇帝

不同的时代背景下有着不同于前时代的风俗习惯。闲不住的文娱组组长、气氛组组员宋徽宗赵佶，携手众位“搞事情”小能手，又要搞事情了。宋代文化习俗丰富，为什么不展示出来？

佶佶的智囊团群(7)
宋徽宗-赵佶
@蔡京 蔡蔡，我好无聊。
蔡京
赏画、品茶、听曲儿，您随便选。
童贯
是啊，俺们一定奉陪到底。
宋徽宗-赵佶
这些早就腻了。
童贯
对啊，太无趣了吧。
蔡京
呵，你个墙头草。
童贯
最近我又搞了一些珍奇花石，要不官家赏个脸?
蔡京
您来看看我的书法呗?越来越像您的字迹了。

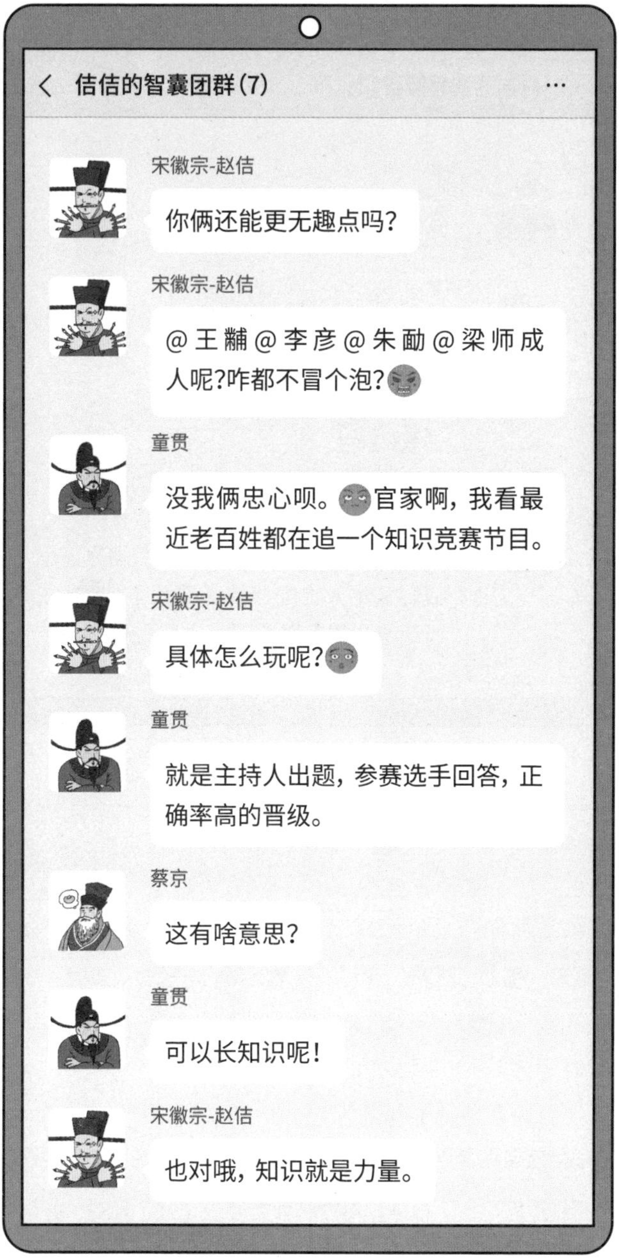
佶佶的智囊团群(7)
宋徽宗-赵佶
你俩还能更无趣点吗?
宋徽宗-赵佶
@王黼@李彦@朱勔@梁师成人呢?咋都不冒个泡?
童贯
没我俩忠心呗。官家啊,我看最近老百姓都在追一个知识竞赛节目。
宋徽宗-赵佶
具体怎么玩呢?
童贯
就是主持人出题,参赛选手回答,正确率高的晋级。
蔡京
这有啥意思?
童贯
可以长知识呢!
宋徽宗-赵佶
也对哦,知识就是力量。

划重点

宋徽宗时期，皇帝沉迷艺术无法自拔，对于朝政不太上心。于是，蔡京、童贯、王黼、李彦、朱勔、梁师成这六位大臣狼狈为奸，祸乱朝纲，一步步埋葬了北宋，史书上称他们为“北宋六贼”。

宋徽宗赵佶虽然治理国家有些迷糊，但是涉及文娱活动，他真的是天赋异禀啊，而且雷厉风行。很快，他就和智囊团商议好了规则，并新取了一个响当当的群名。

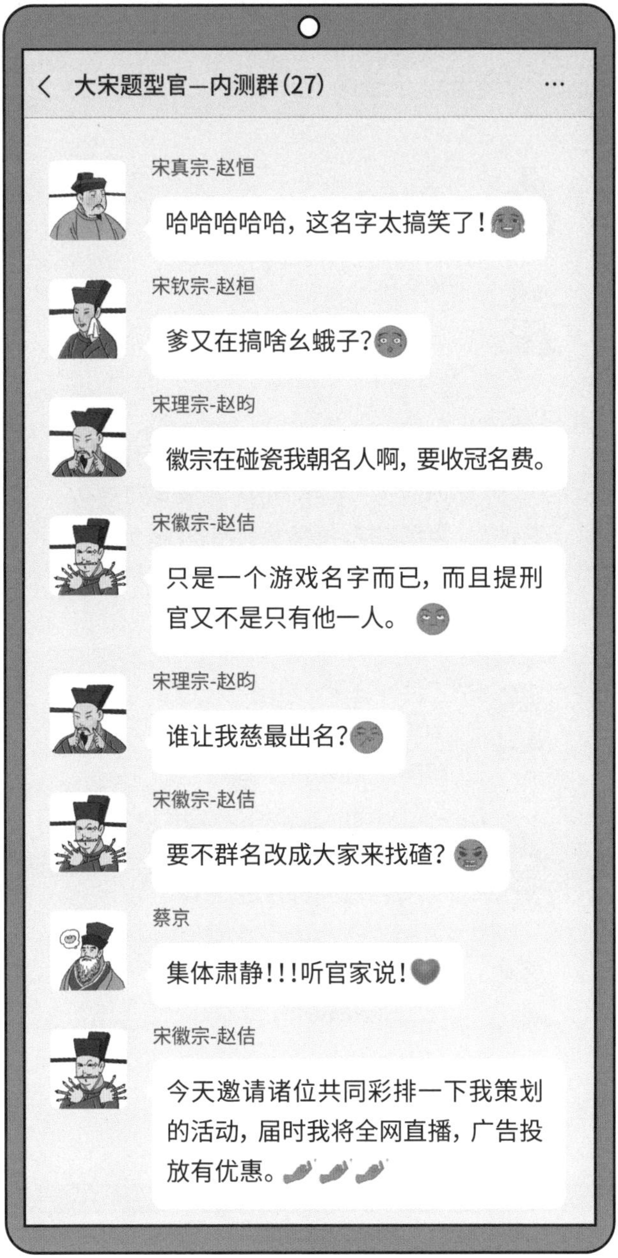
大宋题型官—内测群(27)
宋真宗-赵恒
哈哈哈哈哈，这名字太搞笑了！
宋钦宗-赵桓
爹又在搞啥幺蛾子？
宋理宗-赵昀
徽宗在碰瓷我朝名人啊，要收冠名费。
宋徽宗-赵佶
只是一个游戏名字而已，而且提刑官又不是只有他一人。
宋理宗-赵昀
谁让我慈最出名？
宋徽宗-赵佶
要不群名改成大家来找碴？
蔡京
集体肃静！！！听官家说！
宋徽宗-赵佶
今天邀请诸位共同彩排一下我策划的活动，届时我将全网直播，广告投放有优惠。

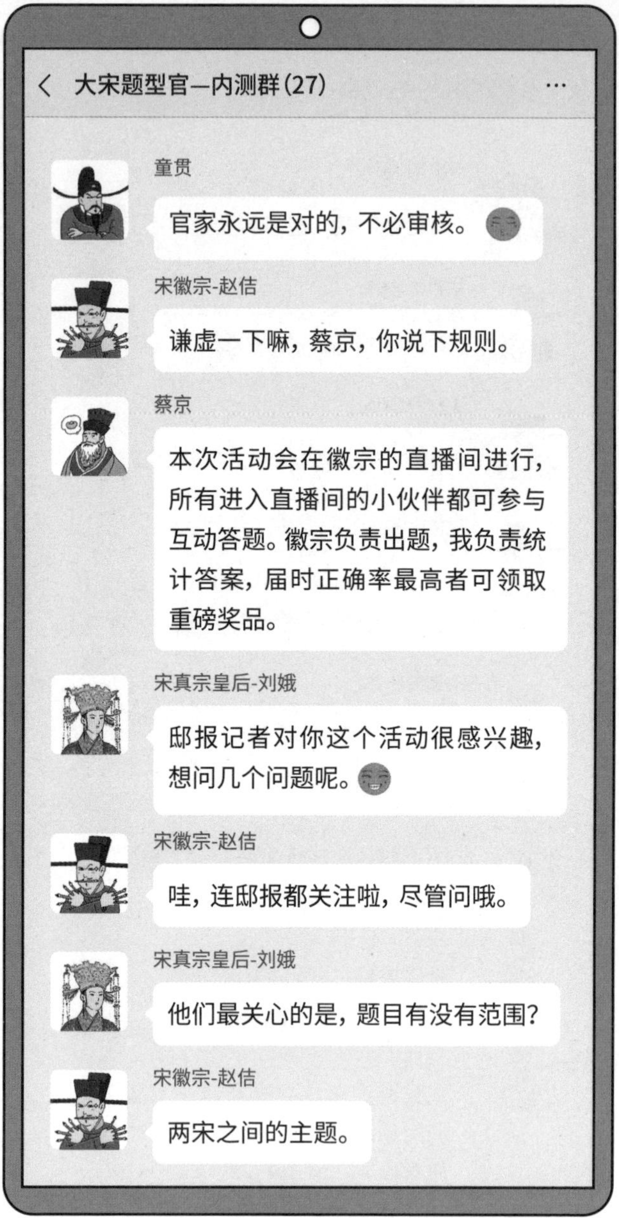
大宋题型官—内测群(27)
童贯
官家永远是对的，不必审核。
宋徽宗-赵佶
谦虚一下嘛，蔡京，你说下规则。
蔡京
本次活动会在徽宗的直播间进行，所有进入直播间的小伙伴都可参与互动答题。徽宗负责出题，我负责统计答案，届时正确率最高者可领取重磅奖品。
宋真宗皇后-刘娥
邸报记者对你这个活动很感兴趣，想问几个问题呢。
宋徽宗-赵佶
哇，连邸报都关注啦，尽管问哦。
宋真宗皇后-刘娥
他们最关心的是，题目有没有范围？
宋徽宗-赵佶
两宋之间的主题。

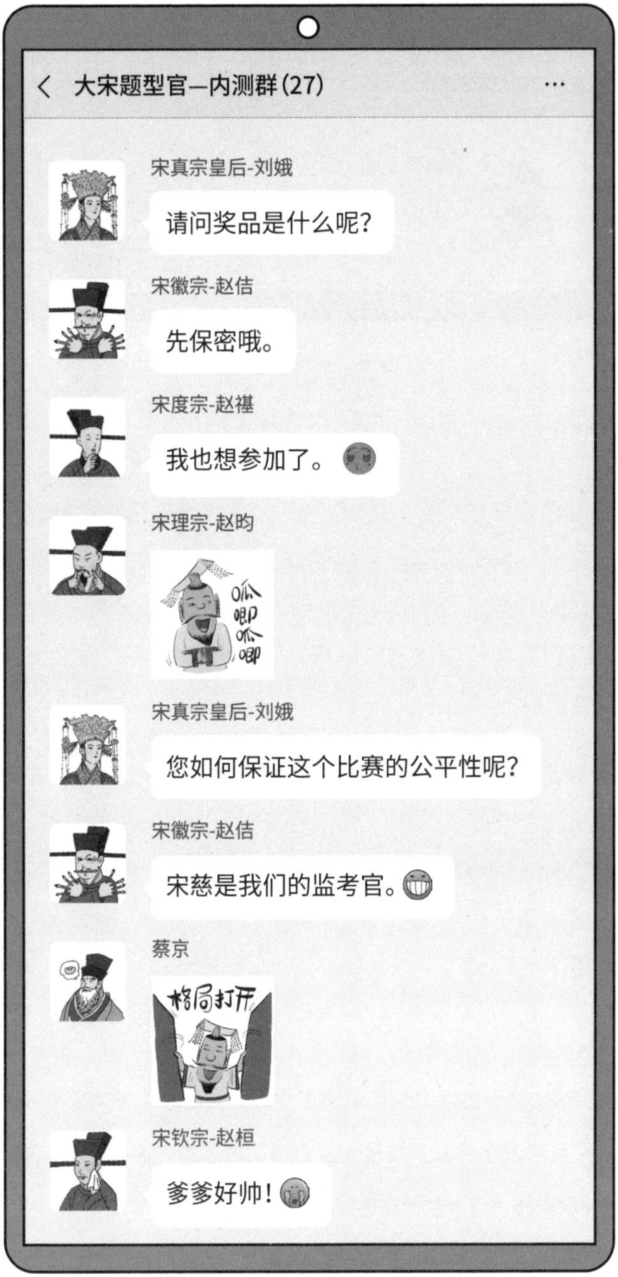
大宋题型官—内测群(27)
宋真宗皇后-刘娥
请问奖品是什么呢?
宋徽宗-赵佶
先保密哦。
宋度宗-赵禥
我也想参加了。
宋理宗-赵昀
呱唧呱唧
宋真宗皇后-刘娥
您如何保证这个比赛的公平性呢?
宋徽宗-赵佶
宋慈是我们的监考官。
蔡京
格局打开
宋钦宗-赵桓
爹爹好帅!

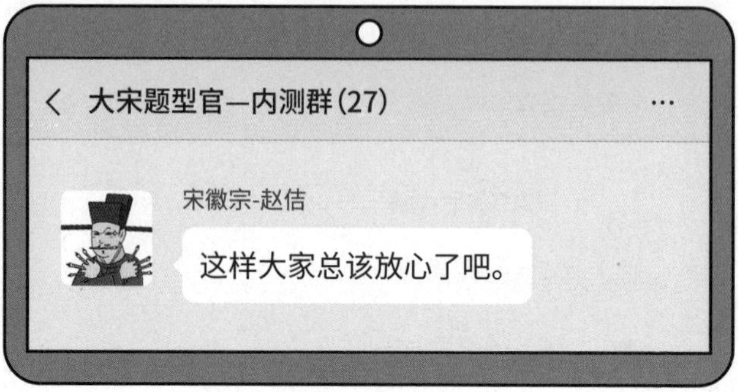

划重点

提刑官全称是“提点刑狱公事”，兼有今天法官和检察官的职能。电视剧《大宋提刑官》就讲述了知名提刑官、法医学家宋慈的事迹。提刑官的工作单位是提刑司（相当于今天的省高级法院）。提刑官不仅要实行执法司法职责，还要督促当地工作人员为民服务，除暴安良，伸张正义。

邸报是宋朝官方发行的刊物，主要记载时政要闻。宋朝也是首次正式使用“邸报”这一名称的朝代。据《宋会要辑稿》记载，进奏院负责定期将朝廷重要新闻进行汇总整理，并分好条目，然后派人通过驿站送往各州府，供各州府官员观看，这就是“邸报”的来历和作用。

宋徽宗这次举办的活动也是引来不少人的关注，上到达官贵人，下到平民百姓，大家都摩拳擦掌，准备大显身手。为了办好这次活动，徽宗决定先在群里来一次彩排，请大家提提建议。

大宋题型官—内测群(27)

宋徽宗-赵佶

游戏即将开始，首先邀请我的搭档刘娥皇后。

宋真宗皇后-刘娥

大家好，非常感谢徽宗的盛情邀请。

宋真宗-赵恒

蔡京

主持人威武！

童贯

节目正式开始。

宋徽宗-赵佶

请听第一题：

宋代冠巾的名目和形制甚多，下列哪个选项是北宋末年鼓吹令、丞官职所戴的冠？

A 貂冠　B 乌纱帽

C 紫檀冠　D 袴褶冠

大宋题型官—内测群(27)

宋真宗皇后-刘娥

各位选手请回答！
（做答时间为30秒，然后主持人公布答案）。

宋徽宗-赵佶

正确答案为 D。

宋真宗皇后-刘娥

欲知答案解析，可以继续关注徽宗视频的更新作品。

宋真宗皇后-刘娥

请听第二题：
宋人在建房过程中已形成了一整套共同遵循的风俗事项。其中，厌胜和辟邪之术就是有迹可循，下列哪个选项是宋人在建房过程中选择用来辟邪的物品？
A 钟馗像　B 门神像
C 石敢当　D 黑驴蹄子

宋徽宗-赵佶

各位选手请回答！

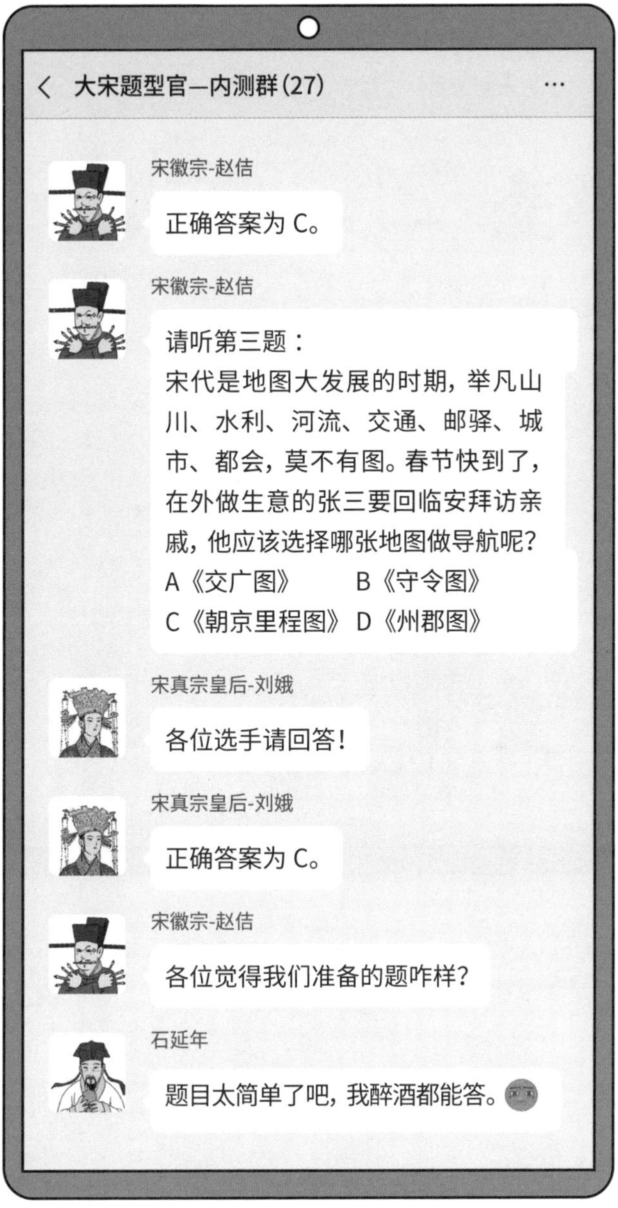
大宋题型官—内测群(27)
宋徽宗-赵佶
正确答案为 C。
宋徽宗-赵佶
请听第三题：
宋代是地图大发展的时期，举凡山川、水利、河流、交通、邮驿、城市、都会，莫不有图。春节快到了，在外做生意的张三要回临安拜访亲戚，他应该选择哪张地图做导航呢？
A《交广图》 B《守令图》
C《朝京里程图》 D《州郡图》
宋真宗皇后-刘娥
各位选手请回答！
宋真宗皇后-刘娥
正确答案为 C。
宋徽宗-赵佶
各位觉得我们准备的题咋样？
石延年
题目太简单了吧，我醉酒都能答。

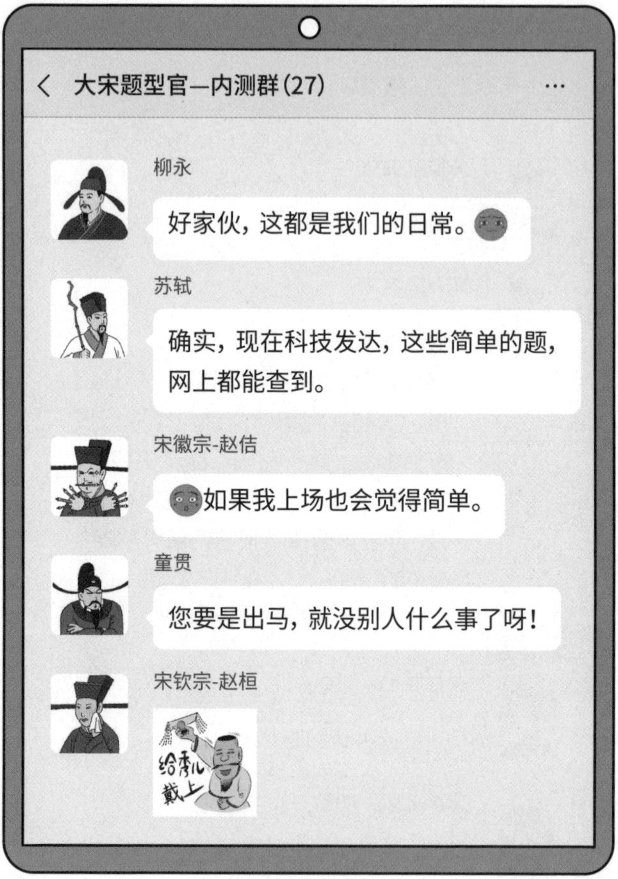
大宋题型官—内测群(27)
柳永
好家伙，这都是我们的日常。
苏轼
确实，现在科技发达，这些简单的题，网上都能查到。
宋徽宗-赵佶
如果我上场也会觉得简单。
童贯
您要是出马，就没别人什么事了呀！
宋钦宗-赵桓
给秀儿戴上

划重点

冠巾是宋代男子服饰的主要类别之一，常见的冠巾种类有通天冠、紫檀冠、平天冠、袴褶冠、矮冠等。其中，通天冠只有皇帝才能佩戴，是重要的礼器。紫檀冠、平天冠、袴褶冠等都是品阶不同的官员所戴的冠。

辟邪神器石敢当，最早见于西汉史游的《急就篇》，因传闻泰山的石头具有灵性，可逢凶化吉，人们便开始在家门前立一块石碑，上面刻有“石敢当”三个字，抑或立石兽像在门前，以期待镇邪避灾。直到今天，“石敢当”也被作为驱邪镇宅的象征，在民间广泛应用。

在宋代，随着制图技术的发达和印刷术的改进，再加上人口流动更加频繁，地图成了热销品，被认为是居家旅行之必备良品，为人们的出行带来了很大的便利。

彩排似乎进行得不太顺利，大家觉得题目中还存在许多问题。

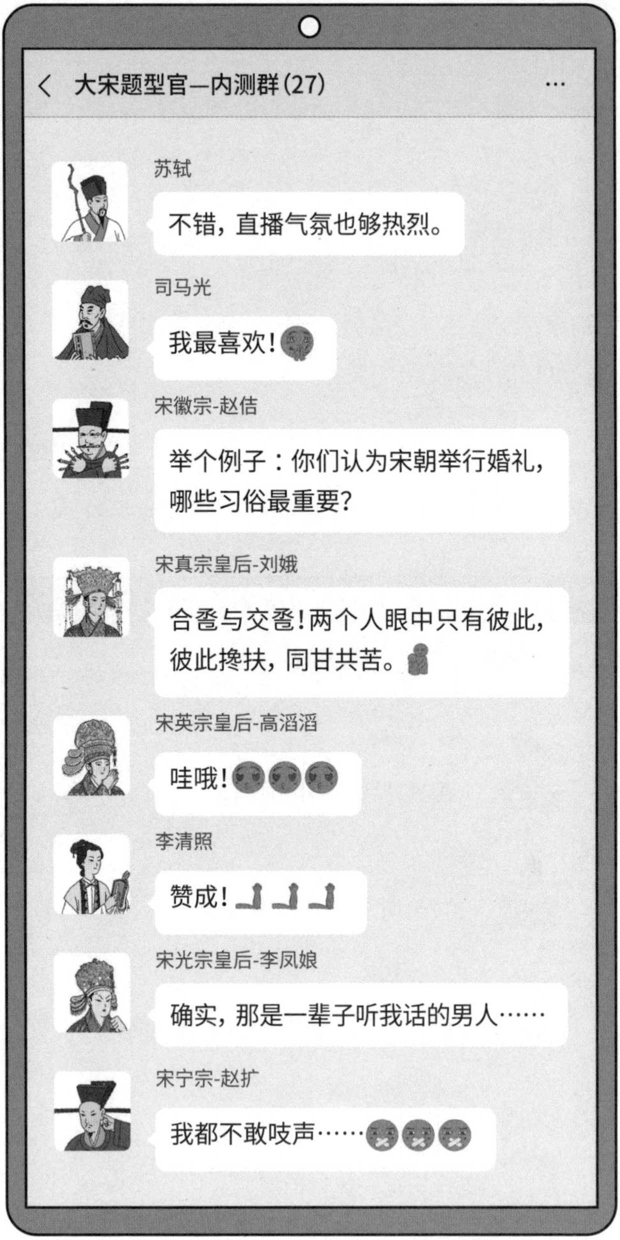
大宋题型官—内测群(27)
苏轼
不错，直播气氛也够热烈。
司马光
我最喜欢！
宋徽宗-赵佶
举个例子：你们认为宋朝举行婚礼，哪些习俗最重要？
宋真宗皇后-刘娥
合卺与交卺！两个人眼中只有彼此，彼此搀扶，同甘共苦。
宋英宗皇后-高滔滔
哇哦！
李清照
赞成！
宋光宗皇后-李凤娘
确实，那是一辈子听我话的男人……
宋宁宗-赵扩
我都不敢吱声……

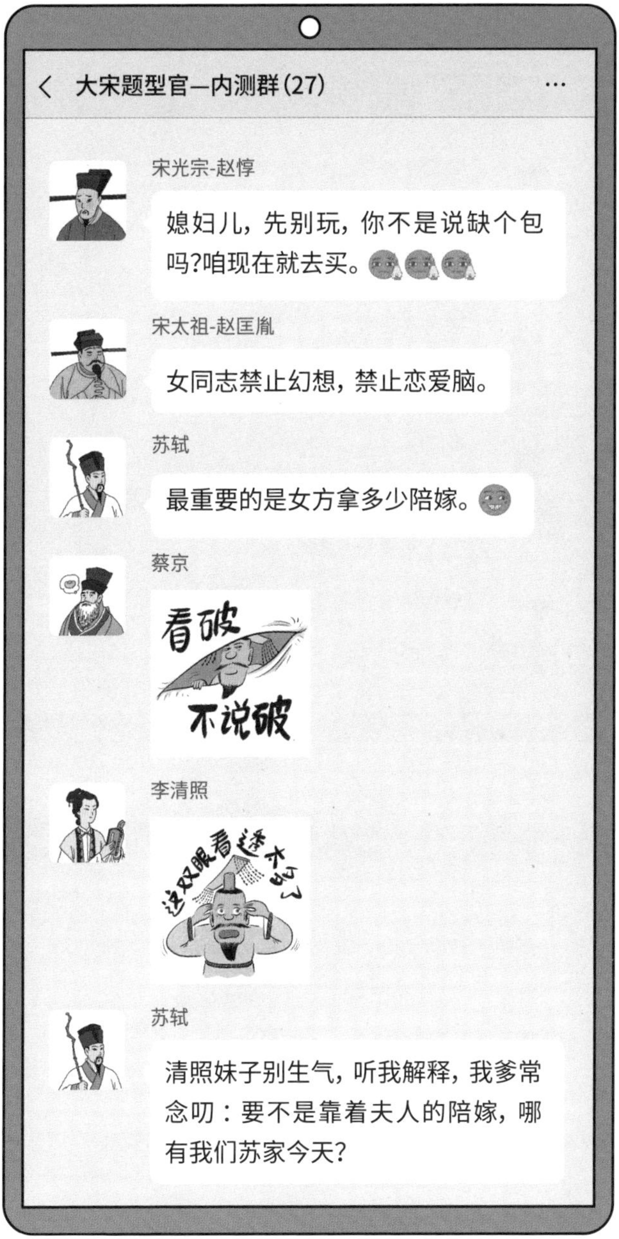
大宋题型官—内测群(27)
宋光宗-赵惇
媳妇儿，先别玩，你不是说缺个包吗?咱现在就去买。
宋太祖-赵匡胤
女同志禁止幻想，禁止恋爱脑。
苏轼
最重要的是女方拿多少陪嫁。
蔡京
看破
不说破
李清照
这双眼看透太多了
苏轼
清照妹子别生气，听我解释，我爹常念叨：要不是靠着夫人的陪嫁，哪有我们苏家今天?

大宋题型官—内测群(27)
李清照
苏老先生是感激之情，有的人就不一定咯。
宋光宗-赵惇
群里的老爷们都瑟瑟发抖。
欧阳修
哪还敢说话呀，都怕群聊泄露到夫人那里去。
李清照
好吧，好吧，不告密。

划重点

宋朝女子在出嫁时，父母都会为其准备丰厚的嫁妆，让女儿风光出嫁。如果一个女孩出嫁时嫁妆不够丰厚，是会被大家耻笑的，这就是当时流行的“厚嫁”风。父母在女儿幼年时就开始为她准备嫁妆，丰厚的嫁妆不仅代表父母对孩子的疼爱，也是彰显自己在家中及将来在婆家地位的标准。而且，女方的嫁妆可以自己支配打理，如果丈夫不幸去世，她的嫁妆可以养活自己和孩子。

在深受儒家文化影响的宋代，上至君主，下至老百姓都以告密为耻。这种反告密文化又被称为“亲亲相隐”。这个词来自儒家文化中的血缘伦理、亲情至上的价值观。

咱就是说，讨论的时候认真讨论，休息的时候一定要玩得尽兴，松紧搭配，活得不累！话不多说，一起休闲娱乐。

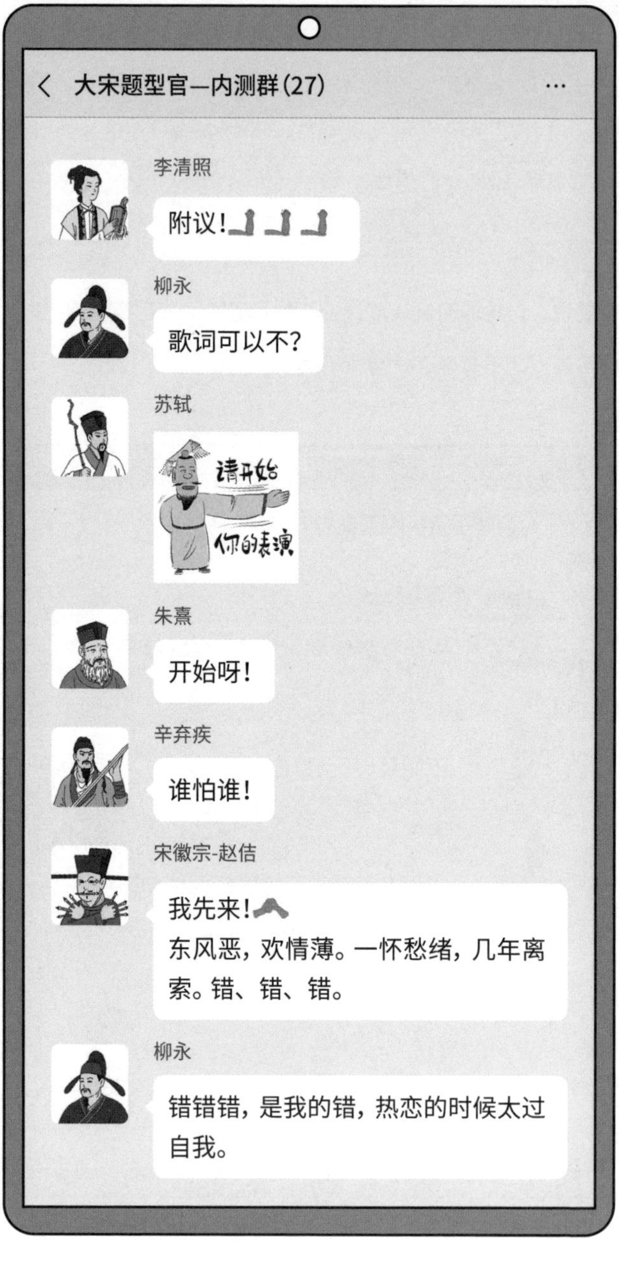
大宋题型官—内测群(27)
李清照
附议!
柳永
歌词可以不?
苏轼
请开始
你的表演
朱熹
开始呀!
辛弃疾
谁怕谁!
宋徽宗-赵佶
我先来!
东风恶，欢情薄。一怀愁绪，几年离索。错、错、错。
柳永
错错错，是我的错，热恋的时候太过自我。

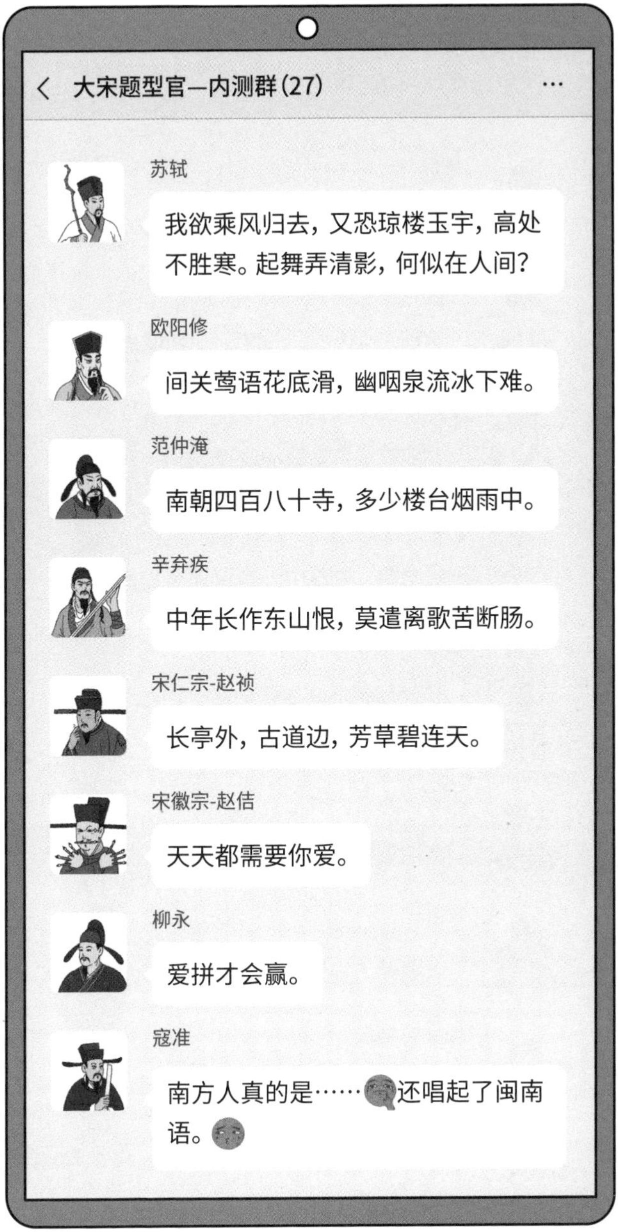
大宋题型官—内测群(27)
苏轼
我欲乘风归去，又恐琼楼玉宇，高处不胜寒。起舞弄清影，何似在人间？
欧阳修
间关莺语花底滑，幽咽泉流冰下难。
范仲淹
南朝四百八十寺，多少楼台烟雨中。
辛弃疾
中年长作东山恨，莫遣离歌苦断肠。
宋仁宗-赵祯
长亭外，古道边，芳草碧连天。
宋徽宗-赵佶
天天都需要你爱。
柳永
爱拼才会赢。
寇准
南方人真的是……还唱起了闽南语。

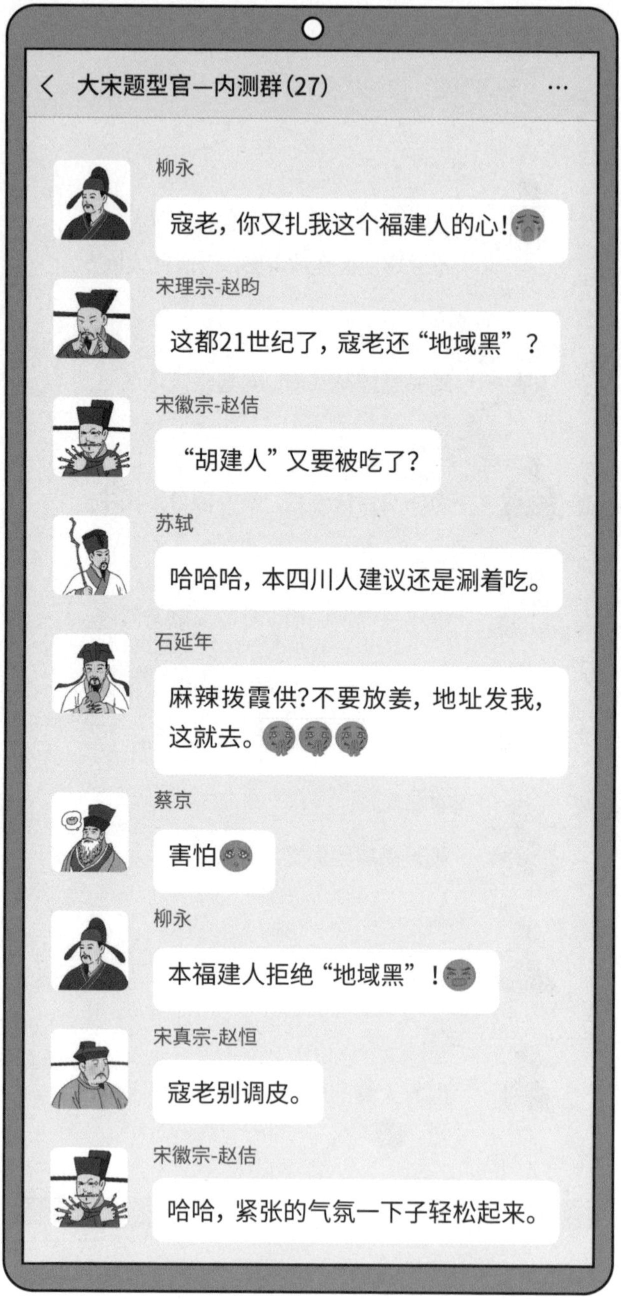
大宋题型官—内测群(27)
柳永
寇老，你又扎我这个福建人的心！
宋理宗-赵昀
这都21世纪了，寇老还“地域黑”？
宋徽宗-赵佶
“胡建人”又要被吃了？
苏轼
哈哈哈，本四川人建议还是涮着吃。
石延年
麻辣拨霞供？不要放姜，地址发我，这就去。
蔡京
害怕
柳永
本福建人拒绝“地域黑”！
宋真宗-赵恒
寇老别调皮。
宋徽宗-赵佶
哈哈，紧张的气氛一下子轻松起来。

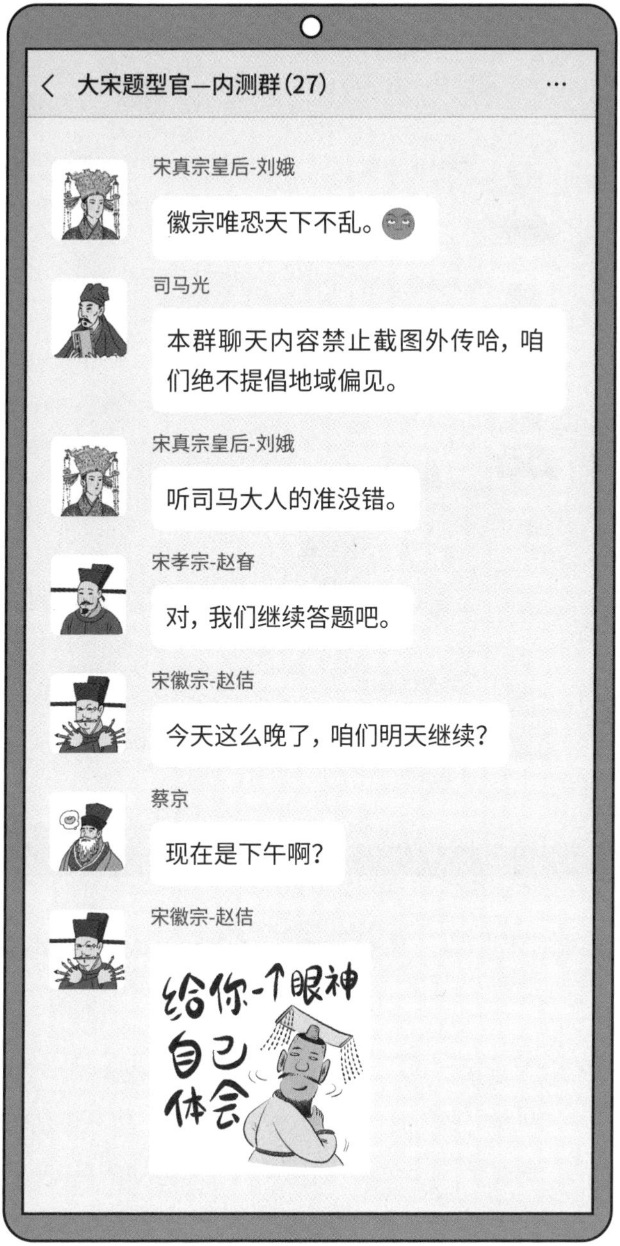

大宋题型官—内测群(27)
宋真宗皇后-刘娥
徽宗唯恐天下不乱。
司马光
本群聊天内容禁止截图外传哈，咱们绝不提倡地域偏见。
宋真宗皇后-刘娥
听司马大人的准没错。
宋孝宗-赵昚
对，我们继续答题吧。
宋徽宗-赵佶
今天这么晚了，咱们明天继续？
蔡京
现在是下午啊？
宋徽宗-赵佶
给你一个眼神
自己
体会

划重点

宋朝也有地域歧视。在宋代，福建作为新被纳入中原版图的地区，在“华夷之辨”的观念下，许多北方人仍然对其抱有偏见，将其称为“福建子”。加之福建的地理条件不适合农耕活动，许多生产方式仍不如中原或是西部的成都平原发达，所以福建人大多选择另谋出路，要么从商，要么科举，要么遁入空门。这也导致福建被称为“宋代版衡水一中”，在两宋的三百年间，福建籍的进士就占了所有进士总数的四分之一，遥遥领先其他省份，也成功打破了人们的偏见。

宋代还没有辣椒，所以当时的麻辣口味会利用现有的葱、姜、蒜、韭菜、芥菜、胡椒等调料。《玉壶清话》中记载，宋太宗问大臣：什么食物可以说是世上最珍贵的?四川人苏易简回答：姜、蒜、韭菜切碎，加上胡椒和盐巴，一起捣成泥，兑上水，“巴适得很”哦！

拨霞供：即兔肉火锅。宋代士大夫以吃野味为风尚，野兔更是他们的心头好。“拨霞供”即是当时野味菜肴的代表作。商周时期就有水煮食物的吃法，但它只是一个雏形，直到宋代林洪撰写的《山家清供》中详细描述了兔肉火锅的做法后，才真正有了火锅的记载。

有文娱委员宋徽宗在的地方，就没有冷场，搞一个彩排都能如此热闹，佩服佩服。

十 危险边缘的疯狂试探

宋朝经济牛牛，人口多多，住房需求强强，但是钱包瘪瘪，官民一起嘤嘤。

大宋夸夸群(24)
苏轼
大家最近有没有关注房价，终于降啦！！！
欧阳修
哇！我再攒攒打算全款入一套呢！
宋徽宗-赵佶
有这等好事？带我一个啊！
柳永
庸俗，你们可真庸俗！
宋仁宗-赵祯
天为被，地为床，你好好潇洒着。
宋度宗-赵禥
唉，这市场行情啊……
范仲淹
真的假的？有点突然，一时反应不过来咋回事？
王安石
房价太高，物极必反呗。

大宋夸夸群(24)
宋仁宗-赵祯
人口老龄化，出生率降低。
宋神宗-赵顼
失业率大涨也算是导火线了。
李清照
我们是时候为经济建设做贡献了。
宋少帝-赵昺
那以前的房价为啥那么高啊？
宋度宗-赵禥
唉，你走得早，不知道也不怪你。
苏轼
咳咳咳，好家伙，比我还虎！@ 宋度宗 - 赵禥
宋度宗-赵禥
老实人不说拐弯话。
苏轼
那咱们就给官家说说。

大宋夸夸群(24)

苏轼

王安石

首先，咱大宋经济繁荣啊！

欧阳修

经济好，人口就多啊，自然就有更多的住房需求啦！

宋真宗-赵恒

别忘了占城稻的推广啊，不吃饱，哪来的人口增加？

苏轼

说到吃，我最近又发明一道新菜，很适合小朋友吃哦，官家要不要尝尝？@ 宋少帝 - 赵昺

宋少帝-赵昺

好呀好呀，一会儿就到。

划重点

宋朝的人口数量约1.2亿，是世界历史上第一个人口破亿的国家。依《宋史▪地理一》记载，开封府在徽宗年间约有26万多户人。另外，依照《太平寰宇记》记载，开封人口的密度要高于现在的北京朝阳区。

占城稻：根据《宋史》记载，宋真宗时期，为了解决粮食危机，朝廷派人从越南引入了一种耐旱、高产的稻种，即占城稻。它的出现及时解决了宋朝老百姓吃饭难的问题，提高了全国的粮食产量。

原来从古至今，大家都有住房烦恼啊！

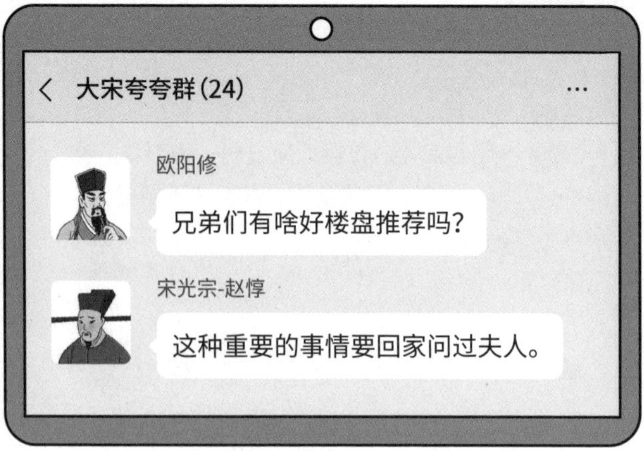

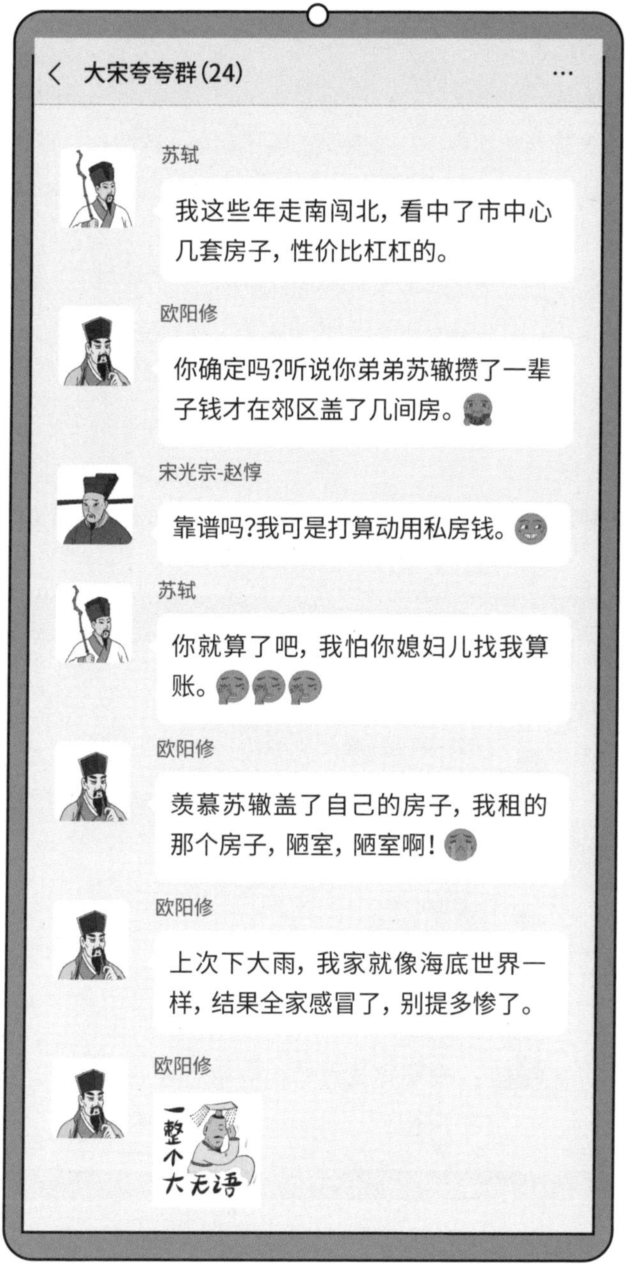
大宋夸夸群(24)
苏轼
我这些年走南闯北，看中了市中心几套房子，性价比杠杠的。
欧阳修
你确定吗?听说你弟弟苏辙攒了一辈子钱才在郊区盖了几间房。
宋光宗-赵惇
靠谱吗?我可是打算动用私房钱。
苏轼
你就算了吧，我怕你媳妇儿找我算账。
欧阳修
羡慕苏辙盖了自己的房子，我租的那个房子，陋室，陋室啊!
欧阳修
上次下大雨，我家就像海底世界一样，结果全家感冒了，别提多惨了。
欧阳修
一整个大无语

划重点

北宋的房价很高，许多官员都买不起房。欧阳修在开封一直租房子住，而且房子质量堪忧。他的朋友梅尧臣也和他有相同经历，两人曾在书信中为此事写诗互相吐槽。苏洵父子三人在开封也是租房子住，苏辙直到晚年才攒够9000多贯买了一套住宅。要知道，当时普通人打工每个月才能赚取1贯左右，可见9000贯铜钱对宋朝老百姓来说，简直是“一个亿”的“小目标”。

随着聊天的话题勾起大家的回忆，越来越多的友友们加入讨论。

大宋夸夸群(24)
宋神宗-赵顼
邸店?我也认识。
宋徽宗-赵佶
看这边，也有资源介绍哦。
柳永
妈耶，皇帝们卷起来了。
宋徽宗-赵佶
太祖，您这么大岁数了，就少操心吧!
宋神宗-赵顼
确实，安心享受退休生活。
宋太祖-赵匡胤
你们在教我做事
宋太宗-赵光义
大哥就不要倚老卖老了。

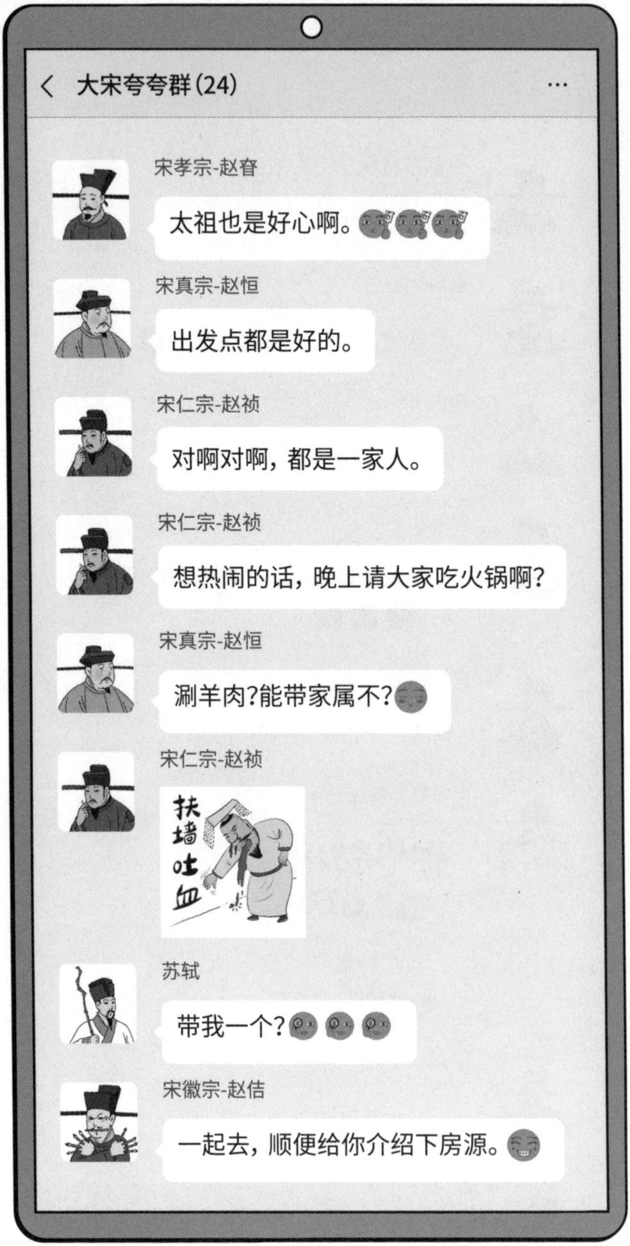
大宋夸夸群(24)
宋孝宗-赵昚
太祖也是好心啊。
宋真宗-赵恒
出发点都是好的。
宋仁宗-赵祯
对啊对啊，都是一家人。
宋仁宗-赵祯
想热闹的话，晚上请大家吃火锅啊？
宋真宗-赵恒
涮羊肉?能带家属不?
宋仁宗-赵祯
扶墙吐血
苏轼
带我一个?
宋徽宗-赵佶
一起去，顺便给你介绍下房源。

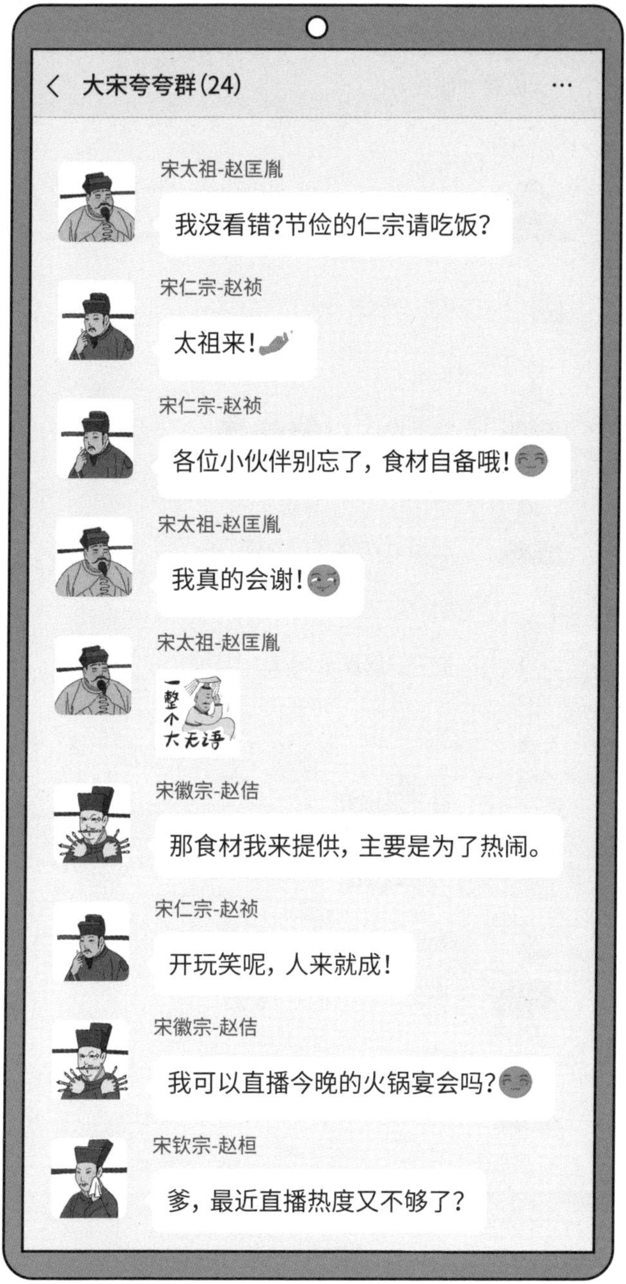
大宋夸夸群(24)
宋太祖-赵匡胤
我没看错?节俭的仁宗请吃饭?
宋仁宗-赵祯
太祖来!
宋仁宗-赵祯
各位小伙伴别忘了,食材自备哦!
宋太祖-赵匡胤
我真的会谢!
宋太祖-赵匡胤
一整个大无语
宋徽宗-赵佶
那食材我来提供,主要是为了热闹。
宋仁宗-赵祯
开玩笑呢,人来就成!
宋徽宗-赵佶
我可以直播今晚的火锅宴会吗?
宋钦宗-赵桓
爹,最近直播热度又不够了?

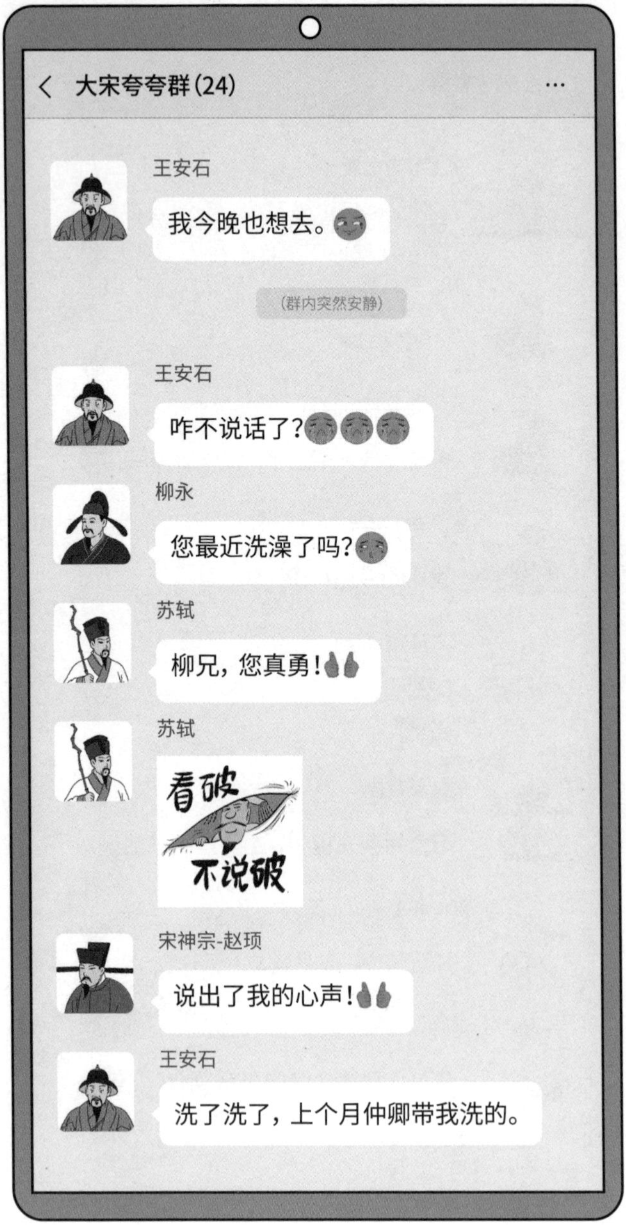
大宋夸夸群(24)
王安石
我今晚也想去。
(群内突然安静)
王安石
咋不说话了?
柳永
您最近洗澡了吗?
苏轼
柳兄,您真勇!
苏轼
看破
不说破
宋神宗-赵顼
说出了我的心声!
王安石
洗了洗了,上个月仲卿带我洗的。

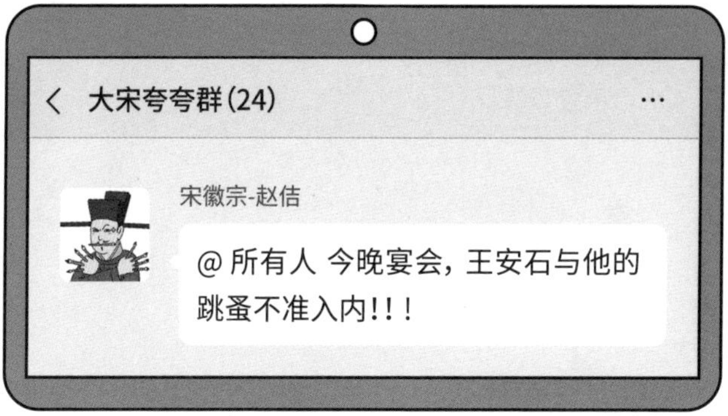

划重点

店宅务：又名楼店务，属于官方的房屋租赁组织，它定向服务于外来人员和在京工作人员，为他们提供“廉租房”。店宅务收取的租金不进入国库，而是直接进入皇帝的口袋里。

邸店：宋代房价较高，人们想要租房，一般通过两个渠道，一是官方的房屋租赁机构“店宅务”；二是私人性质的“邸店”，这是官僚权贵们囤积的房屋，用以赚取租金。

王安石：北宋名人之一，但在他荣誉的头衔下，还有一颗“不羁”的心。他认为，大丈夫就要把心思放到国家大事上，因此他对自己的外貌仪表丝毫不在意，经常通宵办公后直接去上班，就连和宋神宗开会，都依然我行我素，脸上污垢、身上的气味及“衍生品”跳蚤不断。但王安石的好友吴仲卿和韩维下定决心，一定要帮他改掉这个陋习。

民以食为天，不管聊什么，最后都能扯到吃上。

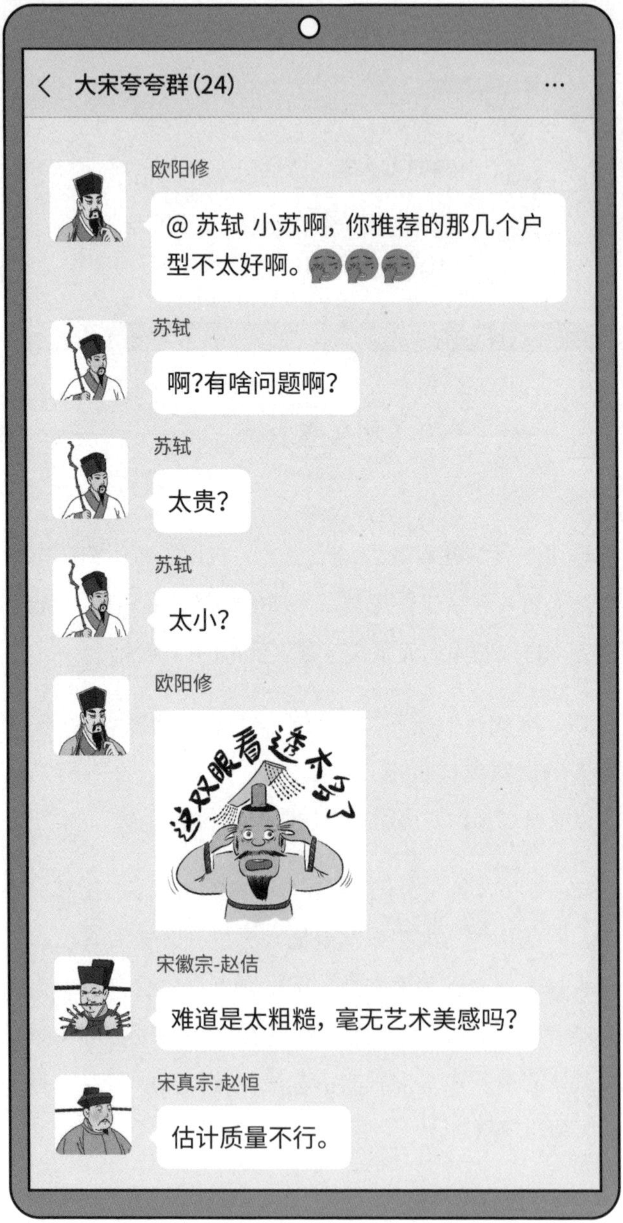
大宋夸夸群(24)
欧阳修
@苏轼 小苏啊，你推荐的那几个户型不太好啊。
苏轼
啊?有啥问题啊?
苏轼
太贵?
苏轼
太小?
欧阳修
这双眼看透太多了
宋徽宗-赵佶
难道是太粗糙，毫无艺术美感吗?
宋真宗-赵恒
估计质量不行。

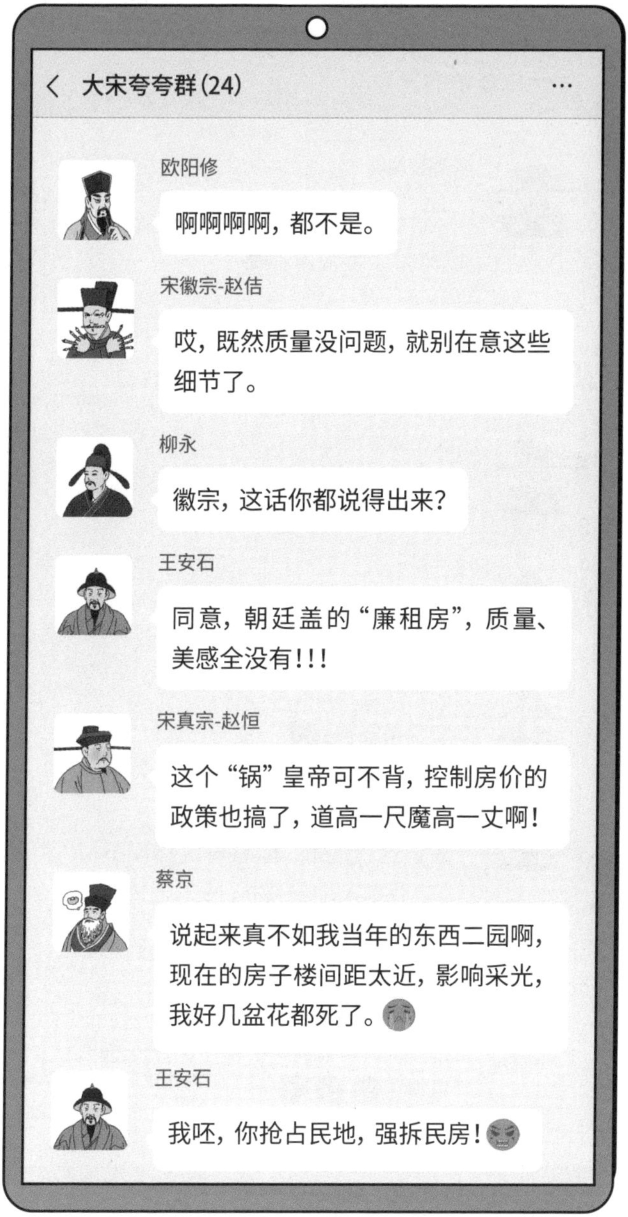
大宋夸夸群(24)
欧阳修
啊啊啊啊，都不是。
宋徽宗-赵佶
哎，既然质量没问题，就别在意这些细节了。
柳永
徽宗，这话你都说得出来？
王安石
同意，朝廷盖的“廉租房”，质量、美感全没有!!!
宋真宗-赵恒
这个“锅”皇帝可不背，控制房价的政策也搞了，道高一尺魔高一丈啊！
蔡京
说起来真不如我当年的东西二园啊，现在的房子楼间距太近，影响采光，我好几盆花都死了。
王安石
我呸，你抢占民地，强拆民房！

大宋夸夸群(24)
宋徽宗-赵佶
隔音也忒差了，我兴致来时抚琴作乐，没少被投诉。
宋真宗-赵恒
不可能吧?你是在啥时候抚琴的?
宋徽宗-赵佶
艺术家的灵感都在午夜。
王安石
不投诉你才怪!
柳永
您这是缺德!
宋徽宗-赵佶
除了这个问题，你看看层高都不过关，我本来想装藻井，根本发挥不出来，直接地下打井得啦!
欧阳修
那不可以，您打井，楼下的天花板要遭殃。

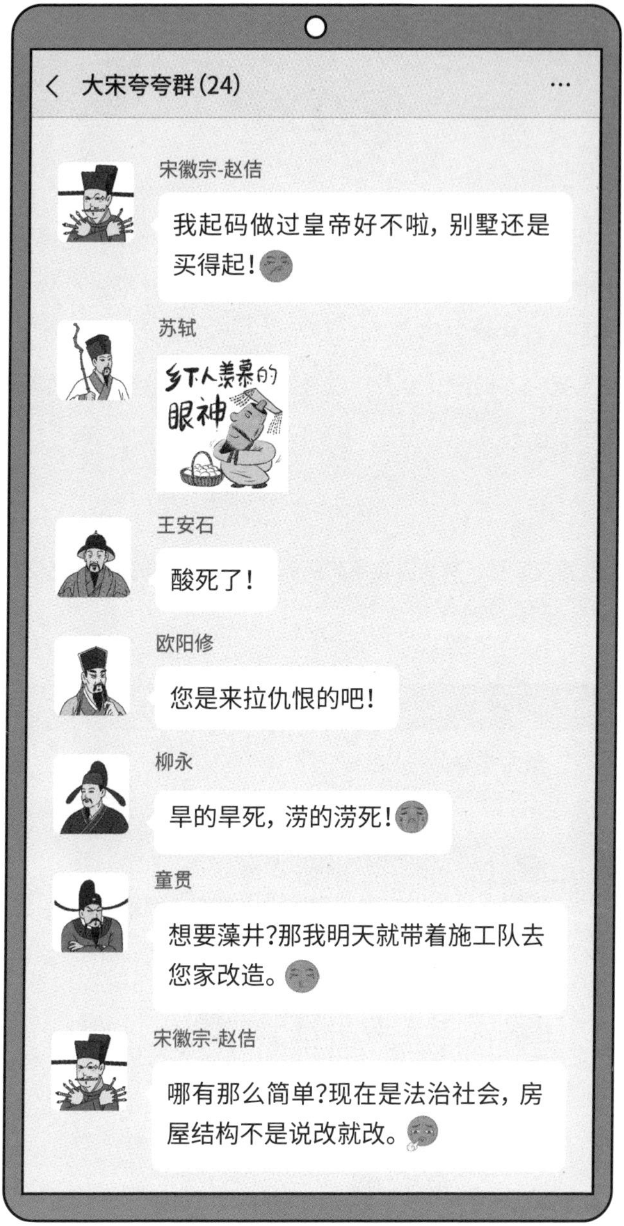
大宋夸夸群(24)
宋徽宗-赵佶
我起码做过皇帝好不啦，别墅还是买得起！
苏轼
乡下人羡慕的眼神
王安石
酸死了！
欧阳修
您是来拉仇恨的吧！
柳永
旱的旱死，涝的涝死！
童贯
想要藻井?那我明天就带着施工队去您家改造。
宋徽宗-赵佶
哪有那么简单?现在是法治社会，房屋结构不是说改就改。

划重点

藻井：一种室内装饰，多用于高档的古建筑中，使得本来就高大宏伟的建筑物更具特色。它除了起到装饰建筑的作用，还包含着古今人民的美好期望。因为古时大型建筑多为木质结构，容易引发火灾，人们便在藻井上绘有荷花、莲藕等与水相关的植物，祈祷房子不会起火。

几家欢喜几家愁，有人因买不起房而烦恼，有人却买了一大块地皮要自建房屋。

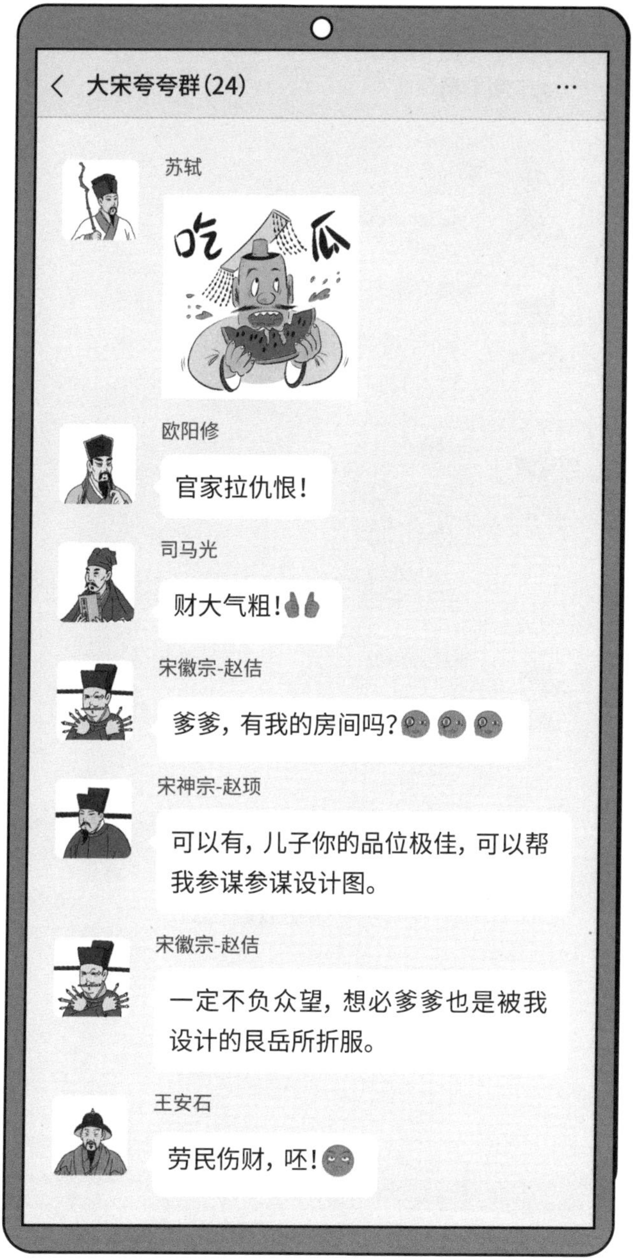
大宋夸夸群(24)
苏轼
吃瓜
欧阳修
官家拉仇恨！
司马光
财大气粗！
宋徽宗-赵佶
爹爹，有我的房间吗？
宋神宗-赵顼
可以有，儿子你的品位极佳，可以帮我参谋参谋设计图。
宋徽宗-赵佶
一定不负众望，想必爹爹也是被我设计的艮岳所折服。
王安石
劳民伤财，呸！

大宋夸夸群(24)
司马光
难得同意王安石一次。
宋端宗-赵昰
我听过这一段！花石纲！！！《水浒传》！！！
宋端宗-赵昰
又会腰
宋度宗-赵禥
嘿嘿，徽宗声名远扬，都被写到了小说中。
宋徽宗-赵佶
这福气给你要不要？@宋端宗-赵昰你作业写完了吗？
宋端宗-赵昰
光速消失

划重点

宋英宗赵曙在位时，国家财政赤字，宋朝的财政亏空高达1750多万两白银。宋神宗赵顼即位后，面对老爹留下的烂摊子，他带着志同道合的王安石一起搞变法。虽然变法失败，但是国库充足，宋神宗一跃成为世界上赫赫有名的富豪。

艮岳：宋代著名的皇家园林。宋徽宗时期修建，他为了将这座园林“打扮”得漂漂亮亮，装点出独一无二的园林景观，耗费了北宋大量的人力财力，并意欲取尽天下奇石。遗憾的是，该园林于1127年金人攻陷汴京后被拆毁。

《水浒传》中杨志押送的“花石纲”就是因为当时的背景：宋徽宗要搜寻天下奇石，装点自己的园林艮岳。

为了打破尴尬局面，最近刚写完《梦溪笔谈》的沈括好心出来圆场。

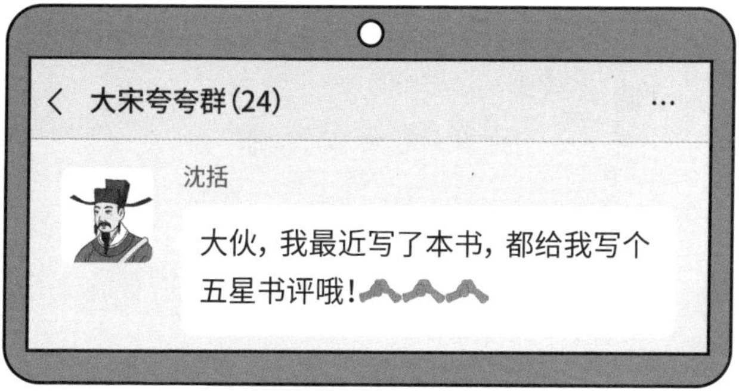

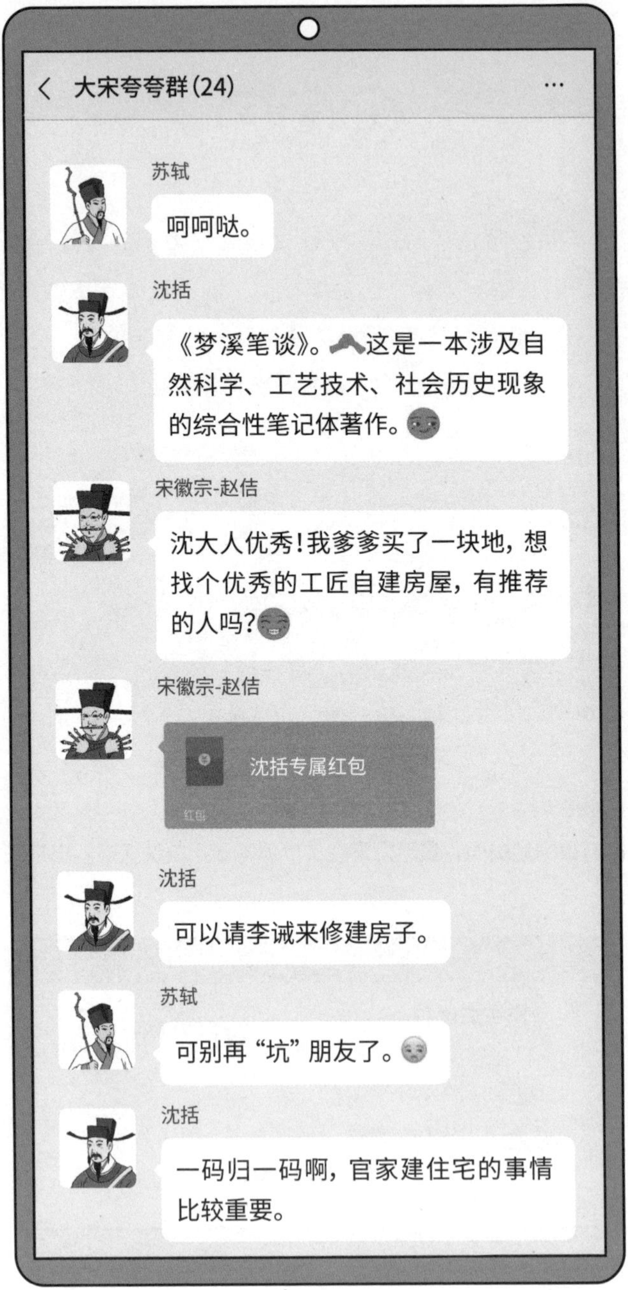
大宋夸夸群(24)
苏轼
呵呵哒。
沈括
《梦溪笔谈》。这是一本涉及自然科学、工艺技术、社会历史现象的综合性笔记体著作。
宋徽宗-赵佶
沈大人优秀!我爹爹买了一块地，想找个优秀的工匠自建房屋，有推荐的人吗?
宋徽宗-赵佶
沈括专属红包
红包
沈括
可以请李诫来修建房子。
苏轼
可别再“坑”朋友了。
沈括
一码归一码啊，官家建住宅的事情比较重要。

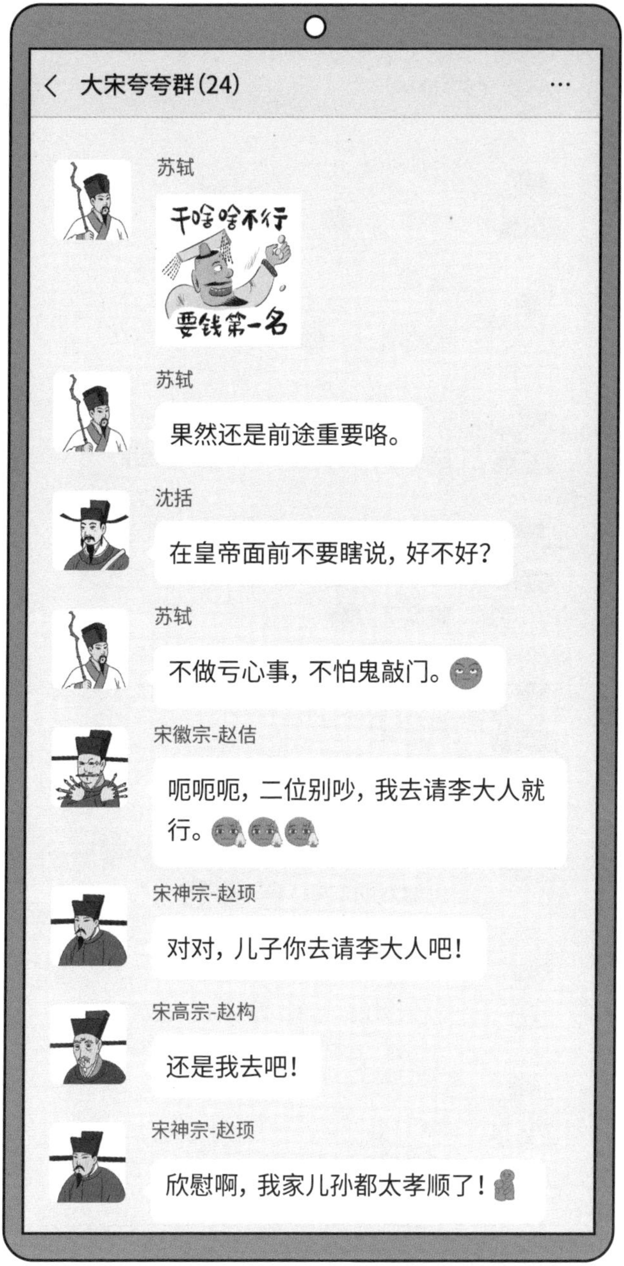
大宋夸夸群(24)
苏轼
干啥啥不行
要钱第一名
苏轼
果然还是前途重要咯。
沈括
在皇帝面前不要瞎说，好不好？
苏轼
不做亏心事，不怕鬼敲门。
宋徽宗-赵佶
呃呃呃，二位别吵，我去请李大人就行。
宋神宗-赵顼
对对，儿子你去请李大人吧！
宋高宗-赵构
还是我去吧！
宋神宗-赵顼
欣慰啊，我家儿孙都太孝顺了！

大宋夸夸群(24)
宋理宗-赵昀
啧啧……
苏轼
啧啧啧……
宋神宗-赵顼
咋地啦，我说错了吗？
宋钦宗-赵桓
爷爷可能还不知道，我爹被李大人拉黑了。
宋神宗-赵顼
为啥啊？
宋徽宗-赵佶
我最近没招惹他呀，我就说为啥不见他发朋友圈。
苏轼
@宋徽宗-赵佶 因为你欠他钱。
宋徽宗-赵佶
搞错了
重来

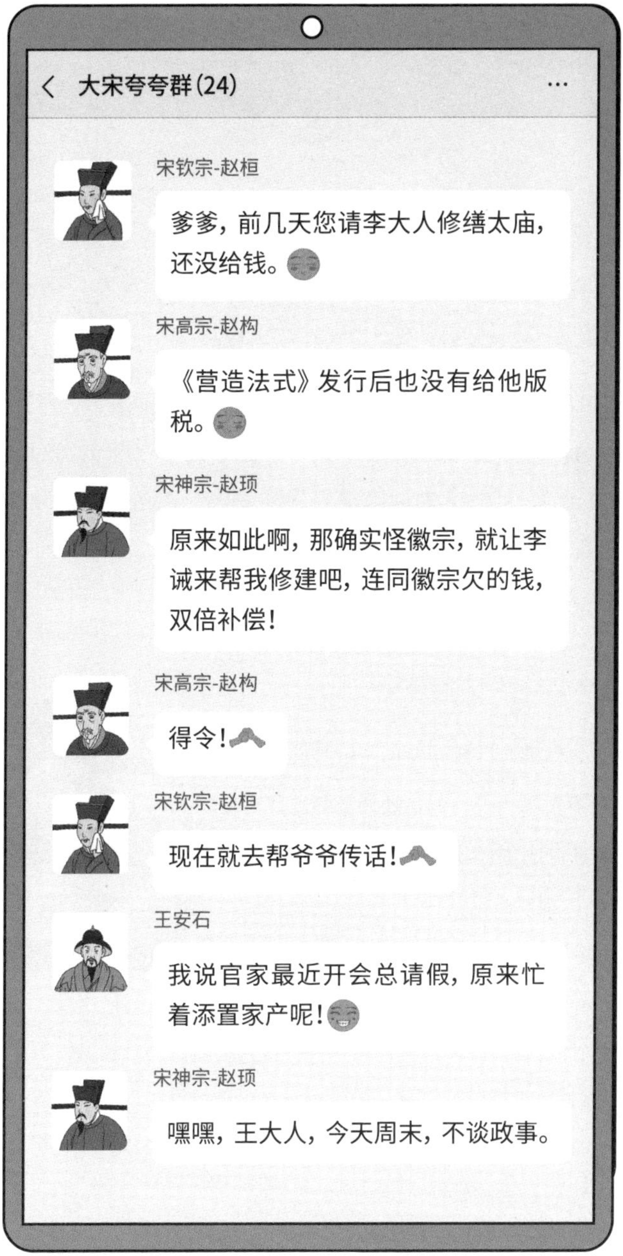
大宋夸夸群(24)
宋钦宗-赵桓
爹爹，前几天您请李大人修缮太庙，还没给钱。
宋高宗-赵构
《营造法式》发行后也没有给他版税。
宋神宗-赵顼
原来如此啊，那确实怪徽宗，就让李诫来帮我修建吧，连同徽宗欠的钱，双倍补偿！
宋高宗-赵构
得令！
宋钦宗-赵桓
现在就去帮爷爷传话！
王安石
我说官家最近开会总请假，原来忙着添置家产呢！
宋神宗-赵顼
嘿嘿，王大人，今天周末，不谈政事。

划重点

苏轼曾和沈括是好友，在一次朋友聚会后，沈括将苏轼酒后作的诗词抄写下来，并借此发挥，制造了轰动一时的“乌台诗案”。经过这件事后，两人友谊的小船永远沉没。

李诫：北宋著名的建筑学家，参与过建筑太庙、辟雍、龙德宫、钦慈太后佛寺等重大工程，编写了一部中国建筑史上的跨时代著作《营造法式》。他不光在建筑学界发光发热，也是一位政绩突出的官员，在书画方面的天赋也受到过宋徽宗的好评。

建筑是一种凝固的艺术，它所承载的不光是一砖一瓦，还伴随着时光的流逝与历史作伴，呈现出了不同时代人民的精神内涵。

爆竹声中一岁除，春风送暖入屠苏。春节在所有国人的心中意义非凡，家家户户都打起十二分精神来置办年货，宋朝的皇帝们为了办好今年的春节，也是操碎了心。

春节守岁群(18)
宋太祖-赵匡胤
新年快乐
红包
宋太宗-赵光义
哥哥过年好哇!
宋徽宗-赵佶
恭喜发财!
宋少帝-赵昺
我们三个晚辈在这里祝各位福如东海!
宋恭宗-赵㬎
寿比南山!
宋端宗-赵昰
吃嘛嘛香，身体倍儿棒!
宋太祖-赵匡胤
宋末三帝专属红包
红包

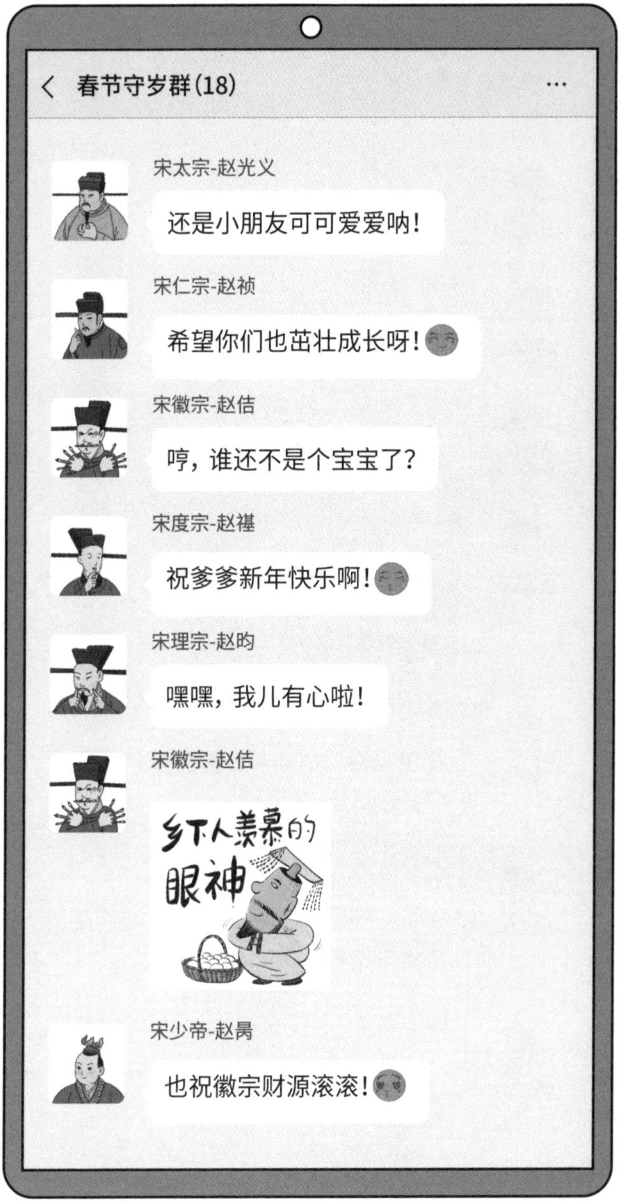
春节守岁群(18)
宋太宗-赵光义
还是小朋友可可爱爱呐！
宋仁宗-赵祯
希望你们也茁壮成长呀！
宋徽宗-赵佶
哼，谁还不是个宝宝了？
宋度宗-赵禥
祝爹爹新年快乐啊！
宋理宗-赵昀
嘿嘿，我儿有心啦！
宋徽宗-赵佶
乡下人羡慕的眼神
宋少帝-赵昺
也祝徽宗财源滚滚！

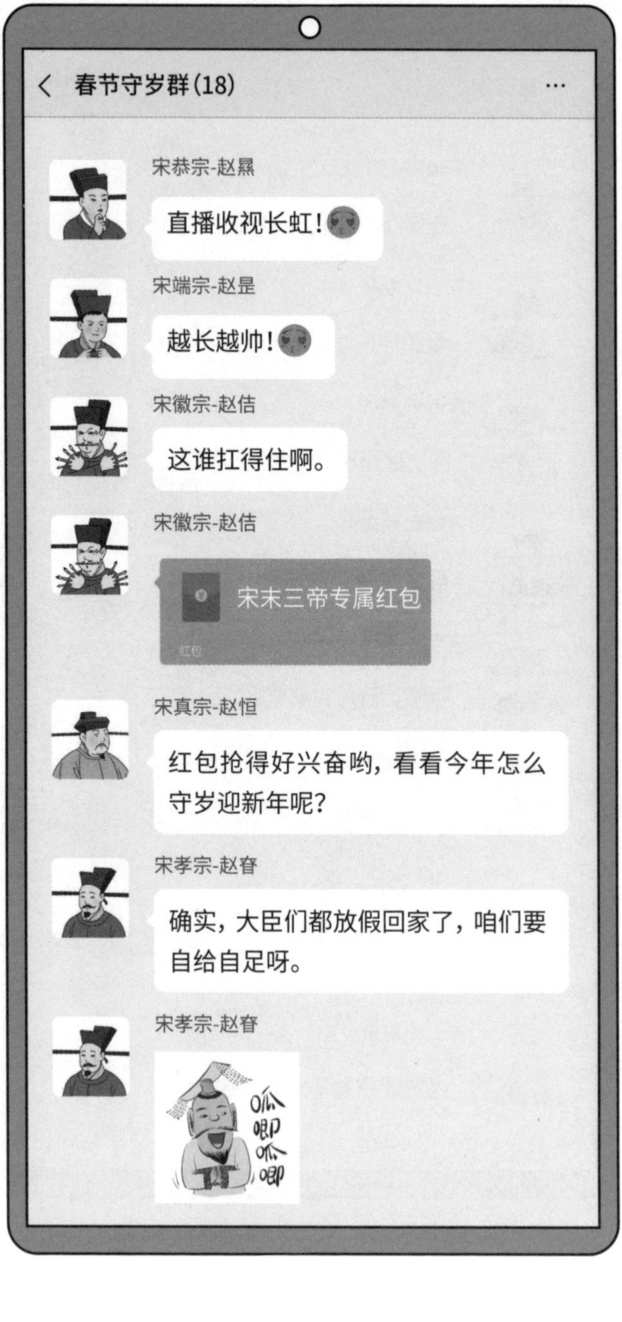
春节守岁群(18)
宋恭宗-赵㬎
直播收视长虹！
宋端宗-赵昰
越长越帅！
宋徽宗-赵佶
这谁扛得住啊。
宋徽宗-赵佶
宋末三帝专属红包
红包
宋真宗-赵恒
红包抢得好兴奋哟，看看今年怎么守岁迎新年呢？
宋孝宗-赵昚
确实，大臣们都放假回家了，咱们要自给自足呀。
宋孝宗-赵昚
呱唧呱唧

划重点

新年：关于过年的由来，最广为人知的一种说法就是，曾经有一头名叫年的怪兽，每到除夕之夜，它便出来做坏事。人们斗不过它，十分苦恼。后来有一位勇士为了解救百姓，与怪兽年同归于尽。后来人们为了纪念勇士，并且庆祝怪兽消失，便出现了过年。

守岁：这一习俗流行于北宋，据《东京梦华录》记述，在除夕之夜，全家人会围坐一起等待新一年的到来，这叫作守岁。此风俗到南宋初期逐渐消失，南宋学者袁文曾在《瓮牖闲评》中惋惜道：四五十年前，一家人通宵守岁，把酒言欢，其乐融融，这样不好吗?现在咋就没有这个习俗了呢?

福如东海：传说有一年闹旱灾，村子里一位小伙子救了一位神仙假扮的要饭老人，神仙为了报答好心的小伙，告诉他去东海取水灌溉农田的方法，这个方法救了全村百姓。之后，人们用“福如东海”这个词来祝福亲朋好友有福气。

寿比南山：有一年，琼州突然山崩地裂、电闪雷鸣，造成死伤无数，唯有住在南山上的人毫发无伤。据说，南山上的人经过这次天劫之后都成了神仙。后来再去南山游玩的人，生病的也会痊愈，没病的也会长寿，于是人们用“寿比南山”这个词来祝福亲朋好友长寿。

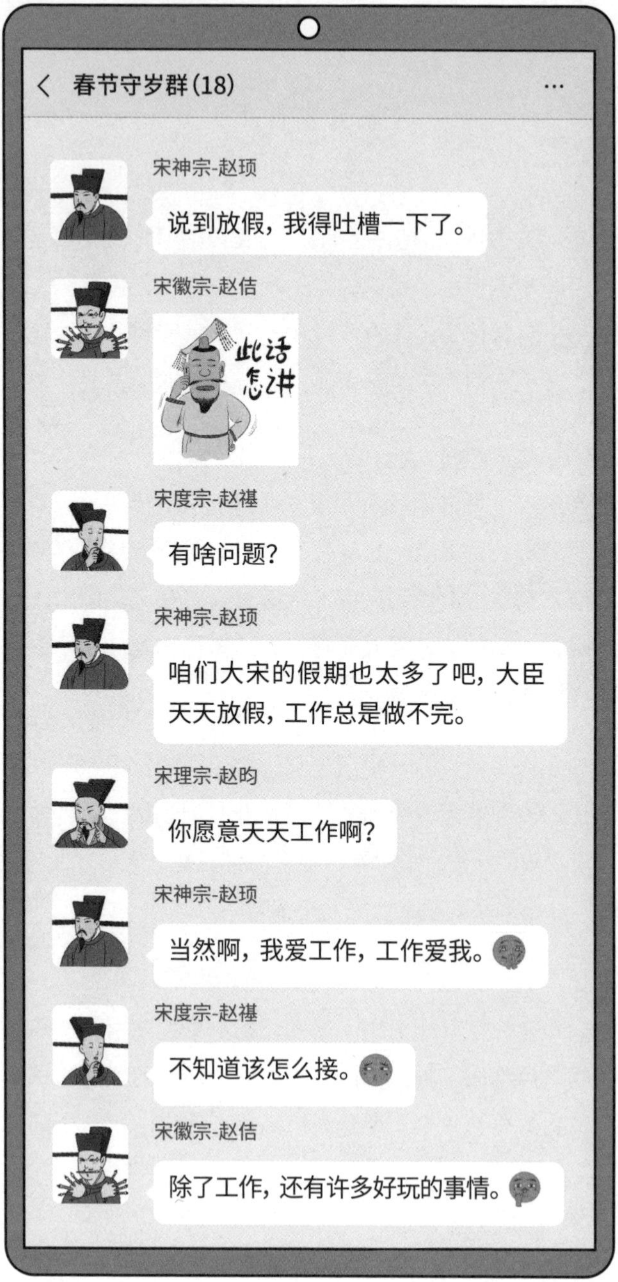
春节守岁群(18)
宋神宗-赵顼
说到放假，我得吐槽一下了。
宋徽宗-赵佶
此话怎讲
宋度宗-赵禥
有啥问题？
宋神宗-赵顼
咱们大宋的假期也太多了吧，大臣天天放假，工作总是做不完。
宋理宗-赵昀
你愿意天天工作啊？
宋神宗-赵顼
当然啊，我爱工作，工作爱我。
宋度宗-赵禥
不知道该怎么接。
宋徽宗-赵佶
除了工作，还有许多好玩的事情。

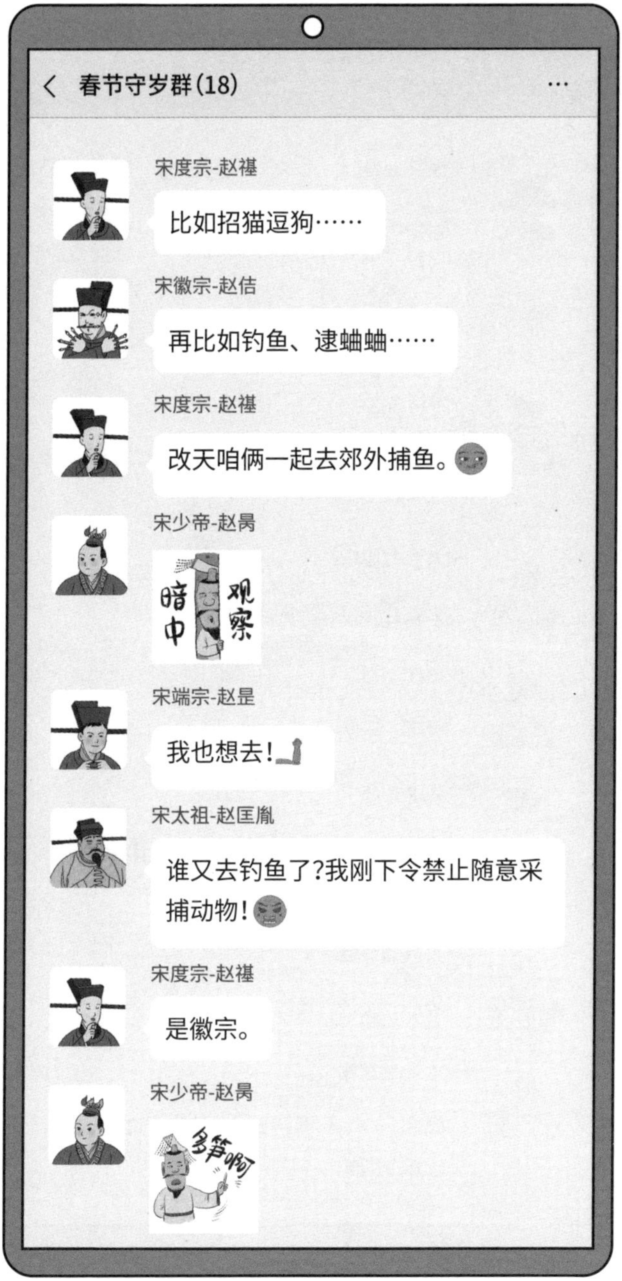
春节守岁群(18)
宋度宗-赵禥
比如招猫逗狗……
宋徽宗-赵佶
再比如钓鱼、逮蛐蛐……
宋度宗-赵禥
改天咱俩一起去郊外捕鱼。
宋少帝-赵昺
暗中观察
宋端宗-赵昰
我也想去!
宋太祖-赵匡胤
谁又去钓鱼了?我刚下令禁止随意采捕动物!
宋度宗-赵禥
是徽宗。
宋少帝-赵昺
多管闲事啊

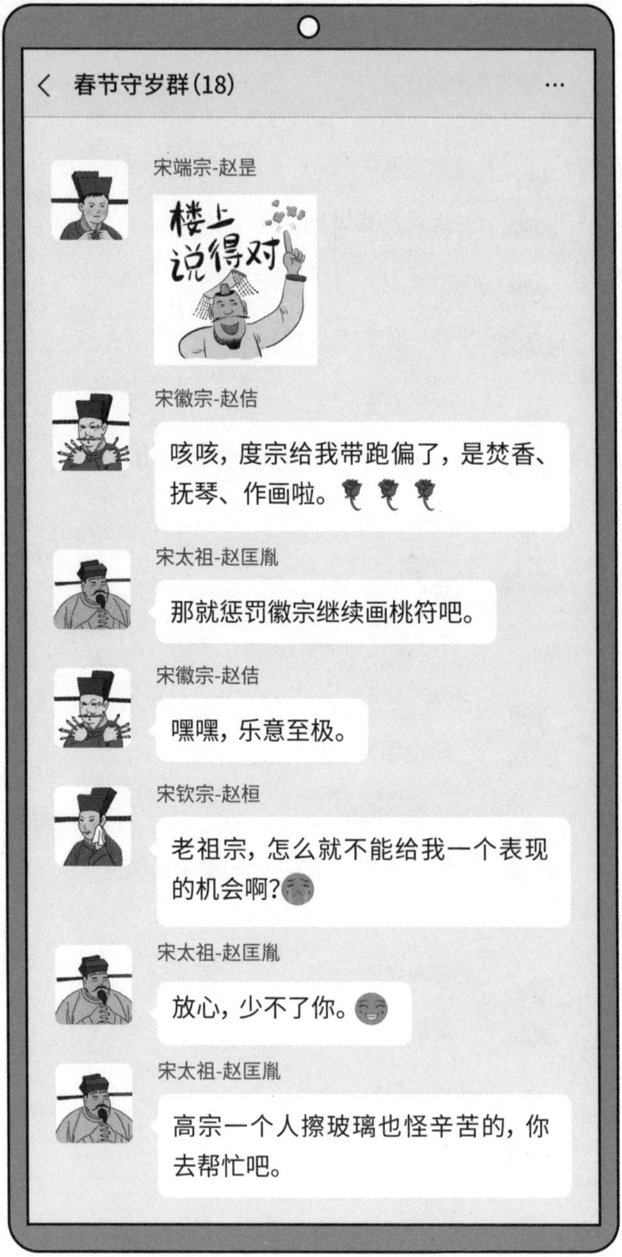
春节守岁群(18)
宋端宗-赵昰
楼上说得对
宋徽宗-赵佶
咳咳，度宗给我带跑偏了，是焚香、抚琴、作画啦。
宋太祖-赵匡胤
那就惩罚徽宗继续画桃符吧。
宋徽宗-赵佶
嘿嘿，乐意至极。
宋钦宗-赵桓
老祖宗，怎么就不能给我一个表现的机会啊？
宋太祖-赵匡胤
放心，少不了你。
宋太祖-赵匡胤
高宗一个人擦玻璃也怪辛苦的，你去帮忙吧。

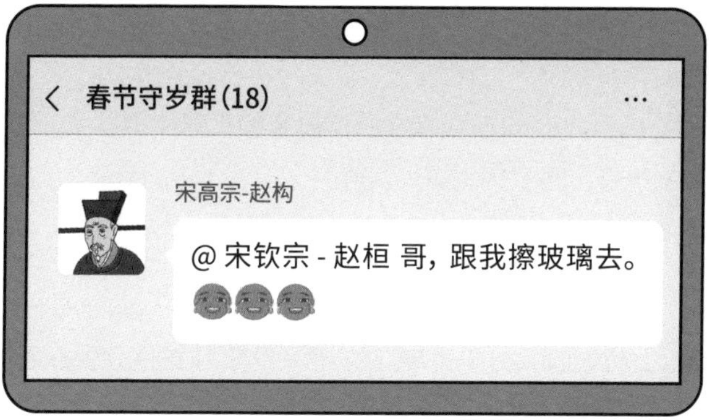

划重点

宋朝官员的假期之多，在历史上也是名列前茅的。除了每十天休息一天的旬假，还有各种各样的节假日，比如三大节：春节、寒食节、冬至各休息七天；五中节：中元节、圣节、上元节、夏至、腊日各休息三天；婚假有九天；如若家中亲人去世，根据文武官员的不同，也会有几个月到两三年不等的假期；其他的假期零零碎碎也能放几个月。

宋代人对于生态保护丝毫不含糊，靠着水源居住的宋朝人民就地取材，吃鱼捕虾，灌溉农田等日常生活都靠这些江河湖海。但是随着人口增长，人们开始过度打捞，并在水源周边围湖造田，对当地生态环境造成极大影响。宋太祖和宋真宗等曾下《禁采捕诏》等明确诏令，要求百姓顺应自然，适量渔猎。

桃符：过年时，人们为求趋吉避凶，会将神荼、郁垒两位神仙的名号或画像挂上去，因为经常挂在桃木板上，人们称其为“桃符”。宋太祖乾德二年（964年），后蜀的孟昶因不满身边人所制作的桃符，亲自撰写了一副楹联“新年纳余庆，佳节号长春”，这句话改变了桃符原有的内容和性质，后来的专家学者认为，孟昶此次改写的桃符，是我国的第一对春联。

绿水青山就是金山银山，皇帝们的觉悟就是高，时刻关注生态保护问题。

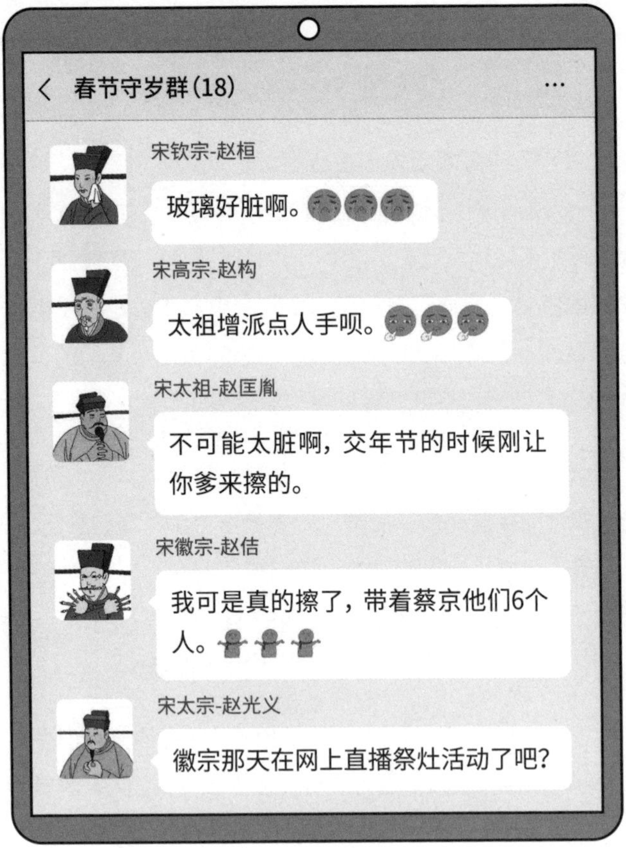

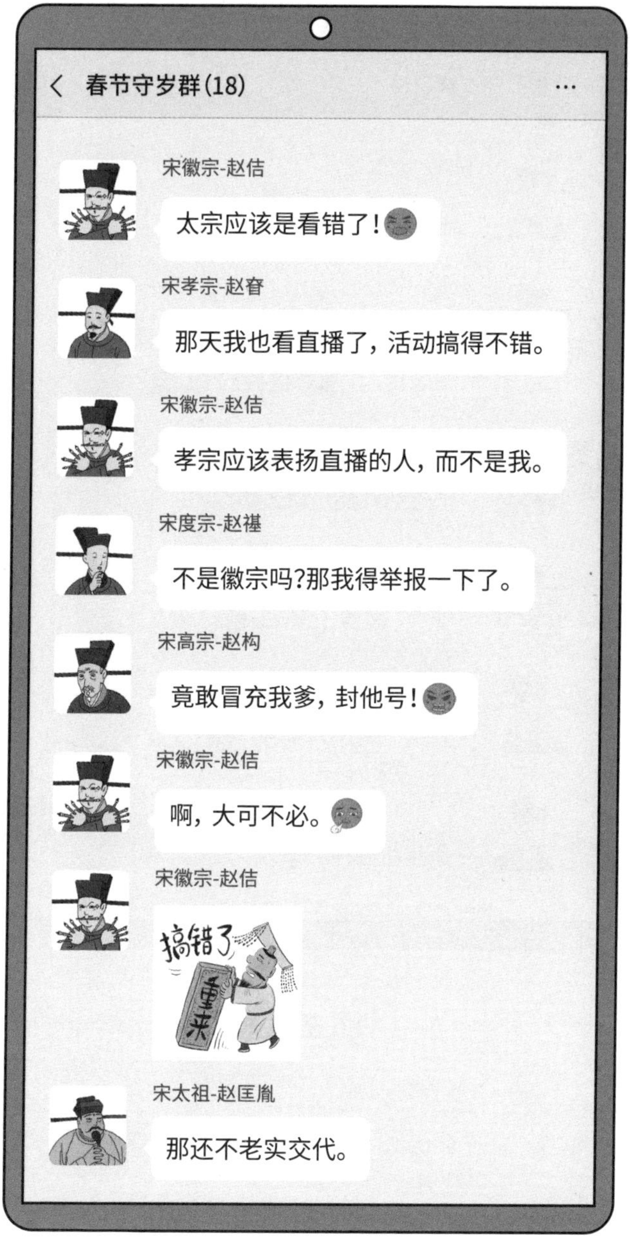
春节守岁群(18)
宋徽宗-赵佶
太宗应该是看错了！
宋孝宗-赵昚
那天我也看直播了，活动搞得不错。
宋徽宗-赵佶
孝宗应该表扬直播的人，而不是我。
宋度宗-赵禥
不是徽宗吗?那我得举报一下了。
宋高宗-赵构
竟敢冒充我爹，封他号！
宋徽宗-赵佶
啊，大可不必。
宋徽宗-赵佶
搞错了
重来
宋太祖-赵匡胤
那还不老实交代。

划重点

交年节：宋代将每年的十二月二十四日称为交年节，又称小年、小岁。据《太平御览》中记载，交年节这天并非像春节那般隆重，人们忌讳出门拜访，都留在家中打扫卫生，置办年货，恭送百神。

祭灶神：交年节主要的活动之一，相传每年的这一日，掌管人间饮食的灶神要上天述职，人们为了让灶神多多美言，便举行祭祀活动。宋朝人很重视这个活动，《梦粱录》《武林旧事》中都对这一日的盛大祭祀活动有所记述。交年节这一日，大街上都是卖花果、箕豆、五色米等祭拜灶神的祭品。到了南宋，祭祀更为隆重，范成大在《祭灶祠》中写道：这一日人们准备熟猪头、新鲜鱼肉、豆沙馅点心等食品，配着烧酒一起祭拜灶神。

祭灶神的过程体现出中国人民对美好明天的向往，但是，知错就改、屡错屡犯的徽宗，真是让人伤脑筋啊。

春节守岁群(18)
宋太祖-赵匡胤
不会是我眼花了吧?
宋太宗-赵光义
我也想问呢。
宋英宗-赵曙
我就笑笑不说话
宋神宗-赵顼
太阳打西边出来了?
宋徽宗-赵佶
如果是真的,我名字倒过来念。
宋理宗-赵昀
赵佶,佶赵(吉兆),还挺吉利。
宋光宗-赵惇
嘿嘿,凤娘说了,新年新气象嘛。
宋徽宗-赵佶
我每年都说减肥,结果越减越肥。

春节守岁群(18)

宋神宗-赵顼

少在这里阴阳怪气。

宋光宗-赵惇

就是就是，家里凤娘不欺负我了，可是徽宗一如既往地嘴损。

宋英宗-赵曙

@宋徽宗-赵佶 文艺委员，快想想咱们玩什么游戏吧。

宋徽宗-赵佶

咱们都是文化人儿，肯定要来点文雅的游戏。

宋高宗-赵构

爹，不会又是听您抚琴吧？

宋徽宗-赵佶

宋英宗-赵曙

没有啦。只是就你一人在玩，我们都很无聊啊。

划重点

馎饦（bó tuō）：现在称其为面片汤，是宋代的特色食品，人们常在除夕当天吃馎饦。有一句俗话：冬吃馄饨，年吃馎饦。南宋陆游、北宋欧阳修都曾在自己的文章中介绍过馎饦，可见人们对它的喜爱。

宋代的棋类与前代相比，种类有所更新，喜爱下棋的人数也有所增长。宋朝喜爱下棋的皇帝也不少，据吕留良《象棋话》中记载，赵匡胤热爱下棋，他曾与一名道士下棋赌输，免去了华山附近百姓的征徭。赵光义也热爱下棋，他在宫中豢养了一批棋手来陪自己下棋。而宋徽宗赵佶对棋类活动更是痴迷不已，他不光自己下棋，也教身边的女眷下棋。

春节守岁群(18)
宋徽宗-赵佶
躺平平
摆烂烂
宋度宗-赵禥
离了个大谱
宋端宗-赵昰
难道咱家的马也是龙王之子?
宋光宗-赵惇
我爹一定是喝高了。
宋宁宗-赵扩
九射格不用骑马。
宋端宗-赵昰
不如大家一起来投壶?《知否》里顾廷烨和明兰投壶好有爱。
宋度宗-赵禥
是啊是啊，明兰好可爱的。

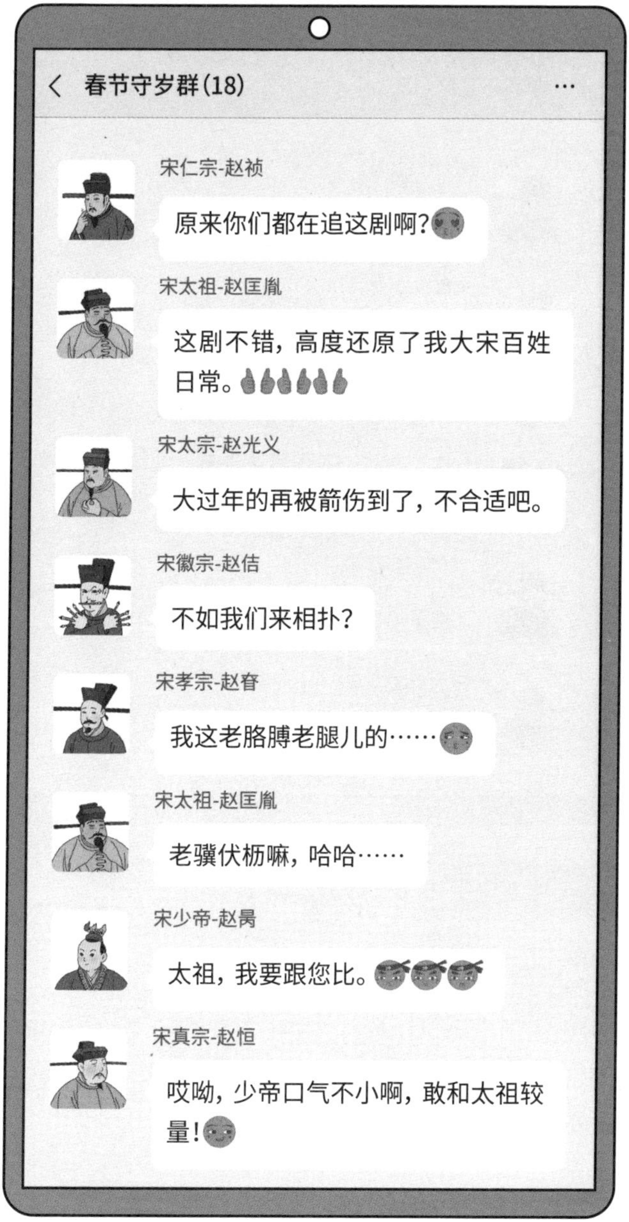
春节守岁群(18)
宋仁宗-赵祯
原来你们都在追这剧啊?
宋太祖-赵匡胤
这剧不错，高度还原了我大宋百姓日常。
宋太宗-赵光义
大过年的再被箭伤到了，不合适吧。
宋徽宗-赵佶
不如我们来相扑?
宋孝宗-赵昚
我这老胳膊老腿儿的……
宋太祖-赵匡胤
老骥伏枥嘛，哈哈……
宋少帝-赵昺
太祖，我要跟您比。
宋真宗-赵恒
哎呦，少帝口气不小啊，敢和太祖较量!

划重点

射柳：这个游戏从少数民族地区传入宋朝，《东京梦华录》中有记载：玩此游戏者，将多根柳枝插到地下，人们在骑马飞驰中，用弓箭或弩射柳枝。

九射格：宋代欧阳修根据礼制，将射箭与酒令融合在一起的游戏。靶上画有熊、虎、鹿、猴、兔等九种动物，射箭者根据射中筹数来决定自己需要饮酒多少。

投壶：自先秦就有记载，在宋代得到发扬传承。该游戏多出现在酒宴之上，作罚酒之用。以酒壶为箭靶，向其中投掷竹箭，未投中者喝酒。《武林旧事》中记载，该游戏在宫中十分常见，是日常娱乐活动之一。除了在宫廷中，该游戏还流行于文人士大夫之间，司马光曾编撰《投壶新格》一书来创造新的投壶算法。北宋大臣杨亿每当酝酿新作品时，都会呼朋唤友，边玩投壶游戏边构思。

相扑：宋朝极为流行的国民娱乐之一，当时不仅有男相扑手，还有很多女相扑手。据《梦粱录》记载，在宫廷宴会、盛大节日等多种正式场合都会有相扑表演，且常常被当作压轴项目。那些为皇室宗亲表演的相扑手被称作内等子，如果表演得好，他们甚至还会被封官。

皇帝们各抒己见，都希望大家可以参与到游戏中去，如此其乐融融的场景，真是让人暖心呢。

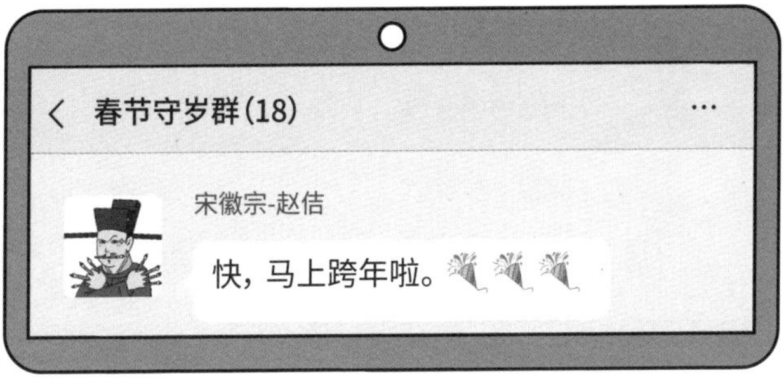

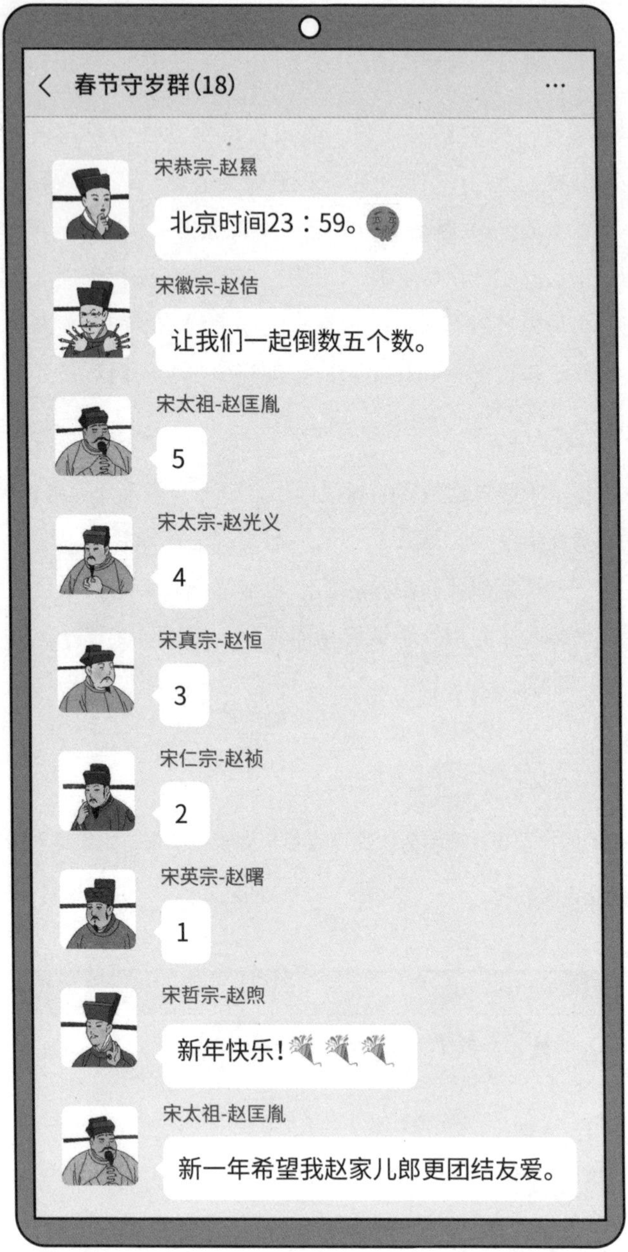
春节守岁群(18)
宋恭宗-赵㬎
北京时间23：59。
宋徽宗-赵佶
让我们一起倒数五个数。
宋太祖-赵匡胤
5
宋太宗-赵光义
4
宋真宗-赵恒
3
宋仁宗-赵祯
2
宋英宗-赵曙
1
宋哲宗-赵煦
新年快乐！
宋太祖-赵匡胤
新一年希望我赵家儿郎更团结友爱。

春节守岁群(18)

宋太宗-赵光义

多读书，多看报，开卷有益啊。

宋仁宗-赵祯

成年人要少忧郁，多努力搞事业，世界还是很美好的。

宋少帝-赵昺

小朋友要尊师爱友，茁壮成长。

宋徽宗-赵佶

哇，烟花！快看。让我们也去放飞新一年的希望吧。

宋徽宗-赵佶

划重点

烟花：始于唐末，流行于宋朝。《武林旧事》记载，南宋的烟花已经有了多种分类，比如天上放的大烟花和地上放的小烟花。每逢过年，宫中都要燃放烟花百余架，这些烟花被设计师用火药线编连成各种各样的造型，燃放到天上时辉煌灿烂，照亮了整个夜空。

新年来临，宋朝皇帝们的趣味聊天就先告一段落了，待他们休假归来，继续讲述丰富多彩的宋朝生活。